장소 철학 2: 장소와 윤리

이 저서는 2018년 대한민국 교육부와 한국연구재단의 지원을 받아 수행된 연구임 (NRF–2018S1A5A2A03035920)

장소 철학 2: 장소와 윤리

김성환, 조광제, 황희숙, 심재휘,
최석완, 최경숙 전병권, 김덕삼 지음

서광사

장소 철학 2: 장소와 윤리

김성환, 조광제, 황희숙, 심재휘,
최석완, 최경숙, 전병권, 김덕삼 지음

펴낸이 | 이숙
펴낸곳 | 도서출판 서광사
출판등록일 | 1977. 6. 30.
출판등록번호 | 제 406-2006-000010호

(10881) 경기도 파주시 회동길 77-12 (문발동)
대표전화 (031) 955-4331 팩시밀리 (031) 955-4336
E-mail: phil6161@chol.com
http://www.seokwangsa.co.kr | http://www.seokwangsa.kr

제1판 제1쇄 펴낸날 ― 2021년 8월 30일

ISBN 978-89-306-0235-8   93100

[차례]

3부 장소의 윤리: 정주와 이주

1

장소의 윤리:
토지와 젠더

포스트 코로나 시대와 레오폴드의 토지 윤리

대지는 우리 자신에 대해 그 어떤 책보다 많은 것을 가르쳐준다.

—앙투안 드 생텍쥐페리[1]

그들은 땅 위에서 살고 있지만 땅과 함께 살고 있지는 않다.

—알도 레오폴드[2]

1. 포스트 코로나 시대, 인간과 장소

코로나19(COVID-19) 이후의 새로운 세상에 대한 담론이 무성하다. 2020년에 비로소 21세기가 시작되었고 동서양 문명이 충돌한다는 담대한 주장이 있다. 또 주거 및 상업 공간의 변화가 도시에서 일어나고, 부와 계층의 양극화는 더 심화될 것이라는 세밀한 예측도 있다.[3] 온라인 수업과 원격 근무로 인해 학교와 회사에서의 권력 위계가 변화하리

---

1 A. de Saint-Exupéry(1939), 『인간의 대지』, 이정은 옮김, 이음 문고, 2018, 6쪽.
2 A. Leopold(1949), 『모래 군의 열두 달』, 송명규 옮김, 도서출판 따님, 2000, 58쪽.
3 CBS 시사자키 정관용입니다, 시사자키 특별기획 7부작 "코로나19, 신인류 시대" 2020.05.11 "진정한 21세기는 3달 전 시작됐다" - 뇌과학자 카이스트 김대식 교수 2020.05.21 "포스트 코로나 시대, 도시와 집이 이렇게 변한다" - 홍익대 유현준 교수

라는 말도 들린다. 사무실 자체가 없는 원격 근무 환경은 직종 간의 경쟁력에, 궁극적으로 일자리 지형에 큰 변화를 일으킨다는 말이 우리를 새삼 긴장하게 만든다. 멀리 떨어진 장소에서 업무를 능숙하게 처리하는 기술과 수완은 직업 종말의 시기에 살아남는 방편이 될 것이다.

코로나19 팬데믹의 진행은 이전의 그 어떤 질병의 창궐이나 경제 위기보다 사회경제적으로 더 큰 변화를 초래하여, 우리는 코로나19 이전 시대 즉 'BC(Before Corona)'로 결코 돌아갈 수 없으리라는 진단도 있다. 개중에는 다음과 같이 그럴듯한 미래 전망들이 있다. 강제 '홈캉스(집에서 보내는 휴가)'의 여파로 여행에 대한 인식이 바뀌고, 음식/식량과 농업에 대한 생각도 바뀔 것이다. SNS가 사람들의 '허위 합의편향(false consensus bias)'을 부추기면서 미디어 생태계가 피해를 입고, 포스트 트루스(post-truth) 시대가 탄생할 것이다.[4] 국가의 역할이 커지는 반면, 급속히 진행되던 세계화는 퇴보하고 국경 폐쇄와 이동 금지로 글로벌 무역이 퇴조할 것이다. 글로벌 공동체와 연대 의식이 훼손되며 자기중심적 사고가 자리 잡고, 비대면을 통한 디지털 사회로의 재편도 가속화될 것이다.[5]

코로나바이러스로 인해 당겨진 '언컨택트(uncontact)' 시대는 인간과 세상을 변모시키고 있지만, 아직은 주로 보건 의료와 경제 상황에 관심이 집중되고 있다. 이 시대가 어떻게 시작되었는가에 대한 성찰은

---

4   J. Schenker(2020), 『코로나 이후의 세계』, 박성현 옮김, 미디어숲, 2020, 120~3쪽.

5   정채진 외, 『코로나 투자 전쟁』, 페이지2북스, 2020, 78쪽. 박석중은 코로나 이후 돌이킬 수 없을 변화로, 의식의 변화와 더불어 개인-국가-기업 간의 양극화 심화를 말한다. '탈세계화'는 낙수 효과를 통한 글로벌 선순환 구도의 경기회복을 저해하고, 전통 경제가 붕괴되고 디지털 기업이 부상할 것이며, 코로나 소멸로 경기회복기에 접어들어도 기업 간의 양극화와 고용 시장 위축이 심화되리라 예측한다. 78~9쪽.

그리 많지 않은 것 같다. 이에 대한 반성이 있은 연후에, 우리가 자연환경과 어떤 새로운 관계 맺기를 시도해야 할지, 인간의 장소들에 대해 어떤 새롭고 유의미한 경험을 구축하거나 기대할 수 있을지 논의를 시작할 수 있을 것이다. 포스트 코로나 시대를 어떻게 기획할지, 우리가 무엇을 복구시키고 또 어떤 변화는 지속되게 할지―회복에 대한 이야기가 그때 시작될 수 있다.

바이러스는 인간이 야생 숲을 파괴함에 따라 야생동물에게서 인간의 몸으로 옮겨진 것이다. 신종 코로나바이러스(2019-nCoV) 감염증도 2002년 사스와 2012년 메르스, 그리고 2014년까지도 서아프리카에서 창궐한 에볼라와 마찬가지로 박쥐 매개 바이러스(Bat-borne virus)가 병원체로 알려져 있다. 박쥐 몸의 200여 종의 바이러스 중에서 60여 종이 사람에게 전파되어 병을 발생시킨다. 인수공통전염병의 감염원인 야생박쥐와의 여러 가지 불필요한 접촉 방식―식용을 위해 손질하는 과정에서 혈액에 접촉하는 것―에 대해 경계해야 할 것이다. 야생의 파괴와 더불어 기후 변화로 인해 열대의 박쥐들이 이전에 온대지역이었던 곳으로 서식지를 옮김에 따라 더 넓은 지역으로 바이러스가 전파되리라 예측되고 있다.

바이러스는 여러 숙주 속에서 변형되어 살아간다. 그것을 완전히 박멸하는 것은 기대하기 어렵기 때문에, 화학 백신보다는 '행동 백신', '생태 백신'이 필요한 시점이라고 최재천 교수는 말한다.[6] 이 용어는 '사회적 거리두기'와 더불어 자연과 환경에 대해서는 '생태학적 고려를

---

6 CBS 시사자키 정관용입니다. 시사자키 특별기획 7부작 "코로나19, 신인류 시대" 2020.04.06 "해답은 생태 백신" - 이화여대 최재천 석좌교수

하는 행동'을 제안하는 듯한데, 그런 방책이 자연(원생 지대)을 건드리지 않는 '보전(preservation)'을 지향하는지 인공적 보호 관리 즉 '보존(conservation)'을 주장하는지 명확하지는 않다. 자신이 '환경 경제학'의 중요성을 강변해왔음을 말하는 것으로 보아 그는 아마도 후자의 포지셔닝을 하는 것이라고 짐작한다. 그러나 경제적 관점에서 자연을 보호하는 것으로는 충분치 않다. 불확실한 미래에 대해 우리는 다른 윤리적 관점을 찾고, 레오폴드(A. Leopold)의 목소리에 귀를 기울일 필요가 있다.

2. 레오폴드(A. Leopold)의 토지 윤리 – 생태학적 사고

2.1 대지가 인간에게 많은 것을 가르쳐준다.

대지가 인간에게 많은 것을 가르쳐준다고 생텍쥐페리(A. de Saint-Exupéry)가 말할 때, 그 이유는 대지가 인간에게 만만치 않은 상대로서 우리에게 저항하기 때문이다. 대지라는 장애에 맞서 농부는 쟁기로 스스로를, 또 진리를 발견한다. 생텍쥐페리는 비행기 창문을 통해 대지 위의 인간의 삶과 문명의 역사를 '수직적 시각'으로 내려다보았다. 조종간에서 대지를 내려다보면서 그는, 그곳에 일시적으로 피어난 꽃과 같은 문명 속에서 살고 있는 인간을 '정원사의 관점'에서 보면서 고통을 느낀 것 같다.[7] 그래서 작품 속에서, 사람들 사이의 책임감과 연대

---

7   A. de Saint-Exupéry(1939), 『인간의 대지』, 이정은 옮김, 이음 문고, 2018, 제4장, "비행기와 행성" 91쪽. 제8장 "인간" 307~8쪽.

를 통해 위대해지는 인물들, 기요메와 같이 비행기 조난 후 초인적 사투 끝에 돌아오는 사람에 대해 말한 듯하다.

생텍쥐페리의 이러한 감성과 윤리 의식은 대지 위의 생명체들에게 더욱 확장될 수 있다. 레오폴드의 각성도 이와 동일할 것이다. 레오폴드의 대지(토지)[8]는 그 위에 사는 모든 식물과 동물을 포함하는 살아 있는 유기체다. 땅을 재산으로 보는 로크(J. Locke)의 관점을 거부하기에, 그것은 우리가 원하는 대로 사용하고 가공하는 죽은 물질이 아니다. 그래서 레오폴드는, 토지가 단지 흙은 아니고, 토양, 식물 및 동물이라는 회로를 통해 흐르는 에너지가 솟아나는 샘이라고 말한다.[9] 여기서 먹이사슬은 에너지를 상방으로 전달하는 살아 있는 통로인 셈이다.

2.2 레오폴드

레오폴드는 자연에 대한 관점, 생태계 생물들에 대한 도덕적 견해를 바꿈으로써 우리의 기존 신념을 수정하려 한 사람이다. 1908년 예일대 임학과를 졸업하고 산림청의 야생동물 관리인으로 일한 레오폴드는 처음에는 기포드 핀쇼(G. Pinchot)의 영향권 아래 있었다. 초대 산림청장이었던 핀쇼는 파괴를 막기 위해 삼림의 과학적 관리를 주장했다.

---

8 '토지'가 인간이 개발한 경작지 일부를 가리키므로 '대지'나 '땅'이란 용어가 더 적절하다는 의견도 있다. 하지만 레오폴드 번역서를 따라 '토지'로 쓰고자 한다. 'land'는 통상 '토지'로 적절히 번역될 수 있다. '토지'가 반드시 논밭 같은 경작지나 집터를 의미하지는 않으며, 영토와 토양을 말할 때의 '땅'과 흙을 의미한다. '대지'는 '大地(대자연 Mother Nature)'로 낭만적 의미가 있기도 하고, 또 '垈地(집터 site, lot)'로 건축상의 용어로 빈번히 사용되어 다의적이다.

9 A. Leopold(1949), 『모래 군의 열두 달』, 송명규 옮김, 도서출판 따님, 2000, 258쪽.

그는 삼림이 자원으로서 (최대다수의 최대행복이라는 측면에서) 장기적으로 관리되어야 한다는 공리주의적 정책을 추진했다. 이 관점에서 보면, 자유로운 야생 자연환경은 낭비일 수 있다. 레오폴드는 예일에서 배운 대로, 숫자와 목재, 돈이라는 관점에서 삼림을 보았던 것이다.[10]

하지만 1935년 무렵 레오폴드는 자신이 과도하게 실용적인 관점에서만 숲과 야생동물을 관리하는 역할을 했다는 것에 대해 후회와 슬픔을 느꼈다.[11] 이후 레오폴드는 핀쇼의 '과학적 보존주의'의 입장에서 존 뮤어(J. Muir)의 '야생성 보존주의'의 입장으로 전향했고, 이후 보전 운동을 이끌기 위한 철학을 제공하는 역할을 한다. 레오폴드는 공생을 위해, 생존경쟁에서 행동의 자유를 제한하는 '생태학적인 윤리'를 주장하는데, 인간과 '토지 및 그 위에서 살아가는 동식물'과의 관계를 다루는 '토지 윤리(land ethics)'가 바로 그것이다. 윤리는, 개인이 상호의존적인 부분들로 이루어진 공동체의 한 구성원이라는 전제에서 출발해, 본능적 경쟁뿐만이 아니라 협동도 할 것을 촉구한다. 토지 윤리는 "공동체의 범위를 토양, 물, 식물과 동물, 곧 포괄하여 토지를 포함하도록 확장하는 것"[12]이다.

토지에 대해 우리가 가진 인간중심적 관점과 보존의 이념은 양립 불가능하다. 토지를 우리가 개발해서 수익을 낼 수 있는 것, 소유 상품으로 본다면 우리는 그것을 남용할 수밖에 없게 된다. 레오폴드의 주장은, 토지를 우리가 속한 공동체로 바라보게 될 때 토지를 사랑하고 존

---

10   M. Lorbiecki(1996), 『야생의 푸른 불꽃』, 작은 우주 옮김, 달팽이, 2004, 69쪽.

11   같은 책, 209쪽.

12   A. Leopold(1949), 『모래 군의 열두 달』, 송명규 옮김, 도서출판 따님, 2000, 246쪽.

중할 수 있다는 것이다. 토지가 공동체라는 것은 생태학의 기초 개념이나, 토지가 사랑과 존중을 받아야 한다는 것은 레오폴드의 말대로 윤리적인 문제다.[13]

레오폴드는 토지 윤리가 인간에 의한 동식물 자원의 변경과 관리 및 사용을 완전히 막을 수는 없지만, 생물들도 자연 상태로, 좁은 구역이나마 존속할 권리가 있음을 주장한다. 토지 윤리는 인류의 역할을 '토지 공동체의 정복자'에서 그것의 '평범한 구성원이자 시민'으로 변화시킬 것을 제창한다. 그리고 이 토지 윤리는 인류의 동료 구성원에 대한 존중, 그리고 공동체 자체에 대한 존중을 필연적으로 수반하게 된다.[14] 토지에 대한 윤리적 관계가 그것에 대한 사랑, 존중, 흠모 없이, 또한 그것의 가치에 대한 높은 평가 없이 형성될 수 있는 것이 아니다. 이때의 가치는 경제적 가치가 아니라, 인간의 목적을 초월한 본래적 가치를 말한다.[15]

2.3 생태학적 사고

'생태학적 사고'가 레오폴드에 의해 처음 시작된 것이라 단언하기는 어렵다. 아마도 다윈(C. Darwin)의 영향이라고 생각하는 사람이 많을 것이다. 다윈의 자연관 이전에는 생태학적 관점 자체가 성립될 수 없다는 의미에서다. 다윈은 '생존경쟁'에 있어서 '모든 동식물 간의 복잡한 상호 관계'에 대해 말한 바 있다.[16] 다윈 덕분에 그리고 그의 영향을

---

13 같은 책, 18쪽.
14 같은 책, 247쪽.
15 같은 책, 266쪽.
16 우리는 생물의 절멸이나 급증을 우연에 돌리려는 경향이 있는데 그것은 다윈에

받아 태동한 '생태학'이라는 단어의 유행 덕분에 21세기를 사는 우리는 자연계의 생물들 사이, 생물과 환경 사이의 상호 관계를 잘 이해하고 있다.

대약진운동을 펼치던 모택동이 "저 새는 해로운 새다"라고 말하자, 10억 인구가 냄비와 세숫대야를 들고 참새를 쫓아다녔다고 한다. 이어 메뚜기와 벼멸구의 창궐 그러니까 또 다른 엉뚱한 '대약진'이 이어졌고, 농작물이 줄자 수많은 아사자가 생겨났다. 그것은 생태학적 통찰이 제대로 공유되지 못했던 1958년이었기에 일어난 일이다. 일반 대중과 정치지도자가 환경 위기를 인식하고 '생태학'이 대중적 유행어가 된 것은 레이첼 카슨(R. Carson)의 『침묵의 봄』이 출간된 1962년경이었다.

어쨌든 헤켈(E. Haeckel)이 'oikos(가정)'와 'logos(말한 것, 學)'를 결합해, '생태학(œcology)'이란 말을 새 과학을 지칭한 이름으로 지어낸 것은 1866년이었지만 19세기 마지막 순간까지 그 말은 거의 알려지지 않았다. 이 생태학에 대한 규정은 생물학자에서 정신분석학자에 이르기까지 사용자들에 따라 매우 다양하게 내려지지만, 헤켈 자신은 생태학이 "자연의 경제를 다루는 학문 분야"며, "다윈의 생존경쟁 조건에 적용되는 복잡 다양한 모든 상호 연관 관계를 연구하는 학문"이라고 정의했다.[17] 동물 개체군이 관심의 대상이었을 때 생태학은 동물들의 분포에 대한 연구였지만, 이후 '생태계(ecosystem)' 개념이 부상

의하면, 인간이 자연의 '복잡한 관계'와 생물들 사이의 '투쟁'과 또 세력들 사이의 '균형'을 이해하지 못하여 그 현상들의 실제 원인을 보지 못했기 때문이라는 것이다. C. Darwin(1859), 『종의 기원』, 제3장. 다윈은 가축과 소나무, 곤충과 가축의 생존 사이에 상호의존의 관계 또한 토끼풀과 들고양이의 관계를 들어 말했다. 80~1쪽.

17   R. McIntosh(1985), 『생태학의 배경- 개념과 이론』, 김지홍 옮김, 아르케, 1999, 23쪽.

함으로써, 생태학은 '생태계의 구조와 기능에 대한 연구'가 되었다.[18] 카머너(B. Commoner)는 생태학을 '지구의 가정학(science of planetary housekeeping)'이라 부른 바 있는데, 그것은 환경이란 것이 "생물을 위해, 생물에 의해 지상에 만들어진 가정(家庭)"이기 때문이다.[19]

하지만 생태학의 바탕이 되는 사상 또는 생태적 개념은, 다윈-헤켈에게서만 그 유래를 찾을 수 있는 것이 아니라 그 이전으로 거슬러가기도 한다.[20] 생태학이라는 개념이 여러 가지 혼선을 불러오고 전문용어로 정착되기까지 약 100년의 시간이 걸렸다는 점도 감안해야 할 것이다.[21] 그래서 헤켈보다 앞선 19세기 중반 미국의 초월주의 철학자인 에머슨(R. W. Emerson)과 소로(H. D. Thoreau)의 자연관에서, 그리고 그 뒤 뮤어(J. Muir)의 야생 보존 운동에서 생태 사상이 유래했다고 보는 것도 일리가 있다. 1920년 경 레오폴드가 생태학이라는 단어를 쓰긴 했지만 그 당시에도 그것은 레오폴드를 비롯한 과학자들에게 여전히 낯선 용어였다. 레오폴드는 소로와 뮤어의 전통에 속한다.[22] 이

18　같은 책, p. 25. 'ecosystem'이란 용어는 영국의 식물생태학자인 탠즐리(Tansley)가 1935년에 소개한 용어다. 탠즐리는 생태계가 생물뿐 아니라 서식처인 생물군계(biome)의 환경까지 포함하는 전체 시스템이라고 본다.(R. McIntosh(1985), 『생태학의 배경- 개념과 이론』, 김지홍 옮김, 아르케, 1999, 29쪽.)

19　B. Commoner(1971), 『원은 닫혀야 한다』, 송상용 옮김, 전파과학사, 1980, 35쪽.

20　18세기에 이미 그 배아를 찾을 수도 있다는 주장을 워스터(D. Worster)와 같은 역사가가 하고 있다. R. McIntosh(1985), 『생태학의 배경- 개념과 이론』 김지홍 옮김, 아르케, 1999, 35~6쪽, 41쪽.

21　같은 책, 15쪽. 매킨토시에 의하면, "생태학은 하나의 뚜렷한 둥치와 뿌리를 가진 교목보다는 여러 가닥의 줄기와 흩어진 뿌리 갈래를 갖는 관목과 같은 형상을 가지고 있다." 22쪽. 생태학이란 용어는 1890년까지도 잘 알려지지 않았고, 이중모음인 œ를 e로 바꾼 'ecology'로 채택한 것은 1893년 위스콘신주 매디슨에서 개최된 식물학대회다. 위의 책, 55쪽, 440쪽.

22　생태 사상가와 환경 운동가의 활동 시기는 대략 셋으로 나뉘는데, 19세기 중반

소로-뮤어-레오폴드로 이어지는 흐름이, 헤켈이 만든 '생태학'이라는 단어와 별도로, '생태적 사고'의 거대한 본류라고 볼 수도 있다. 이들의 사상은 '생태중심주의(ecocentrism)'라는 세계관으로 명명된다.

생태학적으로 사고한다는 것은, 생태계의 생명의 다양성에 대해 인지하는 것, 인간이 자연과 분리될 수 없고, 생명의 그물과 자연의 흐름속에 한 자리를 차지하고 있을 뿐임을 인정하는 것이라 생각한다. 레오폴드는 생명 공동체의 본질을 잘 설명하고, 토지 공동체 구성원들에게 도덕적 지위와 권리를 부여함으로써 윤리가 확대 적용될 것을 요구했고, 개체가 아닌 생명권 전체를 고려해야 한다는 구체적인 규범을 도출하려 했다.

3. '산 같은 사고(Thinking Like a Mountain)' - 전체론과 생태중심주의

3.1 늑대와 사슴

유대 족장 아브라함에게 땅은 "그의 입에 젖과 꿀을 떨어뜨리기 위해" 있었던 것이다.[23] 대지는 인간을 위한 것이었다. 그러나 레오폴드의 대지 윤리는 탈인간중심주의적이다. 인간은 생명 공동체에서 특권을 지

은 마시(G. P. Marsh)와 소로, 뮤어가, 2차 세계대전 후 60년대는 레오폴드, 카슨(R. Carson), 애비(E. Abbey)가, 70년대는 카머너(B. Commoner)와 슈마허(E. F. Schumacher)가 대표한다. 황희숙(2011), "DMZ, 어떻게 말할 것인가 - 생태 운동을 위한 담론 전략", 『DMZ연구』 제2집, 19쪽.

23   A. Leopold(1949), 『모래 군의 열두 달』, 송명규 옮김, 도서출판 따님, 2000, 247쪽.

니고 있지 않다. 인간은 대지의 '정복자'가 아니라 대지 공동체의 '구성
원'일 뿐이다. 자연물과 생태계에 도덕적 지위를 부여해주려는 이러한
사고 변화는 생태학의 교훈과도 일치한다.

　레오폴드는 어느 날 사냥터에서, 한 마리의 늑대가 죽어가는 것을
지켜보았다. 늑대의 눈 속에서 맹렬한 초록빛 불꽃이 꺼져가는 것을
보면서, 자신이 아직 몰랐던, 오직 늑대와 산만이 알고 있는 무엇인가
가 있다는 것을 그는 깨달았다. 그 시절 레오폴드는 젊었고, 방아쇠 손
가락이 근질거려 참기 어려웠다. 더구나 늑대가 적어진다는 것은 곧
사슴이 많아진다는 것을 의미하기 때문에, 늑대가 없는 곳은 사냥꾼의
천국이 될 것이라고 믿었다. 그러나 그 초록빛 불꽃이 꺼져가는 것
을 본 뒤, 레오폴드는 늑대도 산도 그런 생각에 찬동하지 않는다는 것
을 깨달았다고 말한다.[24] 그때 그는 비로소 사슴의 포식자인 늑대의 대
량 살상이 사슴 개체군에 미치는 영향을 깨닫게 된다. 늑대가 쓰러뜨
린 사슴은 2, 3년이 지나면 다시 그 수가 채워진다. 그러나 늑대가 줄
어들어 지나치게 많아진 사슴이 휩쓸어버린 산기슭은 20, 30년이 지나
도 복원이 되지 않는다. 그것은 오래전부터 이미 산(山)만이 알고 있는
의미, 더 커다란 진실이었다.

3.2 레오폴드의 전체론

레오폴드의 윤리적 입장은 전체론(holism 전일론)을 취한다. 인식론적
인 전체론은 생태학에 함축되어 있다고 볼 수 있고, 이로부터 자원 관
리와 관련한 의사결정을 할 때 우리는 윤리적 전체론이라는 현실적 접

24　같은 책, 166쪽.

근을 취할 수 있다. '토지 공동체' 또는 '생명 공동체(biotic commu-nity)'[25] 내에서, 인간에게 경제적 이득을 주든 못 주든, 모든 생물들은 그 공동체의 구성원이다. 이 구성원뿐만 아니라 공동체 자체가 존중의 대상이 되어야 한다고 생각한 점에서 레오폴드는 전체론자다. 생명 공동체의 안정은 그 통합성에 의존하기에, 그 공동체 내의 생물들은 존속할 자격과 생명적 권리(biotic right)가 있다.[26]

레오폴드는 바람직한 토지 이용을 오직 경제적 문제로만 생각하지 말 것을 권한다. 경제적으로 무엇이 유리한가 하는 관점뿐만 아니라 윤리적, 심미적으로 무엇이 옳은가의 관점에서도 검토하라는 말은 대지 윤리의 핵심 주장이다. 어떤 것이 '생명 공동체의 통합성과 안정성 그리고 아름다움의 보전'에 이바지한다면 옳고, 그렇지 않다면 그르다고 레오폴드는 말했다.[27] 이것은 생명 공동체 안에서 판단, 평가 원리로 작용하는 것 즉, '공동선(common good)'을 언급한 것이라 볼 수 있다.

레오폴드는 생명 공동체의 개별 구성원에 대한 존중을 공동체 전체의 통합성, 안정성, 아름다움의 보존에 종속시키고 있다. 만일 개별 생명체의 존속과 번영이라는 가치가 공동체의 공동선에 위배된다면 후

---

25 이 용어는 생물학에서 '생물군집'을 의미한다. 즉 같은 장소에서 생활하는 여러 종의 개체군(population)들을 종합해 일컫는다. 사회학에서는 인간 생태학자들이 인간 조직을 두 개의 수준으로 구분했을 때, 상위의 구조 즉 의사소통과 합의에 기초한 '사회'와 대비된 것으로서, 하위의 수준인 '생물적 공동체'로 사용된 적이 있다. 하지만 이제 사회학에서도 그런 용어는 더 이상 사용되지 않는 듯하다. 'biotic community'는 레오폴드가 사용한 이래로 모든 생물이 구성원이 되는 '생명 공동체'로 이해되고, 사용되고 있다. '생태계'의 개념과 연관지어 '생태 공동체'라는 용어를 사용하는 것도 좋겠지만, 우리 사회에서 '생태 공동체'는 주로 소집단, 마을 단위의 생협 활동, 지역 환경 운동을 하는 사람들의 공동체를 지칭하고 있다.

26 A. Leopold(1949), 『모래 군의 열두 달』, 송명규 옮김, 도서출판 따님, 2000, 253쪽.

27 같은 책, 267쪽.

자가 우선시될 것이다.

토지 윤리의 전체론적 입장은 개개 구성원의 생명권이 생명 공동체의 보전과 충돌할 때 공동체의 보전을 더 중시하기 때문에, '생태학적 파시즘(ecofascism 환경 파시즘)'이라는 비판을 받게 된다. 그렇다면 인간은 지구의 생명 공동체의 안정성과 아름다움의 보전에 기여하는가? 코로나바이러스로 인해 인간의 이동이 자유롭지 못하게 되었을 때 자연 속의 동물들은 더 안전해지지 않았는가? 생태계의 균형을 깨는 '생태계 교란 야생 생물' 예를 들어 뉴트리아, 황소개구리, 돼지풀, 환삼덩굴 등을 생각해보면, 그것들이 전체의 선을 위해 인위적으로 제거되어야 하는 것처럼 보인다. 물론 인류에 대해서도 자발적 멸종 운동을 펴는 사람들이 있다.

전체론적인 환경-지향적 의무가 개체주의적인 인간-지향적 의무와 갈등을 일으킬 때 후자가 우선권을 가진다고 해석함으로써 캘리콧(J. B. Callicott)은 레오폴드의 토지 윤리가 에코파시즘의 케이스가 아니라고 주장한다. 인간이 생명 공동체의 구성원이지만 그렇다고 인류 공동체의 구성원이 아닌 것은 아니다. 토지 윤리는 "더욱 공경할 만한 공동체-기반의 사회적 윤리(the more venerable community-based social ethics)"를, 그것이 부착되거나 의존할 기존 가치관과 관련해서 보충하려 하는 것이지 대신하게 하려는 것이 아니다.[28]

캘리콧의 이런 해석이 레오폴드의 입장을 정확히 반영하는지는 분명치 않다. 우리가 인간의 한계를 갖는 한, 인간중심주의(anthropo-centrism)에서 완전히 벗어나기 어렵지만, 레오폴드의 입장은 인간과

---

28 Callicott, J. B. (1999), "Holistic Environmental Ethics and the Problem of Ecofascism" in *Beyond the Land Ethic*, p. 75.

자연의 관계에 대해 새로운 관계 맺기를, 서구 문화권의 기존 신념을
전복할 것을 제안하고 있지 않나 생각한다. 자연 속에서 인간이 있어
야 할 자리에 대해 더 지혜롭고 더 겸손하게 생각하는 것, 그런 가치관
이 레오폴드가 남긴 유산이다.

3.3 레오폴드의 생태중심주의

레오폴드는 인간 집단의 복지보다는 토지 공동체, 생명 공동체의 관점
에서 땅을 생각하자고 말함으로써 현대인에게 자연 세계를 향한 태도
의 근본적인 변화가 필요함을 일깨운 사람이다. 레오폴드의 입장은 지
속적인 야생 자연이 존재해야 할 정당성에 대해 웅변하고 있기에, 자
연 보전주의자들에게 복음과 같은 것이다. 레오폴드의 이러한 생태중
심주의(ecocentrism) 입장은 이후 네스(A. Naess), 세션스(G. Ses-
sions) 등에 의해 '심층 생태학(deep ecology)'으로 발전된다.

　선진국을 위해 환경오염과 자원 고갈을 줄이려 했던 '표층 생태론
(shallow ecology)' 운동의 협소한 초점에서 벗어나, 네스는 7가지 광
대한 임무로써 심층 생태론을 특징지웠다. 우선적인 세 가지 임무는
다음과 같다. 첫째, '관계적인 전체 장의 이미지(the relational, total
field image)'를 지지하는 환경주의로 전통적인 '환경 안에서의 인간 접
근'을 거부한다. 그래서 인간에 한정된 유기체가 아닌 생태계의 유기체
들 사이의 모든 상호 관계들을 동등하게 강조한다. 둘째, 생태계 내의
모든 유기체들은 동등한 권한을 가진다는 생물 평등주의(biological
egalitarianism)를 내세운다. 셋째, 다양성과 공생의 원리다.[29]

29　J. E. de Steiguer(2006), 『현대 환경사상의 기원』, 박길용 옮김, 성균관대학교

이후 네스와 세션즈가 만나 만들었다는 심층 생태 운동의 행동 지침을 보면 심층 생태론에 미친 레오폴드의 영향력을 가늠해볼 수 있다.

1. 지구상의 인간과 비인간 생명체의 복지와 번영은 그 자체 가치 (내재적, 본유적 가치)를 지닌다. 이 가치들은 인간적 목적을 위한 비인간 세계의 유용성과는 독립적이다.
2. 생명의 풍요로움과 다양성은 이런 가치의 실현에 기여하며, 그 자체 본유적 가치이기도 하다.
3. 인간은 자신의 생명 유지를 위한 필요를 충족시키는 것을 제외하고는 이 풍요로움과 다양성을 축소시킬 권리가 없다.[30]

이로부터 우리는 바로 다음 행동 강령을 유추해볼 수 있다. 그것은, "비인간 생명체의 번성은 더 적은 인구를 요구한다."이다. 인간의 생물계에 대한 간섭이 과도하고, 상황이 급속도로 악화되고 있기 때문이다. 심층 생태학의 행동 강령들과 그 과격한 사상의 배후를 이루는 레오폴드의 토지 윤리를 생각하면, 코로나19가 불러온 위기와 그 근본적 원천에 대해서 반성하게 된다. 레오폴드가 제안한 대로 생물계 전체에 대해 태도를 바꾸고, 적정한 변화를 일으킬 책임감도 느끼지 않을 수 없다.

출판부, 2008, 268쪽.
30 Naess A. (1985), "The Deep Ecological Movement" pp. 68 in Sessions G.(ed.)(1995), *Deep Ecology for the 21st Century*.

4. 포스트 코로나 시대, 레오폴드의 귀환

코로나19가 가져온 변화는 부정적인 것만 있지는 않다. 위기의 어떤
양상들은 그동안 우리에게 잊힌 경험으로 우리를 데려가고, 새로운 정
책과 행동으로 이끄는 듯하다. 여러 가지 이유로, 코로나 이후의 시대
가 레오폴드를 호명한다.

4.1 야생동물에 대한 태도 − '창 끝에 겨눠진 존재'에서 친족 감
정의 대상으로

자연 풍경과 동물을 그린 회화와 예술 권력의 영향 관계를 연구한 베
이트먼(R. Bateman)은 그 회화 속에서 중세 암흑기 이후의 자연이
'적'으로 묘사되었음을 발견한다. 르네상스부터 20세기 초반까지의 회
화에 등장하는 야생동물들은 언제나 '창 끝에 겨눠진 모습'으로 그려졌
다는 것이다.[31] 그들은 쫓기는 사냥감, 요리하기 위해 부엌에 거꾸로
매달린 모습으로 등장하며, 반면 가축과 반려동물들은 애정을 담아 그
려졌다. 자연에 대한 이런 선입견은 자연을 정복 대상으로, 이익을 위
해 이용될 것으로 여기는 태도에서 유래했다고 볼 수 있다.

　레오폴드도 이 문제를 의식하고 있었다. 그가, 야생 동식물이야말로
일찍이 우리를 부양했고, 우리의 문화를 만들었던 존재로 언급했기 때
문이다. 모든 생물들은 생명 공동체의 구성원이며, 생명 공동체의 안
정이 그 통합성에 의존한다면, 그들에게는 존속할 자격이 있고 우리에
게 주는 경제적 이익이 있든 없든, 새들도 생명적 권리(biotic right)를

31　R. Bateman(2000), 『산처럼 생각하기』, 김연수 옮김, 자유로운상상, 2005, 52쪽.

갖고 존속하여야 한다.[32]

반려동물이 아닌 야생동물에 대한 태도는 우리가 생태중심주의와 생물 평등주의를 진지하게 고려한다면 조금씩 바뀔 수 있을 것이다. 중국과 아프리카 나이로비 등지에서 야생동물 음식점이 운영되는 모습도 사라질 것이다. 박쥐탕을 먹는 모습을 자랑스럽게 SNS에 올리는 사람도 사라질 것이다. 박쥐와 천산갑이 아니어도, 길고양이들이 아니어도, 보양과 종기와 혈행과 관절에 도움이 되는 식품과 약품은 많기 때문이다.

4.2 음식/식량의 의미, 농업의 재발견

코로나 팬데믹으로 가정에 격리된 채 생활해야 하는 사람들에 의해, 실종되어가던 가족이나 식탁의 의미가 부활하고 있다고 말하는 것은 아마도 지나친 일일 것이다. 가족의 붕괴와 가구 분화 그리고 가사 노동의 아웃소싱은 거대한 흐름으로서 쉽게 역전되지는 않으리라고 본다. 어쨌든 코로나로 인해 현재, 사무실을 겸용할 더 넓은 주택을 원하고 가정 안에서 운동과 즐거움을 추구하는 경향성이 나타나고 있다고 본다. 음식은 외식업체로부터의 배달이 여전히 선호되고 있지만, 길거리와 지하철 같이 아무 곳에서나 아무 때나 먹던 모습은 거의 사라진 것 같다. 입과 손이 자유롭지 않은 것은, 마스크와 소독제와 타인의 감시 어린 시선에 묶여 있기 때문이다.

지금은 음식과 식량이 어디에서 오는지 다시 생각해볼 중대한 계제

---

32 A. Leopold(1949), 『모래 군의 열두 달』, 송명규 옮김, 도서출판 따님, 2000, 229, 253쪽.

라고 생각한다. 포스트 코로나 시대는 식량과 농업의 위기와 함께 열
릴지 모른다. 그렇다면 토지를 소유하고 농부로서 관리하는 것이 각별
히 의미 있는 일이 될 것이다. 레오폴드에 의하면 우리처럼 농장을 가
져보지 못한 사람에겐 두 가지 잘못된 생각을 할 위험이 있다. 하나는
아침거리의 근원이 식료품 가게라고 생각하게 될 위험이고, 다른 하나
는 열의 근원이 난방기라고 생각하게 될 위험이다. 첫 번째 위험을 피
하려면 직접 채소밭을 가꿔보아야만 한다.[33]

　이제 사람들은 점차 식량 위기와 음식의 중요성을 깨치고, 이와 더
불어 직접 재배하는 즐거움을 누리기 위해 베란다에 작은 채소밭을 가
꾸기도 한다. 미국의 경제적 봉쇄를 경험한 쿠바에 독특한 도시형 텃
밭이 생겨났듯이, 자발적 격리와 감금도 가정에 텃밭 정원이 생겨나게
한다면 이 또한 '도시 농업'이라는 관점에서 의미 있는 일이라 생각한
다. 한때 미국과 영국 가정에 닭 키우기가 유행한 적이 있다. 우리가
자가 경작과 가족농의 시대로 되돌아갈 수는 없겠지만 자급자족과 식
량의 의미를 각성한 것은 산업화된 농업과 그로 인한 환경오염, 식품
으로 인한 중독의 시기에 좋은 신호다.

4.3 행락/관광에서 참된 여행으로

사람들은 낯선 장소, 자연 속에 있는 경험을 추구할까? 의외로 많은 사
람들이 자연을 지루하게 여긴다. 왜 자연은 도시보다 덜 매혹적일까?
광고업자였던 제리 맨더(J. Mander)는 시각을 왜곡하고 경험을 대체
하는 텔레비전과 거기에서 쏟아지는 광고에 현혹되었을 때, 사람들이

33　같은 책, 27쪽.

경험을 박탈당하기 시작함을 깨닫고 반대의 길을 걷기로 한다. 생태 사상가로 변신한 맨더는 텔레비전 같은 매체의 출현으로 사람들이 여행의 참 의미를 잊었다고 말하며, 텔레비전을 버리라고 권한다.[34]

어쨌든 사람들은 코로나 이전 엄청난 해외 이동/여행을 하고 있었고 이는 점점 증가 추세였다. 2018년 기준 세계 비행 건수는 3900만 회이고 탑승객은 40억 명이다. 2019년 기준 77억 명이라는 세계 인구의 절반이 넘는 숫자다. 또 유엔 세계관광기구에 따르면, 2019년 국가 간 이동하는 전 세계 관광객 수는 14억 6100만 명으로 전 세계 인구의 20%에 가깝다.[35] 이것이 갑자기 멈추었다.

레오폴드는 행락객들이 야외 레크리에이션을 찾아 자동차를 타고 다니며 대륙을 누빔으로써 결과적으로 '원생 지대의 퇴각'을 초래했다고 비판했다. 과연 갈라파고스도 관광객들로 몸살을 앓고 있다는 보도가 몇 년 전에 있었다. 레오폴드의 눈에 이들은 모두 사냥꾼으로 전리품이 목적이다. 새알, 가죽, 야생화 표본, 산 정상의 기념 돌무더기에 숨겨진 쪽지—이것들은 모두 자신이 획득하고 소유한 것을 증명하는 것들이다. 사진을 찍는 것 역시 간접적인 전리품의 수확이다. 관광객들은 돈으로 경치를 사는 자들일 뿐이다. 이 성숙하지 못한 전리품 사냥꾼들이 가장 우려스러운 존재다. 이들은 야생의 자연을 홀로 대할 수 있는 인식이 없고, 농업관리적 능력도 애초에 발육되지 못했거나 상실된 자들이다. 이들은 자신의 뒤뜰도 관찰할 줄 모르면서 여러 대륙을 떼 지어 누빈다. 야외 활동의 만족을 소비할 뿐 창조하지는 않는, 자동차로 무장한 개미에 불과하다.[36]

---

34   J. Mander(1978), 『텔레비전을 버려라』, 최창섭 옮김, 우물이있는 집, 2002.

35   김용섭, 『언컨택트』, 퍼블리온, 2020, 285쪽.

36   A. Leopold(1949), 『모래 군의 열두 달』, 송명규 옮김, 도서출판 따님, 2000.

단계별로 강화되거나 완화되는 '사회적/생활 속의 거리두기' 기간이 경과함에 따라 사람들은 점차 언컨택트 상황에 적응해가고 있다. 기존의 연결/연대보다 느슨한 연결을 더 즐기게 되고, 가족 단위 또는 홀로 뒷산이나 공원을 산책하는 사람들의 숫자가 많아졌다. 값비싼 해외여행보다 국내 근거리 여행을 즐기려는 움직임도 있다. 이것은 호화로운 관광이 아닌 참된 여행으로의 복귀라고 할 수 있다. 레오폴드의 바람대로, 땅과 생명체에 아무 해를 끼치지 않으면서 즐거움을 찾는 성숙한 여행을 하는 때가 불현듯 도래한 것이다.

현실주의에서 이상주의에 이르는, 너른 스펙트럼에 퍼져 있는 환경 철학자들의 공통 목표가 있다면 그것은 자연에 대한 인간의 태도를 바꾸고 행위를 개선하는 것, 그래서 자연과 생물을 보존하고 지속시키는 것이라 할 수 있다. 수많은 환경 철학자, 생태 사상가 중에서 레오폴드의 글은 소로나 레이첼 카슨만큼 널리 알려져 있진 않지만, 그는 더 중요한 사상가라고 본다. 레오폴드는 인간과 토지, 생명 공동체 사이의 조화로운 관계에 대해, 즉 토지 윤리와 생물의 권리를 말한 사람이다. 우리가 레오폴드와 그의 말들을 기억한다면? 그러면 그때 비로소 자연과의 뒤늦은 화해가 시작될 수 있다고 생각한다.

218쪽.

2

여성의 장소는 없다?
—여성과 장소의 리포지셔닝을 향하여

그녀에게 백 년을 더 주자.
… 그녀에게 자기만의 방과 연간 오백 파운드를 주자.
—버지니아 울프(V. Woolf)[1]

여성에게 허용된 유일한 장소감이
오로지 어머니, 아내, 소비자 역할과 관련된다는 인식은
페미니스트들로서는 받아들일 수 없는 것이다.
—질리언 로즈(G. Rose)[2]

1. 그녀들의 장소

제인 오스틴(Jane Austen)에게는 방이 있었다. 그것이 혼자만의 방이
아니라 공동 거실에 불과했고, 그래서 가족이 아닌 사람이 자기 작업
을 눈치 채지 않도록 각별히 조심해야 했지만. 방문객이 들어올 때 소
설 원고를 숨길 수 있게끔 거실 문의 돌쩌귀가 삐걱거리는 것을 그녀
는 다행으로 여겼을 것이다.

---

1 V. Woolf(1929), *A Room of One's Own*, http://onemorelibrary.com, p.95.
2 G. Rose(1993), 『페미니즘과 지리학』, 정현주 옮김, 한길사, 2011, 143쪽.

제인 오스틴이 버스를 타고 런던 시내를 다니고 식당에도 혼자 갈수 있었더라면? 샬롯 브론테(C. Bronte)와 에밀리 브론테(E. Bronte) 자매가 점잖은 목사관의 공동 거실에서 양말을 기우고 피아노를 치거나 가방에 수놓는 일을 하다가, 겨우 지붕에 올라가 멀리 떨어진 들판을 쳐다보는 것 말고도 다른 장소들로 자유롭게 여행할 수 있었다면? 그들이 경험한 삶의 협소함은 그들이 누린 장소의 제한에서 온다. 그런 한계가 그들에게 어떤 고통을 주었는지, 아니면 다른 욕구와 갈망의 원천이 되어 그들의 작품에 스며들었는지 가늠하긴 어렵다. 개인적 비탄과 분노가 소설 작업을 더 달궜을 수도 있고, 세상사에 대한 무지나 적의가 작가의 상상력을 위축시키고 빗나가게 했을 수도 있을 것이다.

버지니아 울프(A. V. Woolf)는 『자기만의 방 A Room of One's Own』에서, 18세기 말경 중산층 여성들이 글을 쓰기 시작한 현상에 주목한다.[3] 물론 그 이전에도 '블루 스타킹'이라는 조소를 받았던, 귀족 출신인 몇 명의 선구적인 여성 작가들이 있었다. 19세기 들어 출현한 제인 오스틴, 에밀리 브론테 같은 뛰어난 작가들에게 '자기만의 방'과 경제적 여유가 있었다면 어떠했을까? 죠지 엘리어트(G. Eliot)[4]는 기혼이었던 남자와의 승인받지 못한 애정 관계로 인해 격리된 빌라에서 세상과 단절된 채 살아야 했지만, 같은 세상에 살던 다른 젊은 남자는 집시와 귀부인과 자유분방하게 살면서도 온갖 다양한 생활과 풍요로운 경험을 할 여유가 있었다. 울프는 톨스토이가 어두운 장소에 격리되어 세상과 단절된 삶을 살았다면, 『전쟁과 평화』를 쓸 수 없었을 것

---

3   V. Woolf(1929), 『자기만의 방』, 이미애 옮김, 도서출판 예문, 1990, 104쪽.

4   엘리어트는 본명이 메리 앤 에번스(M. A. Evans)로 일부러 남성적인 필명을 사용했다. 그의 『미들마치 Middlemarch』는 영문학사에서 손꼽히는 작품이다.

이라고 말한다.

버지니아 울프는 그래서 여성이 픽션이나 시를 쓰려면, 일 년에 오백 파운드의 돈[5]과 '문에 자물쇠를 채울 수 있는 방'이 필요하다고 주장한다. 창작물이란 거미집과 같고, 고통받는 인간의 작업이며 건강, 돈, 집과 관련되어 있는[6] 것이기 때문이다. 역사가 시작된 이래 여성들은 항상 가난했다. 여성은 (아테네의) 노예의 아들보다도 지적 자유가 없었기에, 그들이 제약을 극복할 수 있을 만한 돈과 '자기만의 방'을 울프가 강조하는 것이다.

'셰익스피어에게 만일 누이가 있었다면?'—그녀는 어떻게 되었을까?'라고 버지니아 울프는 묻는다. 그 누이는 문법학교에서 라틴어와 문법과 논리학을 배울 수 없었을 것이고, 런던에 가서 연극 생활을 할 수 없었을 것이며, 사람들을 만나거나 궁정에 접근할 수 없었을 것이다. 오라버니와 비슷한 재능과 상상력을 지닌 그녀는 런던으로 탈출했지만, 극단에서 재능을 훈련받을 기회를 갖지 못했고 선술집에서 저녁을 먹거나 한밤중에 길거리도 배회할 수 없었다. 누이는 감독에게 농락을 당한 채 어느 겨울밤 스스로 목숨을 끊었고 지금은 코끼리 동물원 밖 버스 정류장 교차로 어딘가에 묻혀 있다.[7]

이 허구적 인물인 셰익스피어 누이와 달리 유복한 가정에서 교육받고, 20세기 초반 지식인들의 모임이었던 블룸즈버리 그룹(Bloomsbury Group)의 구성원으로서 당대 최고의 지적인 문화를 향유했던 버지니아 울프도, 남자 대학교의 잔디밭을 거닐 수 없었고 도서관에 들어갈

5　1929년 당시 500 GBP는 현재로는 약 75만 원이지만, 당대에 상당한 고소득자의 수입 수준이라는 말도 있고, 약 3천만 원으로 추산하기도 한다.

6　V. Woolf(1929), 『자기만의 방』, 이미애 옮김, 도서출판 예문, 1990, 68쪽.

7　같은 책, 77쪽.

수 없었다. 구내 잔디밭은 그 대학 남성 연구원들과 학생들만이 갈 수 있는 곳이었고, 도서관은 동반자나 소개장 없이는 부인들이 들어갈 수 없었다.[8]

그래서 버지니아 울프는 셰익스피어 누이동생의 체현(현신)을 위해 다른 여성들의 노력과 결단을 요청한다. 버지니아 울프는, 교차로에 묻힌 셰익스피어의 누이가 아직도 살아 있고, 특히 아이들을 재우고 집안일을 하느라 자신의 강의에 오지 못한 많은 여성들 속에 살아 있다고 말한다. 여성들이 자신의 생각을 표현할 용기와 자유의 습성을 갖춘다면, 그래서. 오백 파운드와 자기만의 방을 가진다면, 그것이 그 죽은 시인이 내던진 육체를 그녀가 되찾을 기회, 아니 우리들 속에서 구현할 기회가 된다는 것이다.[9]

그런데 이 이야기는 궁핍했던 시대의 비장한 이야기이지 않은가? 버지니아 울프가 여자대학에서 행한 연설문을 기초로 쓴 『자기만의 방』에서, 여성 작가들에게 돈과 '자기만의 방'이 필요하다고 역설한 것이 현대의 풍요로운 삶을 누리는 여성들에게도 해당되는 이야기인가? 지금은 장독대와 아궁이 불 앞에 꾸부리고 살던 우리 할머니들의 시대가 아니다. 이제는 남녀를 불문하고 자기만의 장소를 갖는 것이 그다지 어려운 일이 아니지 않은가?

하지만 이런 지적은 적절치 못한 것이다. 만일 21세기의 여성들에게도 여전히, 자기만의 장소가 아닌, '공동의 장소'가 더 적합하고 자연스

8　『자기만의 방』이 출판된 것은 1929년이다. 그런데 이미 영국에서는 1866년 이래 여성을 위한 대학이 두 곳 생겼고, 1880년 이후 기혼 여성이 재산을 소유하도록 허용되고, 1919년에는 투표권을 얻게 되었었다. 공적 공간이 역시 아무나, 어느 때나 출입할 수 있었던 곳은 아니었고 결국 여성들에게는 공공 공간의 출입이 오랫동안 거부되었다는 것을 우리가 망각해서는 안 되겠다.

9　V. Woolf(1929), 『자기만의 방』, 이미애 옮김, 도서출판 예문, 1990, 175~6쪽.

럽게 여겨지고 있다면, 그렇다면 이것은 불균형 아니 '불의'의 문제라고 말할 수 있다. 우리가 묻고 싶은 질문은 다음과 같은 것들이다. 여전히 여성에게 특유한 장소, 그리고 그와 연관된 고정된 자아와 변하지 않는 정체성이 설정되고 있지는 않은가?

2. 장소의 젠더 정치학

모든 것에는 제 자리가 있고, 여성에게도 적합한 장소가 있다는 주장이 의문 없이 받아들여지던 시대가 있었다. 그때 '제자리를 벗어난(out of place)' 여성들은 따돌림과 비난을 받고, 오랫동안 제대로 인정을 받지 못하기도 했다. 화가이자 소설가인 나혜석, DNA의 X선 회절 사진을 절취당한 로잘린 프랭클린(R. E. Franklin)은 그 대표적인 사례다. 제인 제이콥스(J. Jacobs)와 레이첼 카슨(R. Carson)은 도시학과 환경학에 지대한 영향을 끼친 학자지만, 그 전문성을 계속 의심받아 왔다. 이 여성들은 모두 '무분별한' 사람 그래서 위험한 여성, 그저 주부일 뿐인데도 미지의 영역에서 모험을 하면서 분란을 일으키는 문외한 취급을 받았다. 마치 잘못된 장소에 자리해 성가시게 하는 잡초와 같은 존재였다.

잡초가 '잡초'로 규정되는 이유는 그들이 발견되는 장소 예컨대 논과 밭이 '그들의 장소'가 아니기 때문이다. 그렇다고 그것들이 논과 밭의 다른 작물들과 본질적으로 차이가 나는 특별한 것은 아니다. 다만 '제자리에 있지 않은(misplaced)' 것이라 여겨지는 식물일 뿐이다. 산과 들에 있어야 할 것들이 보도블록이나 경작지에 자리해서 자랄 때, 그리고 대개는 먼저 있었던 것들보다 훨씬 더 맹렬히 번식해 위협적일

때 그것은 '잡초'라고 이름 불린다.[10]

이렇게 보면 사람들에게서 장소의 정치가 작동하는 메커니즘을 쉽게 이해하게 된다. 그것은 타 집단에 대해 우위에 있거나 적대적 관계에 있는 어떤 집단을 정의하기 위해 장소를 이용하는 현상이라 할 수 있다. 잡초처럼, '제자리를 벗어난' 자로 기술되는 사람들이 '집시', '노숙자' 등이고, 그들은 식탁 위에 놓인 신발이나 옷에 튄 음식물 그리고 응접실에 놓인 세면용품처럼 더럽고 지저분한 것 즉 오염물이나 쓰레기로 묘사된다. 사람, 사물, 실천이 잘못된 장소에 놓일 때 그것을 모두 '장소 착오(anachorism)'라 부를 수 있다.[11] 외부자들 특히 집시-여행자, 노숙자, 비백인, 광인, 게이, 레즈비언 등의 타자들은 미디어, 지역 당국, 중앙 정부에 의해 '제 자리를 벗어나' 있다고 기술된다. 즉 "장소, 의미, 실천 사이에서 기대되는 관계에 맞지 않는 존재"로서 기술된다.[12]

관광객이나 유목민같이 이동성이 높은 사람과 달리 유랑자와 난민의 이동성은 예측 불가하고, 그들이 경계를 넘어서는 순간 다른 시민에게 위협적인 존재로 인식된다. 그런데 원래 '속해 있는' 장소에서 벗어나 떠도는 사람 중에서도 '여성 노숙자'는 가장 비도덕적이고 위험한 인물이다. 여성 노숙자와 여성 부랑자(tramps)가 가장 부도덕한 존재

---

10   하지만 이제 쇠비름, 질경이, 명아주와 같이 잡초로 불리던 것들이 '산야초'로 불리고 있고 '약초'로 인정받아 사용되기도 한다. 이전의 잡초들이 이제는 밭과 논에서 경제적 수익을 낳는 어엿한 작물로 경작되고 있는 것이다.

11   T. Cresswell(2004), 『장소』, 심승희 옮김, 시그마프레스, 2012, 160쪽. 인류학자 메리 더글러스(M. Douglas)에 의하면 '제자리를 벗어나' 있는지 그렇지 않은지는 이전부터 존재해온 분류 체계에 달려 있다. 공간적 분류가 강하면 강할수록, 추방하고 배제하고자 하는 욕망이 커질수록 현존 질서를 지키는 사람들을 전복시키는 일이 더 쉬워진다.

12   같은 책, 161쪽.

가 되어버린 것은 '이상(理想)'으로서의 '가정', 특별한 종류의 장소로 서의 '집'에 대한 개념과 관련된다. 이 개념 아래서 이들은 잘못된 장소 에 있는 존재로 평가되고, 규범을 위반하는 사람으로 여겨진다. 그렇 다면 '집'과 '가정'이 모든 여성에게 잘 맞는, 적절하고 이상적인 장소 라 할 수 있겠는가? 이성애적 '집' 즉 전통적 가족을 위한 장소만이 여 성들의 제자리라고 말할 수는 없을 것이다. 이상화된 사적 공간 속에 서 여성과 아이들은 종종 통제 불가능한 권력에 노출되어 있다. 집과 가정은 학대받은 여성에게는 억압의 장소로 감옥일 뿐이다. 사실 '집 없음'의 상태는 인간 사회에서 여러 형태로 항상 존재해왔던 것이다. 그런데도 여성들이 집이라는 특정 장소에 있지 않고 길거리를 떠돈다 는 것이 과연 언제부터 그리고 어떻게 부도덕한 행위로, 위협으로 여 겨져 왔는가는 따져볼 만한 일이다.

서구에서 공간성/장소와 정체성을 결합하여 통제하는 가장 뚜렷한 예는 '공적인 것'과 '사적인 것'을 구분하는 문화적 관행이다. 여성을 가정 영역에 가두려 하는 시도는 공간적 통제인 동시에, 그것을 통한 정 체성 통제라는 사회적 통제의 일종이기도 하다. 그래서 여성이 '집'이라 는 사적인 공간의 제약으로부터 벗어나는 것 자체가 누군가에게는 불 안의 근원이고 위협이 된다. '집'은 마음이 속해 있는 곳이며 여성(어머 니, 사랑하는 여인)이 있는 곳이다. '여성'과 '집'이란 장소의 정체성은 이런 세계관에서 긴밀히 연관된다.

우리에게 불변적인 장소란 것은 없고 모든 장소는 구성될 뿐이다. 장소는 완성되지 않고, 우리의 지속적이고 반복적인 실천을 통해 작동 할 뿐이다. 장소가 어떻게 우리의 일상을 토대로 만들어지는지를 고려 한다면, 우리는 장소를 개방적이며 비본질주의적 방식으로 여겨야 할 것이다. 그럼에도 불구하고 장소는 정체성 규정을 위한 일종의 선험적인 꼬리표로, 존재론적으로 안정(고정)된 것으로 여겨져 왔다. 그러한 사고 아래에서 장소는 경계 짓기를 위한 사고틀로 작동할 수 있다.

페미니스트 지리학자들의 주제 중 하나는, 공간, 지역에 따라 젠더 관계가 다양하게 형성된다는 점이었다. 특정 시대의 특정 지역에서뿐 아니라, 미래의 상징적 분야인 하이테크 전문직 영역과 과학 활동의 장소인 연구실과 실험실에서도 가부장적인 젠더 관계를 비롯한 다양하게 구성된 젠더 관계가 나타난다. 도린 메시(D. Massey)는 "공간과 장소는 그 자체가 이미 젠더화되어 있을 뿐만 아니라 젠더가 구성되고 이해되는 방식을 반영하고 그에 영향을 미치기도 한다."고 말하면서 여성이 경험하는 이동의 제약, 특정 장소에 억류하기와 가두기는 일부 문화적 맥락에서 여성을 종속하는 결정적 수단이 되어왔다고 지적한다.[13]

그래서 나혜석은 집을 떠난 위협적이고 불온한 여성으로, 길에서 객사할 수밖에 없었다.[14] 로절린 프랭클린은 DNA의 X선 회절 사진으로 이중나선 구조 해명에 결정적 기여를 했지만 남성인 동료 과학자들에게 공적을 인정받지 못했다.[15] 제인 제이콥스와 레이첼 카슨도 '주제넘게' 공적 영역에 도전했던 여성들로 여겨졌다. 그들의 성취가 제대로 평가받지 못했다면 순전히 그것은 그들이 적합하지 않은 장소에 들어

---

13   D. Massey(1994), 『공간, 장소, 젠더』, 정현주 옮김, 서울대학교출판문화원, 2015, 318~9쪽.

14   나혜석은 한국 최초의 여성 서양화가로 알려져 있는데, 〈경희〉, 〈정순〉을 쓴 소설가이기도 했다. 그의 아들 김진 교수는 어머니에 대한 아픈 마음을 담아 가족 이야기를 썼는데, 책 제목 역시 의미심장하다. 김진, 이연택, 『그땐 그 길이 왜 그리 좁았던고』, 해누리기획, 2009.

15   제임스 왓슨(J. D. Watson)의 『이중나선』에는 로절린 프랭클린이 '로지'라는 애칭으로 불리는데, 그녀는 사납고 때로 연구소의 방문을 꽝 닫고 나가버리는 무례한 괴짜처럼 묘사되어 있다. 다른 남성 동료는 그녀를 '바보'라고 지칭하기도 했다고 한다.

온 침입자였기 때문이다. 지식이 생성되고 정치가 이뤄지는 가장 공적인 장소들 즉 과학 실험실과 의회에서 여성들이 어떻게 대우를 받고 어떤 요구를 받았는가를 규명하는 일은 쉬운 일이 아니다. 이 글에서는 가장 여성적인, 여성의 고유 장소로 여겨져 왔던 부엌과 가정이라는 공간에서 어떤 역설적인 현상 또는 반전이 일어나는지, 또 그곳은 어떻게 그 의미가 재설정될 수 있을지를 다루어보려 한다.

3. 장소 이탈과 공간 침입 – 남자들만의 주방

자기들의 장소를 벗어나 타인의 공간에 침입한 사람들과 그로 인한 우려, 혐오, 공포는 지금 우리 사회에서도 쉽게 발견된다. 탈북자나 난민처럼 외부에서 유입되는 사람들에 대해서만 그런 감정이 드러나는 것은 아니다. 분양 아파트에 임대 가구를 끼워놓게 한 소셜믹스 정책에 반발하는 조합(인)의 감정은 임대인의 동선과 공간을 제한하는 기교로 노출된다.

코로나가 한창이던 2020년 여름, 한 성우가 '주변 서민 빌라촌' 아이들이 자신이 사는 아파트 놀이터에 몰려와 마스크도 없이 뛰어놀고 있다는 글을 트위터에 올렸다. 이것이 큰 논란을 불러왔지만, 그녀가 격렬히 반응하고 해명했듯이 아마도 그녀는 아이들에 대한 진심 어린 염려에서, 그 아이들에게 마스크를 쓰라고 말하고 싶었을 것이다.[16] 어쨌든 자신이 전혀 공간적인 혐오나 차별을 의도하지도, 의식하지도 못했

---

16   2020. 8. 21. 동아닷컴 뉴스. https://www.donga.com/news/article/all/20200821/102588788/1

을 수 있다. 그런데 최근 미국에서 코로나 바이러스와 관련시켜 벌어
지는 아시아인 혐오 사건들을 보면, 사람이 같은 공간에 들어온 다른
사람에 대한 혐오와 경멸을 숨기기는 어려운 것 같다.

공간적인 배제와 차별의 현실들을 살펴보자. 과거에 여성의 '제자리'
로 여겨져 왔던 사적 공간과 가사 노동의 장소에서 여성이 벗어나면서
(out of place), 동시에 여성은 공적 공간이면서 남성의 장소에 초대받지
않은 손님이 될 수 있다. 이론적으로는 모든 사람이 진입할 수 있지만
특정한 신체, 성, 성별이 암묵적으로 '자연스러운' 점유자로 지정되어
있는 곳들이 있다. 무단으로 끼어들어 온 사람들은 '그 자리에 부적당
한' 존재로, '공간 침입자'로 간주된다.[17]

부엌(주방)은 대표적으로 여성의 영역으로 여겨져 왔다. 그렇다면
전문 요리 공간인 레스토랑에서는 어떠한가. 요리 분야의 성별화된 현
실을 보면 낮은 지위의 저임금 일자리는 대부분의 여성이, 헤드 셰프
같이 높은 일자리는 대부분 남성이 차지하고 있다. 요리가 여성의 몫
으로 여겨졌는데, 왜 남성이 셰프의 세계를 장악하고 있는 것일까?[18]
미국 노동통계국의 자료에 의하면 2013년 요리 산업에서 셰프와 헤드
쿡 중 여성은 20%라고 하는데, 우리가 떠올릴 만한 여성 셰프가 있는
지 의문이다. 반면 고든 램지(Gordon Ramsay) 제이미 올리버(Jamie

---

17   N. Puwar(2004), 『공간 침입자』, 김미덕 옮김, 현실문화, 2017, 23쪽. 너멀 퓨
워는 정치의 장 특히 의회를 남성이 '점유자'로 지정된 공간으로, 여성이 부적합한 장
소의 '침입자'로 여겨지는 공간으로 꼽는다. 그곳에서는 여성처럼 입고 남성처럼 행동
할 것이 요구된다.

18   D. A. Harris, P. Giuffre(2015), 『여성 셰프 분투기』, 김하현 옮김, 현실문화,
2017, 57쪽. 어떤 사람들은 레스토랑의 엄혹한 근무 환경과 여성의 신체적, 감정적 연
약성을 이유로 들기도 한다.

Oliver), 최현석 같은 남성 셰프들은 아이돌 스타만큼 유명하다.

전문 레스토랑의 부엌이 어떻게 남성의 영역이 되었는가? 전문 레스토랑의 부엌에 존재하는 젠더 불평등의 원인을 찾자면 첫째로 전문 셰프의 성별화된 역사를 살펴보아야 하고, 둘째로는 요리 평론가, 기자 같은 문화 중개자들의 역할, 유명 신문과 음식 전문 잡지와 같은 소위 푸드미디어가 자행하는 여성 배제의 역사와 전략을 살펴봐야 한다고 해리스(D. A. Harris)와 주프리(P. Giuffre)는 주장한다.

젠더와 요리는 복잡한 관계를 맺어왔다. 여성의 조리 활동은 가족 구성원을 위해 요리를 하는 돌봄 노동의 형태였던 반면, 남성의 요리는 더 중요하고, 위상이 높은 것으로 여겨졌다. 신을 위한 성직자 계급의 요리, 왕을 위한 궁정 요리사의 요리는 특별한 지위를 갖고, 그런 요리를 하는 사람들은 힘 있는 자리도 누렸다. 18세기 말과 19세기 초 산업화가 확산되어 남성과 여성의 영역 분리가 발생하였을 때 남성은 임금 노동과 정치 등의 공적 생활을 하며 공적 영역으로 이동했고 여성은 집이라는 사적 영역에 귀속되게 된다. 이 영역 분리 이데올로기는 남성 권력의 제도화에 일조한다. 남성과 여성의 노동은 위계가 달라졌다. 이 젠더 분리가 요리 분야와 연관을 여전히 발휘하고 있는 것이다. 남성 셰프가 하는 전문적 요리보다 여성이 하는 무급 노동의 형태인 가정 요리는 덜 중요했다.

요리가 프랑스에서 오뜨 퀴진(haute cuisine 고급 요리)으로 17세기에 발달했을 때 그것은 엘리트의 음식이었고, 군대 출신의 셰프들은 군사 직책을 갖고 있었다. 고급 요리가 귀족의 저택에서 공공 레스토랑으로 이동할 때, 남성과 여성에게 적절한 사회적 장소가 무엇인지를 결정하는 문화적 규범이 작동해서, 이 초기 레스토랑 문화에서 여성을 배제시킨다. 여성은 레스토랑 출입도, 일하는 것도, 요리학교에 입학하는 것도 배제된다. 전문 요리와 가정 요리가 구분되고, 가정 요리 아닌 전문 요리를 제공하는 레스토랑에서는 식당(the front of the house)과 부엌(the back of the house)이 분리된다.[19] 남성의 요리는 이성과 의식의 표현, 문화의 표현으로 여겨진다. 타고난 그리고 숙련된 요리사였던 여성은 단순하고 생물학적 욕구의 충족을 나타내는 요리를 할 뿐이며, 남성은 수년간의 훈련을 통해 습득한 기술을 발휘한다.

미국 요리는 이러한 프랑스의 제약과 편견에서 해방되어 평범한 음식을 접목하려는 시도를 하지만, 이러한 혁명은 전문 요리에서 성 평등으로 이어지지 못한다. 요리법과 요리 연출에서 지역 농산물 사용이 강조되는 캘리포니아 요리 트렌드에서도 젊고 대담한 남성 셰프들의 활약이 두드러진다. 동물의 모든 부분을 사용하는 '노즈투테일(Nose-to-tail)' 요리는 내장과 척수 같은 역겨운 식재료 사용을 꺼리지 않는 남성 셰프의 마초적 행위로 여겨진다. 하지만 이는 사실 역사를 돌아보면 여성들이 늘상 해왔던 일이다. 푸드미디어는 노즈투테일 요리를 하는 남성 셰프들이 피범벅이 된 채 칼을 휘둘러 동물을 도살하는 장면을 보도하고, 또 '미친 과학자' 같은 남성 셰프들의 '과학적' 요리법을 보여줌으로써 남성 노동자의 기술과 지식이 전문적임을 강조하려 한다. 하지만 그것도 남성만이 할 수 있는 전문적 일은 아니다.

음식의 물리적, 화학적 특징을 변형시키는 '분자 요리'[20]도 여성이 이미 오랫동안 해왔던 일이다. 재료의 형태와 질감에 대한 고정관념에서 벗어나 창조한 한식 분자 요리로 한천(우뭇가사리) 가루로 만든 묵이

---

19   같은 책, 38~41쪽.
20   프랑스 물리화학자인 에르베 디스(Hervé This)는 "뛰어난 요리는 맛뿐만 아니라 향과 질감도 최대한 살릴 수 있어야 한다"며 '분자 요리'라는 단어를 처음 사용했다. 『냄비 속 물리화학』 등을 썼다.

좋은 예라고 생각한다. 또 요즘 불이 아닌 물을 이용해 저온으로 조리
한 수비드(sous-vide, "under vacuum") 요리가 인기지만, 사실 진공
팩과 저온 조리용 기계 없이도 손쉽게 할 수 있는 수란(水卵)도 같은
이치로 조리된다. 양극단 즉 야성이나 과학적 전문성을 강조함으로써
전문 레스토랑의 주방에서 여성을 배제하려는 것은 거의 음모라고 말
하고 싶다. 온갖 발효 요리들은 누가 만들고 가르쳐주었는가?

　해리스와 주프리는 푸드미디어의 권력자들인 음식 전문 기자와 요
리 평론가들이 레스토랑에서 일하는 남성의 전문적/이성적 요리와 집
에 있는 여성의 감정적/표현적인 요리를 구분하고, 젠더 불평등을 존
속시키고 문화적 위계질서를 유지하기 위해 구사하는 방책을『여성 셰
프 분투기』에서 폭로하고 있다. 그들이 미디어를 통해 남성 셰프와 여
성 셰프를 다룰 때 분명한 차이가 있다는 것이다. 남성 셰프는 '지적인
태도로 요리를 한다'고 평가받고, '상상력이 풍부하고 위트 있는 요리
를 한다'고 묘사된다. 반면 여성 셰프의 요리를 다룬 기사는 만들어지
는 대상, 즉 음식에 초점을 맞추며, 요리 과정이나 기술에 관심이 기울
어지지 않는다. 여성 셰프의 요리는 '꼼꼼한, 단순한, 깔끔한 요리'로
묘사된다. 즉 지적 작업이 아닌, 완성된 생산물과 요리의 물리적 특성
이 묘사된다. 여성의 요리는 '가벼운', '부드러운', '씹는 맛이 있는' 등
의 단어가 사용된다. 즉 요리사의 기술이 아니라, 손님이 느끼는 감각
이 강조되는 것이다.[21]

　이렇게 해서 남성 셰프들의 왕국이 건설되었다! 훌륭한 셰프는 주로
레스토랑을 운영하고 있는 남성 셰프고, 그들은 아방가르드한 인습 타

21　D. A. Harris, P. Giuffre(2015),『여성 셰프 분투기』, 김하현 옮김, 현실문화,
2017, 81~7쪽.

파주의자로 분자 요리 같은 새로운 트렌드를 만들어냈다. 전반적으로 여성 셰프는 남성 셰프에 비해 미디어의 스포트라이트를 훨씬 덜 받는다. 전문 레스토랑의 부엌이라는 장소에서 여성 셰프들은 그저 '침입자'일 뿐이다. 한 레스토랑, 더 나아가 미식의 장 전체에서 여성은 "아웃사이더"며, 부엌에서 자리 잡고 존중받고 더 높이 올라서기 위해서 힘과 패기를 시험하는 여러 테스트를 견뎌내야 한다.[22] 그녀는 점유자인 남성을 안심시켜야 하고 남성성이 과잉된 업무 환경을 바꾸지 않겠다는 것을 남성 동료들에게 확인시켜줌으로써 자신이 침입자나 파괴자가 아님을 확인시켜야 한다. 레스토랑의 부엌에서 여성 셰프는 성적 긴장감을 발생시키는 존재로서 집중을 방해하고 업무 환경을 산만케 하는 침입자로 여겨진다. 하지만 이것은 여성의 문제가 아니라 원인은 남성의 공간인 레스토랑의 부엌의 성비의 문제다.

어떤 장소가 특정한 성, 성별의 고유한 장소나 점유지로 여겨져야 할 이유는 없을 것 같다. 과거 여성의 장소였던 곳들이 그 의미가 새롭게 해명되고, 그 장소가 사람 모두와 맺는 관계도 재설정될 수 있지 않을까? 이러한 작업을 필자는 장소의 리포지셔닝(Re-positioning), 또 그를 통한 여성의 리포지셔닝이라 부르고자 한다.[23] 특정한 장소의 새

---

22 같은 책, 147, 159~160쪽. 임금에 있어서도 분명히 불평등이 있고, 여성이 육체적, 감정적으로 약하다는 고정관념이 여성 셰프의 고용과 승진을 거부하는 구실로 이용된다. 90kg짜리 돼지고기를 나르거나 23kg 나가는 밀가루 포대를 옮기는 것은 힘든 일이다. 그러나 체구가 작은 남성에게도 그 일이 힘든 것은 마찬가지며, 여성이 몸 쓰는 일을 할 수 없다는 뜻이 되는 것은 아니다. 여성 셰프들은 외모를 여성스럽게 꾸미지 않으려 하고, 남성과의 신체적 차이를 무시함으로써 동료와 섞이려 노력해야 한다는 증언들이 있다.
23 사람의 포지셔닝과 리포지셔닝은 주로 비즈니스 차원에서 즉 셀프 마케팅을 위한 것이다. 제품과 서비스처럼, 장소와 사람도 하나의 브랜드로서, 브랜딩과 마케팅

로운 역할을 찾거나 진정한 의미를 회복시키고 동시에 그로써 여성의
정체성의 컨셉을 바꾸고, 여성의 역할에 대해 재규정하고자 하는 것
이다.

4. 장소의 리포지셔닝 1 - 집과 가정의 변모

집과 가정은 여성의 장소고, 가족의 터전이었다. 그렇다면 애초에 가
정과 가정에 속한 여성의 지위는 언제, 어떻게 부과된 것인가? 이는 여
성에 대한 전통적인 철학적 틀에서 유래한다. 이것은 남성 대 여성, 문
화 대 자연(물질), 영혼 대 신체, 이성 대 감각의 이분법과 연관된다.
캐롤린 머천트(C. Merchant)는『자연의 죽음』에서, 여성과 자연의 (추
정된) '열등성'에 대한 남성의 지배 역사를 지적한 바 있다. 아리스토텔
레스가 각 개별 존재 내부의 물질과 형식을 통일시키면서, 활동성을
남성성과, 수동성을 여성성과 각각 연관시켰다. 죽어 있고 수동적인
물질보다 형식이 우월한 것으로 군림하였다. 영혼이 신체를 다스리듯
이, 남성의 특질인 이성과 숙고가 여성에게 우세하다고 주장되는 식욕
을 지배해야 한다. 이 유추법을 통해 아리스토텔레스가 가정에 대한 남
성 지배의 기초를 발견한 것이라고 머천트는 말했다.[24]

전략 그리고 특히 (리)포지셔닝 기법의 적용 대상이 된다. 필자는 리포지셔닝이 주로
시장과 소비자의 마음에 어떤 자리를 차지하게 하기 위해 제품과 서비스와 이미지를
바꾸는 것인데, 때로는 경쟁자를 포함하는 시장과 업계(업종)의 **컨셉과 룰을 바꾸는**
일일 수도 있음에 주목했다. Trout, J., Ries, A., (2000),『포지셔닝』, 안진환 옮김, 을
유문화사, 2006. / Trout, J., Rivkin, S., (1996),『포지셔닝 불변의 법칙』, 현용진, 이
기헌 옮김, 이상, 2012. 참조
24   C. Merchant(1980),『자연의 죽음』, 전규찬, 전우경, 이윤숙 옮김, 미토, 2005,

아리스토텔레스의 생물학에서 불완전하고 불구화된 수컷으로 간주된 여성은 가정에 머물러야 하고, 재생산의 자원으로 인식될 수밖에 없었을 것이다. 이러한 여성과 자연에 대한 남성의 지배 관념은 서구의 주류 사상으로 17세기 이후에도 계속된 것으로 보인다.

그런데 이 집의 의미는 무엇인가? 이-푸 투안(Yi-Fu Tuan)은 경험에 의해 공간이 장소로 지각되고 가치가 부여되는 과정을 『공간과 장소』에서 해명한 바 있다. "생물학적 필요가 충족되는, 절실하게 느껴지는 가치의 중심지"로서의 장소들 중에서, 이-푸 투안의 관점에서 가장 주목해야 할 곳이 집(주택)이다. 투안은 "집보다 나은 장소는 없다"고 단언했다. 그것은 집이 "오래된 가옥이며, 오래된 이웃이고 고향이며 조국"이기 때문이다.[25] 장소는 '가치의 중심' 또는 '가치의 응결물'인데, 이 장소 중 가장 나은 곳이 집이라는 것이다. 이때 '가장 나은' 곳이란 말의 의미는 인간에게 완전하게 익숙하게 느껴지는 곳, '친밀한 장소'라는 의미다. 그래서 여름보다 겨울에 집은 더욱 친밀한 느낌을 주고, 우리의 취약함을 깨닫고 집을 안식처로 느끼게 된다. 결국 투안에게 있어 집은 가장 안전한 곳, 약한 자에게 돌봄을 제공하는 장소다.

개코원숭이와 꼬리 없는 원숭이는 다치거나 병든 동료를 돌보기 위해 멈추지는 않는다. 하지만 인간은 멈춘다. 가정을 환자와 부상자가 따뜻한 배려를 받으면서 회복할 수 있는 장소로 느끼는 것은 영장류 가운데에서 인간만이 가지는 감정이다. 원시 인류부터 모든 인간 사회는 약자가 머무르는 터를 갖고 있고 치유된 사람들은 그곳에서 나와

41쪽.

25   Y.-F. Tuan(1977), 『공간과 장소』, 구동회, 심승희 옮김, 대윤, 1995, 15, 17쪽. 투안은 장소와 공간의 차이에 대해 공간이 장소보다 추상적이고 우리가 공간에 가치를 부여하면 공간은 장소가 된다고 본다.

채집, 사냥, 전쟁을 나갔다. 인간이 한 장소에 멈추는 것은 그곳에서 어떤 생물학적 욕구를 충족시키기 때문이다. 정지함으로써 장소는 인간이 느끼는 가치의 중심이 되었다.[26]

　무엇보다 보호의 영역, 안식처이기에 집이 우리에게 중요하다는 말이다. 안식처인 집은 가족의 기억이 축적된 곳이기도 하다. 그러나 과연 그 집과 가정에 머무는 모든 이에게 그러한가? 토니 모리슨(Toni Morrison)의 『빌러비드 Beloved』에서 흑인 노예 세서는 노예 농장 '스위트 홈'에서 주인집 부엌에 날마다 샐서피꽃을 갖다 놓는다. 자기 집 같은 기분을 느끼기 위해서였다.

　가정과 일터에서 여성의 심리를 잘 보여주는 장면이다. 토니 모리슨의 『빌러비드』는 유아 살해라는 실화를 바탕으로 쓴 소설이지만, 작가의 언론 인터뷰에 의하면 "노예제에 관한 것이 아니며", "어떤 사람들의 내면적 삶에 대한 것"이라 한다.[27] 평론가들의 말대로, 차마 말할 수 없는 것, 감히 기억할 수 없는 것들을 어떻게 기억할 수 있는지에 대해 모색한 작품으로, 참담한 기억에 의해 위협받는 삶을 묘사한 작품으로 볼 수 있을 것이다.

　하지만 필자의 생각에 이 소설은 '집'이 중요한 테마인 것 같다. '스위트 홈'은 스위트 홈이 아니었고, 세서는 다시 노예 사냥꾼에게 잡힐 위기에 처했을 때 두 살배기 딸의 목을 칼로 베어 죽인다. 그녀는 복역 후 신시내티 시, 블루스톤 로드의 124번지에 정착한다. 노예 농장의 오두막이 아닌, 주소명이 있는 이 집은 '집'이었을까? 이 '124번지'도 '집'

26　같은 책, 221~2쪽.

27　T. Morrison(1987), 『빌러비드』, 최인자 옮김, 문학동네, 2014, 458쪽.

이 아니며, 딸의 유령이 출몰하는 장소, 이른바 '귀신들린 집'일 뿐이다. 거기서 방치된 그 집 여자들은 보고 싶은 것을 보고, 내키는 대로 멋대로 생각하고 말한다. 『빌러비드』는 이제 노예가 아닌 등장인물들의 '124번지'에 대한 다른 의식 세계와 관계들을 보여줌으로써, 가정이라는 안식처, 가족공동체의 공통된 기억과 꿈의 저장고로서의 집은 없다는 것을 보여주는 작품으로 해석될 수 있다고 생각한다.

1950년대와 1960년대 서구의 산업사회에서는 가족에 대한 찬가가 불리어졌고, 가족제도는 국가의 특별한 보호를 받는 대상이 되었다. 일상생활에서 가족의 구성과 유지가 이상적인 삶의 모델로 간주되고, 사회과학 이론에서도 가족은 국가와 사회의 기능에 필수적인 것으로 여겨졌다. 이런 통념은 60년대 말과 70년대 초에 일어난 학생운동과 여성운동에 의해 도전받게 되고, 가족이 이데올로기이자 감옥이며 일상의 폭력과 억압이 자행되는 장소로 비난받게 된다.

하지만 이에 대해서도 곧 반발이 일어나서 부르주아 가족을 옹호하고, 각박한 세상의 안정된 항구로 강조되는 흐름이 나타났다.[28] 20세기 말부터는 반-가족적인 구호들은 조용해지고, 다시 '가족의 가치'를 강조하는 움직임이 강해졌다고 말할 수 있지만, 가족제도에 대한 반발 역시 살아 있다. 가족과 관련된 혼인/파트너 관계, 주거 공동체 내의 동거 및 교제 관계에 대해 사람들의 생각이 변화하고 있기 때문이다.

그래서 가족제도와 그 개념을 둘러싼 전쟁이 계속되고 있다고 말할 수 있다. 가족의 형태와 가족 성원의 경계를 둘러싸고 많은 의문들이

---

28   E. Beck-Gernsheim(1998), 『가족 이후에 무엇이 오는가?』, 박은주 옮김, 새물결, 2005. pp. 11-2.

제기되어, 가족이 무엇인지, 누가 가족인지는 더 불분명하게 되었다. 우리나라에서도 증조부와 외증조부, 삼촌과 숙모 대신 반려동물을 가족으로 여기는 젊은 세대도 증가하고 있다. 이렇게 가족에 대한 생각이 변화하고 이 다른 생각 사이에 충돌이 벌어지고 있지만, 여전히 한편에서는 아이 돌보기와 노인 돌보기는 여성의 일로 여겨지고 있기도 하다. 여성은 전통적인 관념(기대)하의 세대 관계에서 유용한 '가용 자원(available resources)'이다. 노인 부양과 아이들을 위한 노동의 대부분은 여전히 여성의 몫임을 보여주는 외국의 통계가 있다.

　아직도 전통적인 형태의 가족, 이성애에 기반한 가족이 압도적인 비율을 차지하겠지만, 가족 형태의 다양성은 증가하고 있고, 양육 또한 이제는 너무나 큰 부담이다. '사랑의 본질'을 밝히기 위해 붉은털원숭이를 상대로 잔인한 여러 가지 실험을 했던 해리 할로(Harry Harlow)는 앞으로 양육이 부유층의 사치가 될 것이라 말한 바 있다.[29] 우리가 친자녀 또는 입양아 군단을 이끌고 다녔던 미아 패로(Mia Farrow)와 브란젤리나(브래드 피트와 안젤리나 졸리) 커플을 보면, 할로의 예측이 맞았음을 깨닫게 된다.

　가족과 집의 의미는 이미 변화하고 있고 또 더 변화해야 한다. 하지만 그것이 어떻게, 어떤 방향으로 가능하겠는가? 이 단초로 『빌러비드』의 장면에 대해 말하고 싶다. 귀신 들린 집이 되기 이전, 세서의 시어머니인 베이비 석스가 살아 있던 시절의 124번지는 단절된 곳이 아

29　L. Slater(2004), 『스키너의 심리상자 열기』, 조증열 옮김, 에코의 서재, 2005, 133쪽.

니었고 분주하고 즐거운 집이다. 그 집에서 베이비 석스는 가족 아닌 사람들을 사랑하고 타이르고 먹이고 질책하고 위로했다. 화덕에는 항상 한 개가 아니라 두 개의 냄비가 끓고 있었다.

그러나 이러한 가정의 변화 가능성에 대한 필자의 말이, '가용 자원' 으로서의 여성과 그녀들의 무급 노동 장소로서의 전통적 가정의 복원에 대한 주장으로 오해되지 않기를 바란다. 가족, 가족공동체와 집(가정)의 변모, 즉 리포지셔닝에 대한 이야기다.

5. 장소의 리포지셔닝 2 – 요리 공간의 변모

로버트 퍼트남(R. D. Putnam)은 공동체 쇠퇴라는 미국 사회의 변화를 볼링장에서의 '나 홀로 볼링 bowling alone' 현상으로 진단한 바 있다. 1980년대 중반 이후 볼링 리그를 통한 친교와 식사가 줄어들고 카드놀이 모임, 피크닉과 파티도 줄어들고 있는 추세를 지적한 것이다.[30] 우리는 가족공동체의 붕괴에 대해서도 마찬가지로, 가족 식탁에서 모든 식구가 모여서 하는 식사 횟수의 급격한 감소 현상을 그 징후로 들 수 있지 않을까? 필자가 10대일 때 거의 전 가족이 최소 하루 2회의 식사를 같이 했지만, 50년이 채 지나지 않은 지금 모든 식구가 모이는 식사는 주 2회도 힘들다.(코로나19로 인한 칩거로, 일시적으로 같이 하는 식사가 늘어났을 뿐이다.) 식탁에 모여서도 공통의 음식을 나누지 않고 각자 취향대로 다른 종류의 음식을 세팅할 때가 있고, 장시간 공통

---

30   R. D. Putnam(2000), 『나 홀로 볼링』, 정승현 옮김, 페이퍼로드, 2009.

화제로 대화를 나누는 일도 점점 줄어들고 있다.

애초에 가정은 인류가 불을 다스려 화식(火食)을 하게 됨으로써 성립된 것이다.[31] 음식 요리가 식사 시간을 만들고, 그에 따라 사람들이 공동체로 조직화되기 시작한 것이다. 공동 식사가 절대 하찮은 일로 간주되지 말아야 하는 까닭은 그것이 가정생활의 근간이고 아이들이 대화의 기술을 배우고 문명의 습관을 획득하는 기회이기 때문이다. 음식은 협력과 소통을 위한 것이다. 음식 만들기가 줄어들면서 가족 간의 소통과 유대도 약화되고 있다.

가정의 부엌은 아직도 의미 있는 공간인가? 부엌이라는 장소가 달라질 수 있겠는가? 이것은 음식에 대한 관점, 관념이 바뀜으로써 가능한 일이 될 것이다. 현대의 여성들은 주방에서 보내는 시간을 직장에서 보내는 시간과 바꾸었는데, 그들 중 많은 여성들이 외식산업에 종사한다. 이들이 스스로 음식 준비를 할 시간이 없는 다른 가정을 위해 식사 준비를 돕는다는 것은 아이러니다. 음식을 만들고 나누기에 너무나 바쁜 현대인의 가정에서 부엌은 점점 그 크기가 줄어들고 있다.

가정에서 요리를 덜 하게 되면서 일어나는 현상들이 있다. 먹는 데에만 집중하는 식사가 아니라 다른 일이 주가 되는 '부차적 식사' 행동이 늘어나게 된 것이다. 이른바 멀티 태스킹 활동이 늘어나서 텔레비전 시청, 운전 등 모든 일을 하는 내내 사람들은 먹고 있다.

인간이 화식을 발견한 후, 더 나아가 불로 굽는 요리만이 아니라 냄비와 물을 이용해 삶는 요리 방식을 개발한 후, 단순히 끼니를 때우는

---

31 R. Wrangham(2009), 『요리 본능』. 조현욱 옮김, 사이언스북스, 2011. 불의 사용으로 음식을 씹는 데 걸리는 시간이 단축됨으로써 시간 제약에서 벗어나 사냥 활동의 성공 가능성이 높아졌고 성적 분업이 이뤄졌다.

것이 아니라 정해진 시간과 정해진 장소에서 함께 먹는 관습이 만들어졌다. 그래서 마이클 폴란(M. Pollan)은 냄비의 내부 공간이 집과 가족을 상징하고, 뚜껑은 여성이 주관하는 가정이라는 공간의 주방과 같은 의미라고, 냄비는 가족을 모이게 한다고 말했던 것이다.[32] 그런데 이제 식탁에 모이는 대신 사람들이 걸으면서 즉 때와 장소에 무관하게 먹는 이른바 'grazing'이 전 세계 어디서나 관찰 가능하다. 이는 주목할 만한 현상이 아닐 수 없다고 필자는 생각한다. 움직이면서 혼자 먹는 것은, 다른 동물들의 행동이었기 때문이다.

그렇다고 이런 모든 현상들의 발생과 그 원인으로서의 가정 요리의 감소 추세에 대해 여성을 비난하는 것은 부당하다. 왜냐하면, 상당수의 여성들이 노동시장에 진입하기 훨씬 전부터 식품 제조업체들은 요리를 대신할 수 있음을 주장하고 또 우리를 납득시키려 해왔기 때문이다. 산업 요리로의 변화는 페미니스트의 요구에 의해서라기보다는 일종의 공급 주도형 현상이었다. 그래서 식품 회사들이 주방 안으로 진입할 수 있었던 것이다.

그렇다면 이제 부엌은 무엇인가? 어떤 장소로 재회복되어야 하는가? 부엌에서의 요리의 의미를 강조한다고 해서 시계를 거꾸로 돌려 여성들을 주방으로 내몰려고 할 수는 없다. 오히려 마이클 폴란을 따라, 요리가 한쪽 성이나, 가족 구성원 한 명이 떠맡기에는 너무나 중요하다는 주장의 의미를 되새겨 볼 필요가 있다.[33] 폴란은 스스로 농장을

---

32   M. Pollan(2013), 『요리를 욕망하다』, 김헌정 옮김, 에코리브르, 2014, 19쪽.
33   같은 책, 19-21쪽. 폴란은 음식이 몸과 동물, 여성, 그리고 식욕에 연관되어진 서양문화 전통에 대해 유감스럽게 생각한다. 문명화된 남성이 그것들을 지식과 이성으로 극복하려 노력했다는 사실은 지금 남성에게 엄청난 손해라고까지 폴란은 말한다.

가꾸고, 빵을 굽고 요리를 하면서 많은 것을 깨닫게 되었다고 말한다. 요리는 사회적이고 생태학적인 관계, 즉 동식물과 흙, 농부, 우리 몸 안팎에 있는 미생물, 그리고 요리로부터 양분을 공급받고 기쁨을 얻는 사람들과의 관계라는 그물망 속에서 고려되어야 한다. 거대한 생명 공동체의 그물 안에 요리가 우리를 끌어들이는 방식이야말로 가장 주목할 만하다. 주방에서 요리는 서로를 연결해준다는 사실을 깨달은 것이다. 요리는 한편으로는 자연계와 또 한편으로는 인간 사회와 마주하는 매우 특별한 장소, 특별한 세계에 우리를 위치시킨다. 요리사는 요리 행위로서 자연의 산물을 바꾸는 사람이기에, 자연과 문화 사이에 끼어들어서 번역과 협상을 수행하는 존재라고 말할 수 있다. 자연과 문화는 둘 다 요리에 의해 변형된다. 이 과정에서 요리사 또한 변한다는 사실을 폴란은 발견했다.[34]

결국 부엌의 의미는 그곳에서 생산되는 음식과 음식의 나눔 때문에도 중요하지만, 요리(조리) 과정의 역할 때문에도 중요하다. 누구에 의해 어떤 성(성별)에 의해 조리가 이뤄지는가가 문제는 아니다. 음식과 요리와 식탁과 부엌의 의미가 재조명되어야 할 필요가 있다. 공동체에서 공식(food sharing)의 가치가 강조되어야 하고 가정에서는 성(성별)에 무관히 차리는 '행복한 밥상'에서 가족이 '친숙한 음식'을 누릴 수 있어야 한다. 여기서 외식 특히 간편식이나 패스트푸드가 아닌 가정식만이 유일한 '진짜 음식'이라는 주장이나, 부엌의 강조가 페미니즘에 대한 역행 또는 반란이라는 주장은 모두 편협하며, 필자의 시각과 다르다.

---

34 같은 책, 29쪽.

6. 장소의 리포지셔닝과 여성

집과 부엌이라는 장소만이 바뀔 수 있고 또 바뀌어야 하는 것이 아니다. 장소의 리포지셔닝은 도시와 공공장소의 재설계에도 확대될 수 있다. 도시와 공공장소에서 여성이 겪는 문제는 남성을 중심으로 설정하는 사고방식에서 기인한다.[35] 가난과 돌봄 의무 때문에 여성들은 더 많이, 더 오래 걷고, 항상 장 본 것, 유모차, 가족과 관련된 짐을 들고 이동한다. 도시 내의 많은 장소들은 여성에게 두려운 곳이다. 여성은 주차 빌딩 안을 걷는 것, 기차 승강장에서 기다리는 것, 버스 정류장에서 기다리는 것, 또 정류장이나 역에서 집까지 가는 길을 두려워한다. 이 장소들에서 여성이 느끼는 두려움은 남자들이 두려움을 느끼는 비율보다 약 두 배 정도 높다고 한다.[36] 도시에서 느끼는 이런 공포는 여성의 이동성과 기본권에 영향을 미친다. 여성들은 공포 때문에 자신의 행동, 이동 방식을 결정한다. 즉 특정 경로, 시간대, 교통수단, 밤 외출을 피한다.[37]

---

35   C. C. Perez(2019), 『보이지 않는 여자들』, 황가한 옮김, 웅진지식하우스, 2020, 97~8쪽. 페레스에 의하면, 도시 설계자가 젠더를 고려하지 않을 때, 공공장소는 남성 디폴트가 된다. 그런데 여성의 신체를 갖고 있는, 세계 인구의 절반은 매일같이 그 신체에 가해지는 성적 위험과 싸워야 한다. 공공장소를 설계할 때 세계 인구의 절반인 여성을 빼놓는 것은 재원의 문제가 아니다. 그것은 우선순위의 문제다. 현재 고의든 아니든 여자를 우선시하지 않고 있는 것은 페레스의 표현에 따르면, '명백한 불의'이자 '경제적 무지'다.

36   같은 책, 81쪽. 영국 교통부의 연구에 의하면 이 네 장소에서의 여성의 공포지수는 항목별로 62, 60, 49, 59%며, 남자의 경우 그 수치는 31, 25, 20, 25%다.

37   이런 이야기는 전혀 과장된 것이 아니다. 어떤 도시의 부부가 골프를 한 후 주차장에서 각자의 차를 타기 위해 헤어졌다. 거기서 부인이 사라졌고 나중에 시신이 발견되었다. 뉴욕에서 활동하던 화가 최00도 건물 주차장에서 사라졌다. 강남역 살인사건, 수원 살인사건, 화성 살인사건을 생각해보라. 여성의 죽음은 개죽음보다 더 흔하다.

공원의 스포츠 공간, 공공시설의 화장실, 헬스클럽도 겉으로는 교통환경과 마찬가지로 남녀에게 동등해보여도 실제로는 남성 편향적인 공공장소다. 이런 현상은 페레스(C. C. Perez)에 의하면, 남자가 '사람'의 디폴트인 "남성 디폴트적 사고방식" 때문이다. 그의 『보이지 않는 여자들』은 우리가, 인류의 반인 여성과 관련된 사실들을 제대로 기록하지 않음으로써 '젠더 데이터 공백'이 생겼을 때 어떤 일이 일어나는가를 밝힌다.[38] 페레스는 젠더 데이터 공백이 노동, 과학, 정치, 경제 전반에 걸쳐서 그리고 도시계획에 있어서도 여성들을 체계적으로 차별하고 배제하는 메커니즘을 만들고 유지시키고 있다고 주장한다.

'여성'의 역할, 정체성, 의의를 재설정하는 리포지셔닝을 여성적 장소의 리포지셔닝을 통해 가능해보려한 것이 이 글의 목표였다.[39] 그렇다면 이제 우리는 묻는다. 여성의 장소는 있는가? 여성은 자신들의 장소에 대한 권리 주장을 할 수 있어야 할까? 아니, 그보다는 배타적인(독점적인) 남성적 공간에 대한 주장이나 여성을 공간 침입자로 차별하는 시각을 분쇄할 수 있어야 하지 않을까. 가정과 부엌은 여성만의 고유한 장소가 아니며, 그로부터의 이탈에 대해 비난할 수 없다. 어느 성에

38　C. C. Perez(2019). 『보이지 않는 여자들』, 황가한 옮김, 웅진지식하우스, 2020, 241쪽. '젠더 데이터 공백'은 예를 들어 자동차 설계 개선을 하기 위해, 운전자 사망률을 반영하는 경우에도 발생한다. 남녀가 동승할 경우, 운전자는 남자일 확률이 높은데, 조수석의 데이터를 수집하지 않고 자동차 설계를 개선하는 것, 또 여성의 사망률이 17% 높은데도, 충돌 실험을 진행할 때 운전석에서는 남성 인형을 표준으로, 조수석에는 여성 인형을 놓고 시행하는 것을 예로 들 수 있다.
39　마사 스튜어트(Martha Stewart)나 안젤리나 졸리(Angelina Jolie)와 같은 셀럽이 아닌 일반 여성 누구도 자신을 리포지셔닝할 수 있다. 스타 지망생이 아닌 일반인들도 자신을 위해 **적합한 역할**을 선정하고, **이미지 구축과 변신**을 꾀할 수 있다. 그것이 (퍼스널 브랜드의) (리)포지셔닝이다.

게도 고유한 영역을 배정하고, 장소 이탈을 말하는 것은 온당치 않다. 여성과 남성의 독점적 영역은 있을 수 없고, 또 어느 편도 어떤 장소에서 배제되거나 차별받아서는 안 된다는 것이 이 글의 주장이다.

자신이 선점한 영역에 대한 남성의 방어적 행동 경향성을 동물 수컷의 '세력권 주장(territoriality)'에 비교할 수 있을까? 가장 대표적으로 새들에게서 '세력권 주장 행동(territorial behavior)'이 현저히 나타나는 것으로 알려져 있다. 하지만 동물의 세력권은 사유재산과 같은 공간과는 다르고, 세력권 주장 행동도 재산권을 행사하는 행동은 아니다. 폴 콜린보(P. Colinvaux)에 따르면 그런 행동은 '이곳은 내 땅이다'가 아니라, '가까이 오지 마시오'라는 신호를 보내는 과정일 뿐이다.[40]

수컷 흰코뿔소는 노래 대신 대변을 차거나 소변을 분사하는 방식으로 '가까이 오지 말라'라는 메시지를 전달하고, 다른 수컷과 대치한다. 이것은 '세력권 주장'이라고 표현될 수 있지만, 그들은 다른 세력권 소유자의 구역을 드나들고, 또 자기 세력권에 입장을 허용한다. 새끼를 거느린 암컷 흰코뿔소와 청소년기의 수컷들이 지배적인 수컷들의 세력권을 넘나들며, 먹이를 공유하고 우호적으로 살아간다.

이들의 세력권은 사람의 경우 남성 중심적 장소들, 예컨대 유교문화의 '가정'이나 남성 디폴트적 공공장소들이 아니다. 동물의 세력권 주장 행동이 진짜 그 땅에 대한 소유권을 요구하는 의미가 아니라면, 동물들의 세력권에 영역을 둘러싼 인간의 공격적 경향성을 비교해서는 안 된다. 인류의 절반을 차지하는 여성이 '남성 디폴트'에서 이제 벗어나게 될 장소들을 자유롭고도 편안하게 공유할 수 있게 되기를 바란

---

40   P. Colinvaux(1978), 『왜 크고 사나운 동물은 희귀한가』, 김홍옥 옮김, 에코리브르, 2018, 230쪽. 흰코뿔소의 행동에 대한 서술은 238~9쪽.

다. 그들이 이제 장소 이탈자나 공간 침입자로, 혐오와 경계의 대상으로 간주되지 않기를 꿈꿔본다.

동시에 우리 공동체에 중요한 장소들이 그 의미를 잃어가고 있고 그것은 회복되어야 할 필요가 있다는 것 또한 이 글의 주장이다. 여성들이 과거에 배치되었던 곳, 여성에게 고유한 장소라고 여겨졌던 곳들 중 대표적으로 집과 부엌을 재조명하고 새로 규정함으로써, 여성 자신의 정체성과 그들의 삶과 역할도 재설정될 수 있을 것이라 생각한다.[41] 과거의 여성적 장소는 억압과 의무 노동과 헌신의 장소였다. 가정과 부엌은 이제 생물학적 성, 성별과 무관히 자발적 돌봄과 환대와 자기 발전을 위한 공간으로 바뀔 수 있다. "누가 언제 어디서 어떻게 움직이는지는 대부분 그 사람의 성(性)으로 결정된다"[42]는 말은 이제 옛말이 되었으면 한다. 그때 비로소 누구든, 어떤 여성이든, 원하는 대로 언제든 '자기의' 장소를 선택하고 변화시킬 수 있을 것이다.

41　이 글에서 필자는 외부에 있는 장소만을 다뤘지만, 장소로서의 '여성 신체'에 대해서, 특히 그에 대한 모독과 오용과 재규정에 대해서도 많은 논의가 이뤄질 필요가 있을 것이다.

42　M. Schroer(2006), 『공간, 장소, 경계』, 정인모, 배정희 옮김, 에코리브르, 2020, 263쪽.

3

여성은 장소다

1. 몸과 물체

"남자는 배, 여자는 항구"

유명한 노랫말이지만 불쾌하게 느끼는 사람이 있을 것이다. 배는 남성의 이동, 능동을 상징하고 항구는 여성의 정지, 수동을 상징하는 말처럼 들리기 때문이다. 그러나 여성을 항구라는 "장소"에 비유하는 것이 흥미롭다. 여성을 "장소"에 비유하는 것은 어떤 의미를 지닐 수 있을까? 여성 장소 비유가 여성과 남성의 관계를 보는 눈을 바꿀 수 있을까? 여성과 남성의 바람직한 관계를 형성하기 위해 여성 장소 비유가 우리에게 권하는 일은 무엇일까?

첫째, 여성 장소 비유는 플라톤(Platon)의 "코라(chora)" 개념을 활용하면 여성에게 능동 힘을 부여하는 의미를 지닐 수 있다. 둘째, 여성 장소 비유로 여성과 남성의 관계를 보는 눈을 바꿀 길은 벨기에 철학자 이리가레(L. Irigaray)가 아리스토텔레스(Aristoteles)의 "장소(to-pos)" 개념을 해석해 주장하는 "여성은 장소다"라는 명제에서 찾을 수 있다. 셋째, 여성 장소 비유를 바탕으로 여성과 남성의 바람직한 관계를 형성하기 위해서는 이리가레가 주장하는 이야기 틀의 전환이 필요하다.

한 가지 사전 지식이 필요하다. 몸과 물체는 모두 라틴어로 "코퍼스(corpus)", 영어로 "보디(body)"다. 코퍼스, 보디는 생물의 몸으로 좁게 옮기기도 하지만 무생물까지 포함하는 물체로 넓게 옮기기도 한다. 그러니까 몸 이야기는 물체 이야기와 관련이 깊다.

그리고 물체 이야기는 철학의 역사에서 처음으로 거슬러 올라간다. 탈레스(Thales)는 세상 모든 것의 근원(arche)이 물, 아낙시메네스(Anaximenes)는 공기, 헤라클레이토스(Heracleitos)는 불이라고 일종의 물질 또는 물체로 답한다. 파르메니데스(Parmenides)는 물체가 아닌 불변하는 존재가 있다고 주장하면서 사유를 진리의 기준으로 제시하지만 감각 물체는 의심의 꼬리표를 달더라도 늘 철학이 외면할 수 없는 설명 대상이었다. 여성의 몸 이야기도 철학에서는 물체 이야기와 엮여 있다.

2. 플라톤의 코라로서 여성 또는 여성 몸

2.1 페미니즘에서 플라톤이 소환되는 이유

요즘 페미니즘에서 플라톤이 소환되는 한 가지 이유는 여성 몸에 대한 페미니즘의 시각이 다양하기 때문이다. 여성주의라고도 옮기는 페미니즘은 여성의 권리를 보호하려는 운동이며 이론이다. 페미니즘은 왜 여성의 권리를 보호해야 하는지에 대답할 때 여성 몸을 끌어들이는 방식을 둘러싸고 의견들이 나뉘어 있다.

첫째 의견은 여성 몸이 남성 몸에 비해 약하기 때문에 마치 부모가 아이를 보호하듯이 사회가 여성의 권리를 보호해야 한다는 것이다. 이 의견은 여성 몸과 남성 몸의 생물 차이에서 출발해 여성의 사회 권리 보호에 도착한다. 그러나 꼭 몸의 생물 차이에서 출발해야 할까?

둘째 의견은 여성의 권리가 남성의 권리에 비해 보호받지 못하고 있기 때문에 사회가 여성의 권리를 보호해야 한다는 것이다. 사회가 복지 정책으로 가난한 사람의 권리를 보호해야 한다는 결론은 빈부의 사회 차이에서 출발하지 근육의 힘이 가난한 사람은 약하고 부자는 세다는 그릇된 생물 차이에서 출발하지 않는다.

마찬가지로 사회가 여성의 권리를 보호해야 한다는 결론도 여성 몸과 남성 몸의 생물 차이를 끌어들이지 않고 여성이 남성에 비해 권리를 덜 보호받고 있다는 사회 차이에서 출발할 수 있다. 이 의견은 여성과 남성이 권리 보호의 정도를 포함해 사회가 구성한 성, 곧 젠더(gender)라는 사실에 주목한다. 그리고 취업, 가정, 정치, 경제, 문화 등에서 젠더로서 여성과 남성의 차이 또는 차별을 여성의 권리 보호 주장의 출발점으로 삼는다.

셋째 의견은 여성 몸이 남성 몸과 다른 생물 능력을 지니므로 사회가 여성의 권리를 보호해야 한다는 것이다. 사회가 여성의 권리를 보호해야 한다는 결론은 여성 권리와 남성 권리의 사회 차별에서 출발할 수도 있지만 이 출발은 뒤끝이 있다. 그럼 여성 몸과 남성 몸의 생물 차이는 어떻게 해? 이 반문이 뒤끝이다.

사람은 생물 요소와 사회 요소의 복합체다. 사람의 삶은 생물 요소

와 사회 요소 중 하나로만 설명하면 모자란다. 모자라지 않고 뒤끝이
없으려면 이렇게 말해야 한다. 여성 몸은 독특한 생물 능력이 있으니
까 여성의 권리가 남성의 권리에 비해 덜 보호받는 것은 부당하고 사
회가 여성의 권리를 보호해야 한다고. 플라톤은 페미니즘의 셋째 의견
을 뒷받침하기 위해 소환된다.

2.2 플라톤의 코라

이제 플라톤의 코라가 무엇인지 살펴볼 차례다. 플라톤은『티마이오스
Timaeus』에서 우주의 탄생을 설명하면서 코라를 도입한다.[1] 태초에 코
라가 있었다. 그리고 코라 속에는 그 뒤 우주에서 생겨나고 사라질 모
든 것의 재료가 들어 있다. 이 재료는 물들, 불들, 공기들, 흙들이다. 플
라톤은 엠페도클레스(Empedocles)의 4원소설을 받아들여 이 세상 모
든 물체는 물, 불, 공기, 흙의 결합으로 구성된다고 본다. 처음에는 코
라 속에 물들, 불들, 공기들, 흙들이 뒤섞여 있다. 그 다음 코라와 원소
들은 격동한다.

> "그러나 그것은 결코 닮지 않고 균형이 잡히지 않은 힘들(dynameis)로 가
> 득 차 있기 때문에, 그것의 어떤 부분에서도 평형을 이루지 못하고, 그것
> 들(힘들)로 인해서 그것이 균형을 잃고서 온갖 방향으로 기우뚱거리며 흔
> 들리게 되는가 하면, 또한 그것이 운동하게 됨으로써 다시 그것들을 흔들
> 어 놓게 된다는 겁니다. … 마치 고리버들 세공의 키나 곡식을 가려내는

---

1   Platon,『플라톤의 티마이오스』, 박종현, 김영균 역주, 서광사, 2000, 147~9쪽.
(52e~53b) 괄호 안은 스테파누스(Stephanus) 판의 쪽수.

일과 관련된 기구들에 의해 흔들리고 까불리는 것들이, 그 중에서 단단하고 무거운 것들은 한쪽으로, 엉성하고 가벼운 것들은 다른 자리로 옮겨가서 자리를 잡는 것과도 같죠."[2]

코라는 다양한 힘들, 서로 "닮지 않고 균형이 잡히지도 않은 힘들"을 가지고 있어서 스스로 불규칙하게 흔들리고 물, 불, 공기, 흙 등 원소들을 흔들며 다시 이 원소들에 의해 흔들린다. 이 과정에서 물들, 불들, 공기들, 흙들은 같은 원소들끼리 모여 코라의 서로 다른 영역을 차지한다. 플라톤은 이 과정을 농기구인 키 위에서 낟알과 쭉정이가 까불려 서로 나뉘는 것에 비유한다. 그 뒤 우주의 제작자인 데미우르고스(demiurgos)가 형태들을 부여하면 네 원소들이 적절하게 섞인 세상 모든 물체가 생겨나 제각기 장소(topos)를 차지한다.

플라톤의 공간은 하나가 아니라 둘이다. 세상 모든 물체를 구성하는 원소들인 물, 불, 공기, 흙이 뒤섞인 코라가 있다. 그 뒤 세상 모든 개별 물체가 데미우르고스에게 형태를 부여받고 차지하는 곳은 장소다. 코라와 장소가 플라톤의 두 공간이다.

플라톤에 따르면 코라는 태초 후에도 계속 있다. 개별 물체가 있는 장소가 개별 물체와 함께 생성 소멸하는 공간이 필요하기 때문이다. 예를 들어 배가 항구의 어느 장소에 있다면 그 장소는 배가 들어오기 전부터 있는 것이 아니다. 배가 들어와야 배가 있는 장소도 생기고 배가 나가면 배가 있는 장소도 사라진다. 배가 들어오든 나가든 계속 있는 공간은 배와 함께 생기고 사라지는 장소와 다르다. 배가 들어오든 나가든 계속 있는 공간이 코라다.

---

2   같은 책, 147~8쪽. (52e~53a)

2.3 코라와 여성 몸

플라톤의 코라는 어떻게 여성 몸과 연결될 수 있을까? 플라톤은 코라
가 "생성된 것의 어머니"[3], "생성의 유모"[4]라고 말한다. 그에 따르면 개
별 물체가 차지하는 곳은 장소다. 장소는 개별 물체가 생기거나 차지
하기 전부터 있는 것이 아니다. 개별 물체가 생기거나 차지해야 장소
도 생긴다. 개별 물체가 사라지거나 떠나면 장소도 소멸한다.

　그렇다면 장소가 생성 소멸하는 곳도 있어야 한다. 개별 물체와 함
께 장소가 생성 소멸하는 공간이 코라다. 그래서 코라는 소멸을 포함
하는 생성의 어머니, 유모다. 코라는 배가 들어오고 떠나는 장소를 생
겨나게 하고 사라지게 한다. 어머니가 아이를 낳고 유모와 함께 기르
고 떠나보내는 것처럼.

　코라가 어머니, 유모라는 것은 비유다. 코라도 어머니, 유모처럼 뭔
가 낳고 기른다는 뜻이다. 낳고 기르기만 하는 것이 아니고 떠나게도
한다. 물들, 불들, 공기들, 흙들을 까불려 같은 것들끼리 일정한 영역
을 차지하게 만드는 것은 코라다. 코라가 힘을 가지고 있어야 가능한
일이다.

　코라는 "닮지 않고 균형이 잡히지 않은 힘들로 가득 차" 있다. 코라
는 원소들을 흔들고 까부르는 힘, 세상 모든 것과 그 장소가 생기고 사
라지게 만드는 힘을 가지고 있다. 어머니와 유모도 아이를 낳고 기르
고 떠나보내는 힘을 가지고 있다. 바로 이 힘이 코라와 여성 또는 여성
몸을 연결하는 고리다.

3　같은 책, 142쪽. (51a)
4　같은 책, 147쪽. (52d)

여성 또는 여성 몸에 대한 플라톤의 견해는 이중이라고 알려져 있다. 하나는 여성이 감정을 통제하지 못하고 몸의 욕망에서 벗어나지 못하는 열등한 존재라는 견해다.[5] 남성은 이성으로 감정을 통제하고 몸의 욕망에서 벗어나 왕이 될 수도 있다. 지혜로운 사람이란 뜻에서 철인왕이라 불린다. 또 여성 몸은 아이를 낳고 약하기 때문에 남성 몸과 다르다. 약하고 감정적이고 욕망에 빠진 열등한 여성 또는 여성 몸과 강하고 이성적이고 욕망에서 벗어난 우수한 남성 또는 남성 몸. "남자는 배, 여자는 항구" 수준의 견해다.

그러나 플라톤에게는 여성 몸에 대한 또 하나의 견해가 있다. 플라톤이 『티마이오스』에서 말한다.

"그야 어쨌든 지금으로서는 세 가지 부류를, 즉 생성되는 것, 그리고 이 생성되는 것이 그 안에서 생성하게 되는 곳인 것 그리고 또한 생성되는 것이 태어남에 있어서 닮게 되는 대상인 것을 염두에 두어야 합니다. 특히 받아들이는 것(to dechomenon)을 어머니에, 본받게 되는 대상인 것을 아버지에, 그리고 이들 사이의 창조물(physis)을 자식에 비유하는 것이 적절하겠습니다."[6]

플라톤에게 생겨나는 것은 물체이고 생겨나는 것이 닮는 출처는 이데아(idea)다. 영어로 아이디어라 읽는 그리스어 이데아는 눈으로 보고 손으로 만질 수 있는 것이 아니라 이성으로 생각해서 알 수 있는 것이다. 플라톤에겐 이데아가 진짜로 있는 것이고 눈, 코, 귀, 혀, 살로

---

5   Platon, 『국가』, 조우현 옮김, 삼성출판사, 1990, 196~8쪽. (454e~455e)
6   Platon, 『플라톤의 티마이오스』, 박종현, 김영균 역주, 서광사, 2000, 141쪽. (50d)

감각할 수 있는 이 세상 모든 물체는 이데아를 본떠 만들어진 모방물이다.

그리고 플라톤은 생겨나는 곳을 코라라 부르고 어머니와 유모에 비유한다. 비록 비유지만 코라를 어머니와 유모라 부르는 것은 여성 또는 여성 몸에 특별한 힘을 인정할 수 있는 계기가 된다. 관점을 바꾸어 여성 (몸)을 주어로 보자. 그러면 코라가 여성 (몸)을 비유하는 술어가 된다. "여성 (몸)은 코라다"라는 문장이 나온다. 코라에 비유되는 여성 (몸)이 지닌 특징은 어떤 힘을 가지고 있다는 것이다. 아이를 낳는 힘이 핵심이다.

그러나 여성 (몸)이 가진 힘, 곧 생물 능력은 아이를 낳는 데 그치지 않을 수 있다. 여성 (몸)이 가진 생물 능력은 임신과 출산 외에 더 있고 여성과 남성의 관계를 보는 눈을 바꿀 수도 있다. 플라톤의 코라는 여성 (몸)에 어떤 힘을 부여할 수 있는 비유여서 여성 (몸), 여성과 남성의 관계를 이해하는 페미니즘의 다른 길을 열 가능성을 지니고 있다. 이 가능성을 실현하려면 여성 (몸)이 지닌 다른 생물 능력을 찾아야 한다.

3. 이리가레의 장소로서 여성 몸

3.1 아리스토텔레스의 장소 독립 선언

이리가레는 여성과 남성의 생물 차이에서 출발해 여성의 권리를 주장할 뿐 아니라 장소 개념을 여성과 남성의 생물 차이의 근거로 제시한다는 점에서도 페미니즘의 다른 길을 대표한다. 그러나 이리가레가 기대는 장소 개념은 플라톤의 코라가 아니라 아리스토텔레스의 장소다.

아리스토텔레스는 플라톤의 코라 개념을 받아들이지 않는다. 코라 개념을 받아들이면 장소는 재료가 된다고 보기 때문이다. 플라톤에 따르면 항구에 있는 배의 장소는 배가 들어오기 전부터 있는 것이 아니다. 그 장소는 배가 들어와야 생기고 배가 나가면 사라진다. 배가 들어오든 나가든 늘 있는 공간은 코라다.

아리스토텔레스가 보기에 배가 들어오면 생기고 배가 나가면 사라지는 플라톤의 장소는 배와 분리될 수 없다. 그리고 물체와 분리될 수 없는 것은 재료나 형태다. 장소는 굳이 선택하라면 형태가 아니라 재료다. 재료가 하는 일은 형태를 받아들이는 것이고 장소도 물체를 받아들이는 것이기 때문이다.

그러나 아리스토텔레스에 따르면 장소는 재료도 아니고 형태도 아니다. 장소는 물체와 분리될 수 있기 때문이다. 따라서 아리스토텔레스가 보기에 플라톤은 장소 개념을 물체와 분리될 수 없는 것으로 잘못 이해하고 있다. 장소에 대한 아리스토텔레스의 유명한 그릇 비유다.

"장소의 존재는 장소의 상호 교체라는 사실에서 분명한 것으로 보인다. 물이 그릇에서 빠져나가면 이젠 공기가 나타난다. 그러므로 다른 물체가 같은 장소를 차지하고 있을 때 그 장소는 그곳에 들어와 서로 교체되는 모든 물체와 다른 것으로 여겨진다. 지금 공기를 포함하는 것이 이전에는 물을 포함했기 때문에 공기와 물이 들어가고 나가는 장소 또는 공간은 틀림없이 공기나 물과는 다른 어떤 것이었다."[7]

---

7   Aristotle(1970), *Physica*, in R. McKeon ed., *The Basic Works of Aristotle*, New York: Random House, p. 269~270. (208b). 괄호 안은 베커(I. Bekker) 판의 쪽수

그릇에서 물이 나가고 공기가 들어오는 것이 그릇이라는 장소에서 물체들의 상호 교체다. 물과 공기가 같은 장소, 곧 그릇을 서로 바꾸어 가며 차지할 수 있다는 것은 그릇이 물, 공기와 분리될 수 있다는 뜻이다. 그릇이 물, 공기와 분리될 수 있으면 물, 공기와 다른 것이고 따로 있다고 보아야 한다. 그릇의 따로 있음이 장소의 따로 있음에 대한 비유다.

아리스토텔레스는 장소가 물체와 따로 있다는 것을 그릇의 비유로 설명하는 데 그치지 않는다. 그가 장소의 따로 있음을 주장하는 근거는 장소가 물체와 분리될 수 있기 때문에 재료도 아니고 형태도 아니라는 점이다.[8] 재료와 형태는 물체와 분리될 수 없다. 물체는 재료와 형태의 결합체이기 때문이다.

예를 들어 공기의 재료가 산소, 이산화탄소, 질소 등이고 형태가 투명한 기체라고 하자. 어떤 방식으로든 산소, 이산화탄소, 질소를 공기에서 분리하거나 투명한 기체를 공기에서 분리하면 공기는 더 이상 공기가 아니다. 그러나 공기가 있는 장소는 공기에서 분리될 수 있다. 같은 공기가 집에 있다가 거리를 거쳐 하늘로 갈 수 있다. 집, 거리, 하늘은 공기와 분리될 수 있는 장소다. 따라서 장소는 재료와 형태의 결합체인 물체와 분리되어 따로 있을 수 있다. 이 명제가 아리스토텔레스의 장소 독립 선언이다.

3.2 이리가레의 여성 성 기관 독립 선언

"여성 영역에는 성행위가 있다. 여성은 남성의 성(기관)에 모양을 부여하

---

8   Ibid., p. 272. (209b)

고 그것을 안에서 조각한다."[9]

이리가레가 「장소, 인터벌: 아리스토텔레스의 자연학 4부 읽기」에서 하는 말이다. 문맥을 살펴보면 이 말은 여성과 남성의 성행위와 관련되어 있다. 바로 앞에 있는 말은 다음과 같다.

"남성 영역에는 꾀기, 애무하기, 모양 갖추기, 소비하기, 그 다음 형태 무너지기나 태아 자세로 퇴행하기가 있다. 사랑에선 남성이 그이면서 동시에 아이의 덤(the plus one of the child)이라고 할까?"[10]

꾀기, 애무하기, 모양 갖추기, 소비하기, 형태 무너지기 등은 남성 성행위의 한 사이클을 묘사한다. "그이면서 동시에 아이의 덤"이라는 말은 성행위를 할 때 남성은 어른이면서 아이라는 뜻이다. 남성이 아이인 이유는 남성의 성기가 사정 후에는 크기가 줄며 모양이 무너지거나 태아가 쪼그린 자세로 움츠러들기 때문이다.

철학 논문에서 보기 어려운 이 이야기는 이리가레가 여성 성 기관이 용기(container), 그릇(vessel), 장소라고 주장하면서 나온다. 그에게 용기, 그릇, 장소는 동의어들이다. 여성의 성 기관은 자궁과 질을 포함한다. 그에 따르면 자궁은 아이를 위한 용기이고 질은 남성 성기를 위한 용기다.

이리가레는 "아이가 자궁에서 형태를 얻는다"[11]고 하면서도 "아이는

9　Irigaray, L. (1993), "Place, Interval: A Reading of Aristotle, Physics IV," in *An Ethics of Sexual Difference*, trans. C. Burke and G. Gill, Ithaca: Cornell University Press, p. 49.

10　Ibid., p. 49.

자궁에서 거주지를 얻기 위해 직물(fabric)을 쫙 편다"고 말한다.[12] 앞
말은 여성이 형태를 주는 것이고 뒷말은 아이가 스스로 거주지를 마련
하는 것이다. 이리가레는 두 측면이 다 있기 때문에 여성과 아이의 관
계는 어느 쪽이 능동이고 어느 쪽이 수동인지 애매한 구석이 있다고
말한다.[13]

　그러나 이리가레는 여성과 남성의 관계에 대해서는 단호하다. 여성
의 성 기관은 남성의 성 기관을 위한 장소, 용기, 그릇이고 남성의 성
기관에 형태를 부여하고 남성의 성 기관을 안에서 조각한다. 여성의
성 기관에서 나간 남성의 성 기관은 여성의 성 기관이 부여한 형태가
무너지고 여성 성 기관이 조각한 자세가 퇴행한다. 여성 성 기관이 능
동이고 남성 성 기관이 수동이다.

　여성 성 기관이 능동이고 남성 성 기관이 수동이라는 말은 여성 성
기관이 장소, 용기, 그릇이라는 전제에서 나온다. 이리가레는 이 전제
에 아리스토텔레스의 장소 개념을 결합해 여성의 독립을 선언한다. 아
리스토텔레스의 장소 개념의 핵심 특징은 장소가 물체와 분리되어 따
로 있다는 것이고 그 이유는 장소가 재료도 아니고 형태도 아니기 때
문이라는 것이다.

　이리가레는 아리스토텔레스의 장소 개념을 끌어들이면 장소가 물체
와 독립해 있듯이 여성이 남성과 독립해 있다고 말할 수 있다는 것을
직감한 듯하다. 장소가 물체와 독립해 있다는 아리스토텔레스의 말과
여성 성 기관이 아이나 남성 성 기관을 위한 장소라는 이리가레의 말
을 결합하면 여성 성 기관이라는 장소가 아이나 남성 성 기관이라는

11　　Ibid., p. 48.

12　　Ibid., p. 49.

13　　Ibid., pp. 48~9.

물체와 독립해 있다는 결론이 나온다. 이것이 여성 성 기관 독립 선언
이다. 게다가 이리가레는 여성 성 기관이 남성 성 기관을 조각하기 때
문에 여성 성 기관이 능동, 남성 성 기관이 수동이라고도 주장한다. 여
성 성 기관 독립 능동 선언이 성립한다.

3.3 여성은 장소다

이리가레의 여성 성 기관 이야기가 비유인지 아닌지에 대해서는 논란
이 있다. 이리가레는 「장소, 인터벌」에서 성 기관 이야기를 하면서 장
소와 성관계를 비유한다고 직접 말하기도 한다.[14] 또 이리가레는 『하나
이지 않은 성』에서 "여성의 성기들은 지속적으로 접촉하는 두 입술들
로 이루어져 있기 때문"에 여성은 스스로 접촉하는 능동이라고 말한
다.[15] 이 말도 비유로 볼 수 있다. 중요한 이유는 이리가레가 이야기를
대하는 태도 때문이다.

  이리가레는 플라톤 이래 서구 철학이 남성 중심 언어로 여성을 배제
했기 때문에 남성 중심 언어로 쓰인 거의 모든 이야기를 의심의 눈초
리로 바라본다. 그러나 이리가레는 여성의 언어가 없고 따라서 여성
언어로 쓴 이야기도 없기 때문에 남성 중심 언어로 쓴 이야기 속에서
받아들일 부분과 버릴 부분을 가리고 장차 여성 언어를 창조해야 한다
고 생각한다.[16] 그렇다면 이리가레가 말하는 여성 성 기관 이야기도 남

---

14   Ibid., p. 48. 이리가레는 장소를 성관계에 비유하는 까닭이 모든 것을 성(sexu-
ality)으로 이해하는 프로이트 때문이라고 말한다. 이리가레는 프로이트의 정신분석학
이 남성 중심 언어라고 비판하면서도 차용해 정신분석학의 맹점을 짚는다. 이때 여성
은 장소라는 명제가 남성 중심 언어를 뒤집는 결론이 된다.
15   L. Irigaray, 『하나이지 않은 성』, 이은민 옮김, 동문선, 2000, 24쪽.

성 중심 언어로 쓴 것이고 아리스토텔레스의 장소 이야기에서 받아들일 부분을 해설한 것이니까 논픽션이라기보다 픽션, 실화라기보다 비유일 가능성이 크다.

여성 성 기관이 장소의 비유라면 이리가레가 아리스토텔레스의 장소 개념을 읽으며 머리에 떠올린 것은 무엇일까? 바로 여성 또는 여성 몸이다. 이리가레는 「장소, 인터벌」에서 여성 성 기관 대신 여성 (몸), 남성 성 기관 대신 남성 (몸)을 넣어도 충분히 이해할 수 있는 이야기를 펼친다. 우선 아리스토텔레스는 『자연학』에서 장소 이야기를 다음과 같이 정리한다.

"장소는 장소 안에 있는 것을 담는 것이다.
장소는 사물의 일부가 아니다.
사물의 일차 장소는 그 사물보다 작지도 않고 크지도 않다.
장소는 사물이 떠나도 남을 수 있고 사물과 분리될 수 있다."[17]

아리스토텔레스에 따르면 장소는 장소 안에 있는 사물 또는 물체를 담는 것이다. 장소는 물체의 일부, 즉 재료나 형태가 아니다. 물체의 일차 장소는 그 물체보다 작지도 않고 크지도 않다. 장소는 물체가 떠나도 남을 수 있고 재료나 형태와 분리될 수 없는 물체와 분리될 수 있다.

이리가레는 「장소, 인터벌」에서 아리스토텔레스가 정리한 장소 이야

16   L. Irigaray, 「새로운 상징 질서를 찾아서」, 『근원적 열정』, 박정오 옮김, 동문선, 2001. 153~154쪽. 이현재, 「지워진 여성의 몸: 코라와 물질 개념을 중심으로」, 한국고전여성문학회, 『한국고전여성문학연구』 21호, 2012, 22~3쪽.
17   Aristotle, *Physica*, p. 279. (212b)

기를 인용한다. 그 목적은 여성의 능동을 주장하는 것이다. 이리가레
는 여성이 수동이라는 오랜 이야기는 "남성이 성행위에서 지배권을 잃
을까 두려워하기 때문에 오직 이 이유 때문에"[18] 나온 상상이라고 말한
다. 그리고 이리가레는 아리스토텔레스의 장소 개념에 비추어보면 남
성과 여성의 관계가 역전될 것이라고 주장한다. 여성이 능동, 남성이
수동이라는 관계가 성립한다는 뜻이다. 아리스토텔레스가 정리한 장
소 이야기에 장소 대신 여성 (몸), 사물 대신 남성 (몸)을 넣으면 다음
과 같다.

여성 (몸)은 여성 (몸) 안에 있는 것을 담는 것이다.
여성 (몸)은 남성 (몸)의 일부가 아니다.
남성 (몸)의 일차 여성 (몸)은 그 남성 (몸)보다 작지도 않고 크지도 않다.
여성 (몸)은 남성 (몸)이 떠나도 남을 수 있고 남성 (몸)과 분리될 수 있다.

여성 (몸)이 여성 (몸) 안에 있는 것을 담으면 여성 (몸)은 자신을
위한 장소가 될 수 있고 자립할 수 있다. 여성 (몸)이 남성 (몸)의 일부
가 아니라면 독립해 있고 남성 (몸)보다 작지도 않고 크지도 않으면 남
성 (몸)과 대등하다. 여성 (몸)은 남성 (몸)이 떠나도 남성 (몸)과 분리
되어 남을 수 있으면 남성 (몸)에게 종속되지 않는다. 여성 (몸)을 장
소로 보면 여성 (몸)의 자립, 독립, 대등, 비종속이 결론으로 나온다.
여성 (몸)은 독립하며 자립하고 남성 (몸)과 대등하고 남성 (몸)에 종
속되지 않는다는 뜻에서 물체와 독립해 있는 장소와 같다. 그래서 "여

---

18 Irigaray, L. (1993), "Place, Interval: A Reading of Aristotle, Physics IV," in
An Ethics of Sexual Difference, trans. C. Burke and G. Gill, Ithaca; Cornell Uni-
versity Press, p. 49.

성은 장소다."[19]

4. 이야기 틀의 전환

4.1 여성 성 기관이 장소의 비유가 아니라면

만일 여성 성 기관이 장소의 비유가 아니라 실제 장소라고 볼 수 있다면 어떤 결론이 나올까? 아리스토텔레스가 정리한 장소 이야기에 장소 대신 여성 성 기관, 사물 대신 남성 성 기관을 넣어보자.

　여성 성 기관은 여성 성 기관 안에 있는 것을 담는 것이다.
　여성 성 기관은 남성 성 기관의 일부가 아니다.
　남성 성 기관의 일차 여성 성 기관은 그 남성 성 기관보다 작지도 않고 크지도 않다.
　여성 성 기관은 남성 성 기관이 떠나도 남을 수 있고 남성 성 기관과 분리될 수 있다.

　여성 성 기관이 여성 성 기관 안에 있는 것을 담으면 여성 성 기관은 자신을 위한 장소가 될 수 있고 자립할 수 있다. 여성 성 기관이 남성 성 기관의 일부가 아니라면 독립해 있고 남성 성 기관보다 작지도 않고 크지도 않으면 남성 성 기관과 대등하다. 여성 성 기관은 남성 성 기관이 떠나도 남성 성 기관과 분리되어 남을 수 있으면 남성 성 기관

19　Ibid., p. 42.

에 종속되지 않는다. 여성 성 기관을 장소로 보면 여성 성 기관의 자립, 독립, 대등, 비종속이 결론으로 나온다. 이 결론은 무슨 의미가 있을까?

여성 성 기관이 자립, 독립, 대등, 비종속의 특성을 가지는 것은 여성 또는 여성 몸이 자립, 독립, 대등, 비종속의 특성을 가지기 위한 조건으로 볼 수 있다. 여성 성 기관과 여성 성 기관을 가진 여성 몸이 남성 성 기관과 남성 몸에서 자립하고 독립하지 못하고 이들보다 열등하고 이들에 종속되면 몸뿐 아니라 마음도 포함하는 여성의 자립, 독립, 대등, 비종속은 상상으로 성립할 수 있어도 현실로 성립할 수 없다.

그러나 여성 성 기관의 독립이 여성 또는 여성 몸의 독립에 필요조건이지만 충분조건은 아니다. 여성 성 기관이 독립하더라도 여성 몸, 여성 마음, 합쳐서 여성이 독립하지 못하는 예는 얼마든지 있다. 여성 성 기관의 독립을 어떤 방식으로든 성취하더라도 남성의 지배에서 몸과 마음을 해방하지 못하고 사는 여성은 전 세계에 많다. 가부장제 때문에, 종교 때문에, 직장 때문에, 언어 때문에 등등. 이리가레가 굳이 성 기관을 거론하는 이유는 무엇일까?

4.2 말이 씨가 된다

"남성이 성행위에서 지배권을 잃을까 두려워하기 때문에 오직 이 이유 때문에 여성은 수동으로 상상되는 게 아닐까? 이것이 남성의 간헐 폭력을 설명해줄까?"[20]

20　Ibid., p. 49.

"남자는 배, 여자는 항구"라는 "남성=능동, 여성=수동"의 공식은 이리가레의 반문을 훌쩍 뛰어넘어 남성이 성행위뿐 아니라 삶 전체에서 여성을 지배하려는 목적을 달성하기 위해 만든 상상의 산물이고 담론 패러다임, 곧 이야기 틀이며 요즘 자주 쓰는 말로 프레임이다. 또 남성이 여성에게 가끔 폭력을 행사하는 것도 여성 지배의 목적을 도와준다.

남성의 여성 지배는 실제로 일어나고 있는 일이다. 이리가레의 눈으로 보면 남성은 여성 지배를 실현하기 위해 이야기를 만들어 퍼뜨린다. 그 이야기의 틀, 공식, 프레임 가운데 하나가 "남성=능동, 여성=수동"이다. 어떤 이야기 틀이 널리 퍼지면 그 이야기가 실제로 이루어진다. 말이 씨가 된다. 그러니까 남성의 여성 지배를 무너뜨리기 위해서는 말부터 바꿔야 한다.

만일 영국 여왕과 프랑스 남성 대통령이 만나면 두 사람을 함께 부를 때 어떤 대명사를 쓸까? 프랑스에선 "그들(ils)"이라고 부른다. 우리말 "그들"은 남녀를 모두 포함할 수 있는 대명사다. 또 우리는 오히려 "그녀"가 여성을 표시하는 말이라고 여성도 남성과 대등하게 "그"라고 쓰자는 사람도 있다. 그러나 프랑스어를 비롯한 여러 유럽어에는 낱말마다 문법 남성형, 여성형, 중성형 등이 있고 프랑스어 "그들"은 문법 남성형에 속한다.

철학자 이전에 언어심리학으로 박사학위를 받은 이리가레는 프랑스어에 남성 중심이 고착되어 있다고 분석한다. 프랑스어는 가치가 높은 것에는 문법 남성형을 쓰고 가치가 낮은 것에는 문법 여성형을 쓴다. 예를 들어 해(le soleil)는 남성형이고 달(la lune)은 여성형이다. 컴퓨터(computer), 비행기(avion)는 남성형 명사이고 타자기(dactylo-type), 자동차(voiture)는 여성형 명사다. 하나의 소파(un fauteuil), 하

그림 2. 〈클리타임네스트라를 죽이는 오레스테스〉 베르나르도 메이 Bernardo Mei, 1655년.

나의 성(un chateau)은 남성형 명사 하나(un)로 표현하고 하나의 의자
(une chaise), 하나의 집(une maison)은 여성형 명사 하나(une)로 표
현한다. 별 차이가 없는 것 같지만 소파와 성이 의자와 집보다 가치가
높다. 소파와 성은 상류계급의 재산이고 의자와 집은 실용적인 것이
다.[21]

이리가레의 언어 분석은 프랑스어에 한정되어 있지만 우리말에 대
해서도 시사하는 점이 있다. 프랑스어에 남성형, 여성형이 형성된 시
기는 가부장제 권력이 형성된 시기와 비슷하다. 이리가레는 가부장제

---

[21]   L. Irigaray(1996), 『나, 너, 우리: 차이의 문화를 위하여』, 박정오 옮김, 동문선,
1998, 69~72쪽.

권력의 기원이 모친 살해라고 주장한다. 모친 살해는 클리타임네스트라 이야기가 대표한다. 클리타임네스트라는 그리스 도시국가 미케네의 왕 아가멤논의 아내이며 아이기스토스와 밀회하고 작당해 아가멤논과 그 애인 카산드라를 죽였다가 아들 오레스테스와 딸 엘렉트라에게 아이기스토스와 함께 살해된다. 클리타임네스트라는 자식에게 죽임을 당해도 싼 여성이라는 모친 살해 이야기가 가부장제의 출발점이라 할만하다. 이리가레에 따르면 고대 그리스에서 철학이 탄생하는 시기에 자궁으로 대변되는 여성의 영역이 무질서한 어둠의 영역으로 밀려나고 주변화하는 것도 모친 살해다.[22]

모친 살해에서 기원하는 가부장제 권력이 형성되기 시작한 시기에 남성 중심 언어도 형성되기 시작했다면 남성 중심 언어는 문법 남성형, 문법 여성형이 있든 없든 모든 가부장제 사회의 언어에 어떤 방식으로든 구현되어 있을 가능성이 크다. 우리말에도 온갖 혐오성 발언이 있다. 지역, 이념, 세대, 인종, 계급, 종교가 다르다고 비난하고 희롱하고 욕하는 것은 성이 다르다고 혐오 발언을 퍼붓는 것과 마찬가지로 가부장제 권력의 아류들이다.

자동차를 운전하는 사람은 많은 욕을 듣는다. 그 사람도 자동차를 운전하는 다른 사람에게 욕을 하기 때문이다. 비록 소리 없는 소리지만 자동차를 운전하는 동안 욕을 바가지로 먹기 일쑤다. 자동차 안은 자기만의 장소여서 욕을 하든 말든 자유지만 다른 사람이 함께 타고 있어도 욕은 불쑥불쑥 튀어나온다. 운전과 더불어 혐오 발언 연습도 한다. 꼰대 가부장의 그림자가 일상 언어에 드리워 있다.

---

22   L. Irigaray, 「새로운 상징 질서를 찾아서」, 『근원적 열정』, 박정오 옮김, 동문선, 2001, 163~4쪽.

4.3 전략 모방과 여성 언어

우리가 쓰는 말이 이미 남성 중심 언어라면 이 언어를 쓰는 한 말이 씨가 되어 남성의 여성 지배가 실현된다. 남성 중심 언어를 바꾸지 않으면 남성의 여성 지배를 무너뜨릴 수 없다. 이리가레에 따르면 남성 중심 언어를 여성 언어로 바꾸는 것이 과제다. 그러나 아직 여성 언어는 없다. 어떻게 해야 할까?

이리가레의 답은 "전략 모방"이다. 전략 모방은 남성 중심 언어의 이야기를 따라가며 받아들일 부분은 받아들이고 버릴 부분은 버리는 것이다.[23] 바로 이리가레가 아리스토텔레스의 장소 개념을 따라가며 장소 독립을 모방해 여성 독립을 선언한 것은 전략 모방의 좋은 예다.

여성이 장소라는 이리가레의 이야기는 여성을 장소에 비유한 것일 뿐 아니라 플라톤 이래 서구 철학이 거론하지 않았거나 프로이트의 정신분석학이 남근의 결여로 묘사한 여성 성 기관을 과감하게 거론한 것이기도 하다. 여성 언어는 아직 없지만 여성이 자신에게 귀 기울일 때 들려오는 소리를 찾아서 만들어야 할 언어다.

이리가레가 굳이 여성 성 기관을 거론하는 이유는 남성 중심 언어에 억압되어 거론되지 않았으나 여성이 자신에게 귀 기울이면 들려오는 소리들 가운데 하나가 여성 성욕 이야기라고 생각하기 때문이다. 이리가레에 따르면 여성들이 성을 표현할 수 있고 성 이야기를 새롭게 할 수 있다면 여성 언어를 싹틔울 수 있다.[24]

이리가레가 말하는 여성 성 기관이 비유가 아니라면 임신과 출산 말

23　같은 책, 153~4쪽.
24　같은 책, 61~2쪽.

고 여성 또는 여성 몸이 지닌 생물 능력은 바로 성행위 능력이다. 여성은 남성 성 기관에 형태를 주고 남성 성 기관을 조각한다. 그럼으로써 "여성은 성행위의 용기와 능동 장소가 된다."[25] 여성의 성행위는 수동이 아니라 능동이다. 형태를 받고 조각되는 것이 수동이다. 여성 또는 여성 몸 또는 여성 성 기관이 장소라는 이리가레의 이야기가 여성과 남성의 바람직한 관계를 형성하기 위해 우리에게 권하는 일이다.

"말을 바꿔라."

"남성들이여, 말조심하라."

"여성들이여, 성욕을 말하라."

---

25   Irigaray, L. (1993), "Place, Interval: A Reading of Aristotle, Physics IV," in *An Ethics of Sexual Difference*, trans. C. Burke and G. Gill, Ithaca: Cornell University Press, p. 49.

4

감각 불평등의 장소론적 해소
―마르크스와 랑시에르의 사유를 원용하여

1. 플라톤의 "코라", 장소는 생산이 이루어지는 공장이다.

1.1 힘들로 충만한 코라

장소 철학을 꾸리는 데 출발점이 되는 개념을 들자면 플라톤의 "코라"
(chora)가 첫째라고 할 것이다. 플라톤이 코라에 관해 말하는 내용은
상당히 복잡하다. 우선 코라는 게네시스 즉 생성과 달리 감각을 통해
인식되는 것도 아니고, 이데아 즉 존재와 달리 지성을 통해 인식되는
것도 아니다. 코라는 "일종의 서출적(庶出的) 추론을 통해서나 포착될
수 있는 것"이다.

그 서출적 추론의 내용은 "있는 모든 것은 어딘가 반드시 어떤 장소
(topos) 안에 있으며 어떤 공간(chōra)을 점유하는 게 필연적이지만,
땅에도 하늘 어디엔가도 없는 것은 아무것도 아니"라는 것이다.[1] 문제
는 존재하는 어떤 것의 장소로 작동하는 코라와 그 안에 자리를 차지

하여 존재하는 것이 어떤 관계를 맺는가다. 이에 관한 플라톤의 설명에서 우리 나름으로 크게 두 가지를 식별하고자 한다.[2]

첫 번째는 코라를 "새김 바탕"(ekmageion)으로[3] 또는 "수용자"(hypodochē)로[4] 정의하는 것이다. 이 경우, 코라는 '이것' 또는 '저것'이라 부르는 하나하나의 사물들에 대해 물질적인 바탕이 된다. 플라톤은 이를 금에 비유해서 설명한다.

금으로 다양한 형태의 것들을 만들 수 있다. 둥근 반지를 만들 수도 있고, 네모난 목걸이를 만들 수도 있고, 삼각형이나 별 모양의 겉옷 장식물을 만들 수도 있다. 플라톤은 이때 금으로 된 각종 형태는 늘 변하기 때문에 "존재하는 것들"(onta)이 아니고 "언제나 존재하는 것들"의 "모방물들"(mimēmata)에 불과하다고 말한다. 하지만, 이때 그 형태들의 바탕이 되는 금은 무시로 변하는 그 형태들을 받아들이는 "수용자" 내지는 "새김 바탕"으로서 "언제나 같은 것"으로 지칭되어야 한다고 말한다.[5] 이 비유에 따르면, 코라는 변화하면서 세상에 존재하는 하나하나의 사물들에 대한 물질적인 바탕이 된다.[6] 이런 뜻으로 본

---

1   Platon, 『플라톤의 티마이오스』, 박종현, 김영균 역주, 서광사, 2000, 146쪽. (52b)
2   맹가렐리는 코라를, (1) 이데아들이 감각 세계에서 실현되는 데 필요한 매개로 작동하는 형이상학적 장소(metaphysical locus)로서의 코라, (2) 감각적 사물들에 대한 바탕 또는 물질로서 물질적인 성질들에 기반이 되는 코라로 나눈다. (Mingarelli(2015), Chora and Identity: Whitehead's Re-Appropriation of Plato's Receptacle」 by Eleonora Mingarelli, in *Process Studies*. 44, No.1, Spring/Summer. p. 87-8 참조) 여기에서 우리가 관심 두는 것은 두 번째의 코라다.
3   Platon, 『플라톤의 티마이오스』, 박종현, 김영균 역주, 서광사, 2000, 140쪽. (50c)
4   같은 책, 136쪽. (49a)
5   같은 책, 139~140쪽. (50a~50c) 참조. 여기에서 "존재하는 것들" 내지는 "언제나 존재하는 것들"은 이데아로서의 존재를 말하고, 그 "모방물들"은 감각을 통해 볼 수 있는 이미지로서의 형태를 띤 것들을 말하고, "언제나 같은 것"은 이데아로서의 존재를 모방한 이미지를 받아들이는 코라를 말한다.

코라는 우리가 흔히 텅 비어 있는 공간이라 생각하는 것과는 전혀 다르다.

두 번째는 코라를 "힘들의 충만"(plērôma dynameôn)으로 보는 것이다. 플라톤은 "생성의 유모 [즉 코라]는 결코 닮지 않고 균형이 잡히지 않은 힘들로 가득 차 있기 때문에"라는[7] 말을 한다. 앞 첫 번째가 우주가 생성되고 난 뒤의 코라에 대한 설명이라면, 이 두 번째는 우주가 맨 처음 생성되는 과정에서 본 코라에 관한 설명이다.

여기에서 "힘들"은 결국 무질서한 운동으로 한데 뒤섞여 있는, 불·물·공기·흙에 대한 "흔적들"(ichnē)이라 달리 불린다.[8] 이 흔적들은 우주 제작자인 데미우르고스가 도형과 수의 원리로써[9] 마침내 불·물·공기·흙이라는 극히 미세한 원소(stoicheion) 또는 씨(sperma)로 만들게 될 근본 재료들이다.[10] 그런 뒤, 데미우르고스는 극히 미세한 이 씨 또는 원소들을 정교한 원리에 따라 결합하여 우리가 감각을 통해 보는 뭇 사물들을 만들게 된다.[11, 12]

---

6 아리스토텔레스는 이를 활용함으로써 감각-물질적인 개체가 형상과 질료로 되어 있음을 말했다고 추정할 수 있다. 이때 아리스토텔레스가 말하는 형상은 여기에서 플라톤이 말하는 "모방물로서의 형태"에 해당하고, 아리스토텔레스가 말하는 질료는 여기에서 플라톤이 말하는바 그 형태를 받아들이는 "새김 바탕으로서의 코라"에 해당할 것이다.

7 Platon, 『플라톤의 티마이오스』, 박종현, 김영균 역주, 서광사, 2000, 147쪽. (52e)

8 같은 책, 148쪽. (53b)

9 같은 책, 149~158쪽 (53c~56a) 참조.

10 같은 책, 158쪽 (56c) 참조. 이 요소 또는 씨인 불·물·공기·흙 네 가지가 다시 수와 도형의 질서에 따라 결합하여 덩어리를 이룸으로써 감각으로써 확인되는 실제의 흙, 물, 공기, 불 뿐만 아니라 각종 개별적인 사물들이 되어 계속 현실적으로 생성·변화한다.

11 같은 책, 162~3쪽. (57c~d) 참조.

12 여기에서 흥미로운 대목 한 가지, 현대물리학과 관련한 묘한 상상을 하게 된다.

그런데 코라를 채우고 있는 힘들이 운동하기도 하지만, 코라 자체가 운동하기도 한다. "[코라] 그것의 어떤 부분에서도 평형을 이루지 못하고, 그것들(힘들)로 인해서 그것이 균형을 잃고서 온갖 방향으로 기우뚱거리며, 흔들리게 되는가 하면 또한 [코라] 그것이 운동하게 됨으로써 다시 그것들 [즉 힘들]을 흔들어 놓게 된다는 겁니다."라고[13] 플라톤은 말한다.

하지만 코라에서 일어나는 이 운동은 코라가 지닌 본래의 힘에 의한 것이라 할 수 있는데, 그렇다고 질서 잡힌 것은 아니다. 이 코라의 운동은 "필연" 또는 "방황하는 원인"으로 불리면서 무질서하고 불안정한 운동으로 기술된다. 이렇게 무질서하고 불안정한 운동을 하는 코라더러 우주 제작자인 데미우르고스가 질서 있게 운동해보라고 설득한다. 이 설득을 받아들임으로써 코라를 형성하는 힘들이 서서히 질서를 갖추게 된다.[14]

우리로서는 이 두 번째 의미의 코라, 즉 힘들로 충만한 코라에 역점을 두고자 한다. 그것은 데미우르고스가 이 두 번째 의미의 코라를 우주 제작 즉 우주를 생산하는 공장으로 삼아 우주를 제작한 것으로 볼 수 있고, 그럼으로써 생산하는 공장으로서의 장소를 존재론적으로 끌어낼 수 있기 때문이다. 데미우르고스는 우주 제작의 첫 공정(工程)에

플라톤이 코라를 채우고 있다고 말하는 힘들을 파동적인 에너지로 해석할 수 있다. 또 데미우르고스가 그 힘들의 운동을 질서 있게 함으로써 미세한 씨앗들을 만드는 것을 에너지가 우주적 관찰자의 개입으로 인해 입자로 나타나는 것으로 해석할 수 있다. 그리고 물질적인 미세한 씨앗들로 큰 사물들을 만드는 것을 입자들이 결합하여 더 큰 복합적인 사물을 구성하는 것으로 해석할 수 있다. 이렇게 해석하면, 현대물리학의 착상이 플라톤의 우주생성론에 이미 들어 있었다고 말하게 된다.

13   같은 책, 147쪽. (52e)
14   같은 책, 131~2쪽. (48a) 참조.

서 코라를 가득 채우고 있는 힘들을 원재료로 삼아 우주를 구성하는 근본 원소들, 즉 극히 미세하여 눈에 보이지 않는 씨앗들인 불·물·공기·흙을 생산해내고, 두 번째 공정에서 이 근본 원소들을 재료로 해서 현실의 사물들을 생산해낸다.

여기에서 우리는 코라가 무질서하게 운동하다가 데미우르고스의 설득에 따라 질서 있게 운동하게 된다는 것을 기계 부품들에 빗대어볼 수 있다. 말하자면, 코라가 자신이 갖추고 있는, 어지럽게 흩어져 제멋대로 작동하는 기계 부품들로 작동하다가 이제 그 기계 부품들이 그 기능에 따라 제대로 짜 맞춰져 정연한 질서에 따라 정교하게 돌아가는 기계가 되어 작동한다는 것으로 볼 수 있다. 그리고 이때 데미우르고스가 활용하는 우주 제작의 설계도는 이데아들을 본으로 한 수와 도형의 원리로 짜여 있다 할 것이다.

1.2 코라는 만물의 생산 장소, 공장

요컨대 플라톤이 말하고자 한 코라는 만물의 생산이 이루어지는 장소, 즉 만물의 공장이었다. 그리고 코라인 그 공장에는 우주가 만들어지기 전부터 근본 재료들도 있고, 정교하게 작동하는 기계도 설비되어 있다. 이를 고려할 때, 코라를 흔히 '공간'이라 번역함으로써 무덤덤한 중립적 존재로 보는 것은 크게 수정되어야 마땅하다. 하다못해 '장소'라고 번역하고, 이 '장소'를 근본적으로 무엇인가를 생산하는 '공장'이라 여겨야 한다.

결국, 플라톤의 우주생성론은 이렇게 정돈된다. (1) 모든 사물과 그 사물들을 이루는 근본 원소들은 장소(코라)를 벗어날 수 없다. (2) 장소는 이 모든 사물이나 그 근본 원소들을 생산해내는 힘들로 가득 차 있다. (3) 장소를 채운 힘들은 일종의 에너지로서 우주 제작의 공정에 의해 근본 원소라는 물질로 바뀌고, 그 근본 원소들은 다양한 방식으로 결합하여 다양한 구체적인 사물들로 드러난다. (4) 장소는 이 모든 우주의 생산이 이루어지는 공장이고, 거기에는 우주의 재료들뿐만 아니라 그 나름 우주를 생산하는 기계들을 갖추고 있다.

우리는 플라톤의 코라에 대해 이렇게 해석함으로써, "우주는 그 자체 저 자신을 생산해내는 공장으로서의 장소다."라는 명제를 제출하게 된다. 이러한 우리 나름의 명제는 스피노자에게서 확인된다. 스피노자는 자연(우주) 자체를 제작자인 신으로 보면서 "능산적 자연"(natura naturans)과 "소산적 자연"(natura naturata)을 구분한다.[15]

능산적 자연은 신 또는 신의 속성이다. 능산적 자연은 저 자신을 여러 다양한 형태들로 표현한다. 이렇게 표현된 다양한 형태를 띤 개별적인 것들을 "양태"라고 한다. 그러면서 이 양태들의 총합을 소산적 자연이라고 한다. 여기에서 능산적 자연이 저 자신을 소산적 자연으로 표현한다고 할 때, 그 표현의 활동은 곧 생산의 활동이다. 그리고 그 생산 활동의 표현은 자연 자신을 장소로 삼아 이루어진다.

이를 종합하면, 바로 앞에서 우리가 제시한, "자연 즉 우주는 그 자체 저 자신을 생산해내는 공장으로서의 장소다."라는 명제에 값하게 된다. 그리고 이 명제를 장소를 중심으로 번안하면 "장소는 생산이 이루어지는 공장이다."라는 명제로 바뀐다.

15　B. Spinoza, 『에티카』, 강영계 옮김, 서광사, 1990, 47~8쪽(정리 29의 주석) 참조.

2. 인간의 기본 능력, 감각-운동 능력과 사유 능력은 생산된다

2.1 감각-운동 능력과 사유 능력

이 같은 우주적인 생산에 관한 형이상학적인 존재론은 인간의 생산 활동을 우주론의 차원으로 확대해 비유한 것으로 볼 수 있다. 인간의 생산 활동은 주어진 대상들을 목적에 따라 인위적으로 바꾸는 데서 성립하기 때문이다. 플라톤에서 우주의 생산 활동이 지향하는 것은 최고도로 아름답고 좋은 우주라 할 수 있다. 그리고 이는 스피노자에 이르러 신적인 필연성이 철저하게 관철되는 만물로 바뀐다.

인간의 생산 활동이 지향하는 목적은 인간 욕구 또는 욕망[16]의 완전한 충족이다. 현실적으로 그 완전한 충족이 일어나는 것은 물론 불가능하다. 인간의 욕구는 한편으로 욕구에 대한 욕구로 변환되면서 그 양과 질에 있어서 늘 확대 재생산되는 경향을 띠기 때문이다.

암튼 이렇게 욕구에 따라 재료인 대상의 형태를 바꾸는 생산을 할 때, 그 결과물을 경제학적인 용어로 일컬어 재화라 하는 것은 누구나 알고 있다. 그리고 하나의 재화가 시장에서 화폐를 통해 다른 재화와 교환되기를 기다릴 때, 그 재화는 상품이 된다. 본격적인 자본주의 경제체제는 보편적인 시장을 전제로 이루어진다.[17] 이는 자본주의 경제

---

16   흔히 욕구(need)는 인간의 생물학적인 존재를 유지 강화하기 위한 것으로 보고, 욕망(desire)을 인간의 사회적인 존재를 유지 강화하기 위한 것으로 구분하기도 하지만, '생산하는 공장'을 염두에 둔 경제학에서는 대체로 '욕구'로 쓴다. 그래서 이하 '욕구'로 표기하도록 한다.

17   '보편적인 시장'이란 말은 『거대한 전환』을 쓴 칼 폴라니에 따르면, "자기 조정 시장"(self-regulating market) 즉 일체의 사회적인 규제에서 벗어난 시장이다. 특히, K. P. Polanyi, 『거대한 전환』, 홍기빈 옮김, 도서출판 길, 2009, 94쪽 참조.

체제에서 모든 재화의 생산이 반드시 상품화의 과정을 겪는다는 것을
뜻한다. 그래서 자본주의 경제체제에서 재화의 생산은 곧 상품의 생산
이다.

그런데 재화를 생산하는 원동력은 인간의 노동력이다. 그리고 노동
력을 활용하여 노동이 이루어진다. 노동은 일체의 재화를 생산하는 인
간 활동이다. 인간의 노동력에는 온몸—특히 뇌—의 능력, 크게 보아
감각-운동의 능력과 사유의 능력이 포함되어 있다. 따라서 노동에는
감각-운동의 활동과 사유 활동이 포함된다.

그런데 자본주의 경제체제에서 노동력은, 마치 한때 노예가 일정
한 가격에 상품으로 팔렸듯이, 시장에서 일정한 가격에 따라 즉 임금
에 따라 상품으로 매매된다. 따라서 노동력에 포함된 인간의 감각-
운동의 능력과 사유의 능력 역시 시장에서 일정한 가격에 따라 상품
으로서 매매된다고 해야 한다. 이는 노동력과 거기에 포함된 감각-
운동의 능력 및 사유의 능력이 재화임을 뜻한다. 재화는 생산된다. 따
라서 노동력과 거기에 포함된 감각-운동의 능력 및 사유의 능력 역시
생산된다.

2.2 재화 생산 공장으로서 장소

원칙적으로, 노동력을 생산하는 곳은 가정이다. 만약 생산하는 장소를
공장이라고 한다면, 가정은 노동력이라는 독특한 재화를 생산하는 하
나의 독특한 공장으로서의 장소다. 여기에서 '독특하다'고 말하는 것은
주체인 생산자와 대상인 생산물이 노동자라는 동일한 현존을 갖기 때
문이다. 이때 노동자는 양육되는 아이처럼 잠정적이기도 하고, 성인처
럼 현실적이기도 하다.

공장에서 생산을 위한 대표적인 도구가 기계라는 사실에 빗댄다면, 생식 및 의식주의 욕구 충족을 위한 가정의 가시적 또는 비가시적 장치들, 예를 들어 집, 냉장고, 가족관계 등은 노동력을 생산하기 위한 독특한 기계들이다. 자본주의 체제에서 이 가정의 기계들을 적절하게 마련하고 돌리고 고치는 데 필요한 동력은 노동자가 임금으로 받는 화폐다. 화폐로 전환된 노동자의 임금은 가정의 구성원들이 결합하여 노동자의 노동력을 생산하는 데 사용·지출된다.

더욱 질 높은 노동력을 생산하기 위해서는 노동력에 포함된 감각-운동의 능력과 사유의 능력 역시 질이 높아져야 한다. 이를 위해 노동 외 활동이 이루어진다. 우선 교육이 거기에 속한다. 그리고 예술과 문학의 교양 활동이나 놀이나 여행을 비롯한 여가 활동 그리고 다른 사람들과 관계하는 사교 활동 등도 거기에 속한다.

노동은 이러한 노동 외 활동을 하는 데 필요한 재원을 마련하는 기반이 된다. 이러한 활동을 통해 노동자가 활용하는 노동력의 질이 높아지면 임금을 상대적으로 더 많이 받을 수 있고, 더 많이 받은 임금으로 이러한 노동 외 활동을 더욱 원활히 하게 되고, 그럼으로써 또 더 질 높은 노동력을 마련함으로써 상대적으로 더 많은 임금을 받게 된다. 긍정적 피드백의 선순환이 이루어짐이다.

하지만, 임금 수준이 노동 외 활동을 하는 데 상대적으로 불리할 경우, 그만큼 노동력의 질을 높이는 데 불리하고, 그렇게 불리한 만큼 임금을 상대적으로 덜 받게 되고, 그래서 노동 외 활동을 할 여유가 없어지는 중립적 피드백 내지는 부정적 피드백의 악순환을 거듭하게 된다. 이런 선순환 또는 악순환은 노동자 개인뿐만 아니라 가족 모두에게 적용됨으로써 세대를 통해 세습으로써 관철되는 경향을 띤다.

이와 관련해서 자본가도 노동자와 거의 같은 순환과정을 겪는다. 자본가의 능력은 이윤을 올릴 수 있는 경영·관리의 능력이다. 누군가에게 임금을 주고 대리로 경영·관리를 하게끔 하는 능력 역시 크게 보아 자본가의 경영·관리 능력에 속한다. 경영·관리의 능력 역시 생산되고, 그것이 생산되는 장소 역시 기본적으로 가정이다.

노동자와 마찬가지로, 자본가 역시 경영·관리 능력의 질을 높여야만 더 많은 이윤을 올릴 수 있다. 이를 위한 것 역시 교육이고 예술과 문학의 교양 활동이고 놀이나 여행을 비롯한 여가 활동, 그리고 사교 활동이다. 경영·관리 활동 외 이러한 활동을 할 수 있는 바 이윤에 따른 여유가 크면 클수록 그의 경영·관리 능력의 질은 더 높아질 것이고 부족하면 부족한 만큼 그의 경영·관리 능력의 질은 상대적으로 더 낮아질 것이다. 두 경우, 각기 긍정적 피드백과 부정적/중립적 피드백의 순환 관계를 거듭한다.

3. 자본주의 체제, 분업과 장소의 배분(분할)은 상호 구성적이다.

3.1 사회 공동의 것

문제는 각자가 상기 노동력이나 경영·관리 능력의 질을 높이는 데 필요한 감각-운동 능력과 사유 능력의 질적 향상을 기할 수 있는 영역들이 사회 전체적으로 분할되어 배타적인 경계를 이룬다는 사실이다. 이 배타적인 경계들은 대체로 구체적인 형태로 가시화되어 드러나지 않고 비가시적으로 암암리에 그어져 작동한다. 그 경계를 자유롭게 드나드는 데 필요한 힘은 화폐 형태로 사회적으로 객관화된 구매력이다.

결국, 이 영역들은 각자의 사회적 존재로서의 질을 생산·결정하는 장소들로 기능한다. 한국에서 교육과 문화 활동의 영역에 접근하는 기회가 상대적으로 수월한 서울 강남의 주택이 왜 고가이고, 그 반대로 그런 기회가 상대적으로 불량한 지방 시골 아파트들은 왜 분양조차 제대로 되지 않는가는 이를 증명하는 예다.

마르크스와 달리 생산 개념을 아주 폭넓게 이해하면, 사회 전체에서 가치를 지닌 모든 재화는 노동력과 경영·관리 능력으로 크게 구별되는 인간의 능력에 의해 생산된다. 그리고 이 모든 능력과 그 결과물들이 갖는 가치는 철저히 사회 전체의 보편적인 교환을 통해 성립한다. 말하자면, 그 자체로 가치를 갖는 것은 전혀 없음이다.

이에 '사회 공동의 것'이라는 개념을 추출할 수 있다. 이 사회 공동의 것은 크게 보아 모두가 노동하면서 수행하는 감각–운동의 활동과 사유 활동의 장소들과 그 결과물들의 복합적인 연결의 총합이다. 그러니까, 각자가 참여하면서 나누어 갖는 것은 사회 공동의 것이다. 그런데 각자에게 주어지는, 사회 공동의 것에 대한 참여의 기회와 그에 따른 몫의 양과 질의 정도는 사회정치 체제의 구조에 의해 분할되면서 각자에게 배타적인 방식으로 배분된다. 여기에서 모든 사회정치적인 불평등이 생겨난다.

자크 랑시에르는 사회 공동의 것의 분할과 배분을 특별히 감각적인 것에 관련하여 파악한다. 그리하여 그는 "감각적인 것의 분할·배분"(partage du sensible)이라는 그 나름의 미학적·정치학적인 개념을 제시한다. 그는 '공동적인 것'(un commun)에 각자가 나름의 자리(place)와 몫(part)을 차지한다고 보고, 그 자리와 몫을 규정하는 경계선이 감각적으로 드러난다고 본다. 그리고 그 경계선을 드러내는 감각적인 것들의 체계를 일컬어 "감각적인 것의 분할·배분"이라 일컫

는다.[18]

우리로서는 이러한 랑시에르의 '공동적인 것의 분할·배분'을 이해하기 위해 그 기초로서 분업을 생각하지 않을 수 없다. 대체로 분업은 크게 사회적 분업과 기술적 분업으로 나뉜다. 사회적 분업은 역사의 과정을 통해 사회가 발달함에 따라, 여러 직능이 그 특성에 따라 나뉘고, 이를 담당하는 사람들이 전문적으로 그러한 직업에 나뉘어 종사하는 것을 말한다.

3.2 기술적 분업

기술적 분업은 일하는 사람들의 감각을 장기적으로 한곳으로 쏠리게 한다. 그리하여 감각의 폭을 현저히 축소한다. 이에 기술적 분업은 감각적인 인간을 철저하게 왜곡한다. 그런가 하면, 사회적 분업은 기술적 분업을 모델로 사회 전체적으로 감각 생활을 불평등하게 분할·배분한다는 점에서 문제다. 감각의 불평등을 논하고자 하는 우리가 중시하는 문제는 기술적 분업보다 사회적 분업이다.

기술적 분업은 애덤 스미스가 그 효율성이 탁월하다는 것을 현실 분석으로 입증했다.[19] 그 후, 수백 년의 발전을 거쳐 마침내 공장을 하나

---

18   J. Rancière, 『감성의 분할, 미학과 정치』, 오윤성 옮김, 도서출판b, 2008, 13쪽 참조. 이 책의 국역본의 역자는 책의 원제목인 'Le partage du sensible'를 '감성의 분할'이라고 번역했는데, 필자로서는 책 내용도 그러하거니와 'le sensible'를 그 본뜻을 그대로 살려 '감각적인 것'이라 새기고, 또 책의 내용을 고려하여 'partage'를 그것이 지닌 크게 두 가지 뜻, 즉 '분할'과 '배분'을 모두 표기하여 '감각적인 것의 분할·배분'이라 새겼다. 그리고 역자는 'un commun'을 '하나의 공통적인 것'이라고 번역했는데, 필자는 책 내용을 고려하여 '공동적인 것'이라 새겼다.
19   A. Smith, 『국부론』, 김수행 옮김, 비봉출판사, 2007, 8~9쪽 참조. 여기에서 애덤 스미스는 분업하지 않을 경우, 한 사람이 하루에 핀을 20개 정도 만든다면, 10명이

의 기계로 생각하게 되는데, 테일러가 그 선구자다. 테일러는 부품의
표준화와 공정의 분석적 기획을 강조함으로써 생산성을 높이고자 했
다. 이를 위해, 그는 26년간 무려 3만에서 4만 차례의 절삭 실험을 기
록했고, 10여 년 동안 벨트가 끊어지는 비율과 끊어질 때 발생하는 손
해나 비용을 연구했다.[20] 그가 설정한 우선적인 과제는 노동자가 몸을
망가뜨리지 않고 기계가 고장 나지 않는 범위 내에서 노동자들에게 얼
마나 빨리 작업을 시킬 수 있는가 하는 점이었다.[21]

그리하여 테일러는 최초로, 각 직무와 작업 공정을 상세한 부분으로
나누어 사람과 기계의 움직임을 연구하고 시간을 측정했다. 그 연구의
단계를 일곱 단계로 구분했는데, 우리의 관심에서 눈에 띄는 것은 첫
번째 단계와 세 번째 단계다. 첫 번째 단계는 "어떤 작업을 수행하든
상관없이 사람의 일을 단순하고 기본적인 동작으로 구분하라."다. 그
리고 세 번째 단계는 "여러 명의 숙련공 한 사람 한 사람이 기본적인
각각의 동작을 어떻게 하는지 하나하나 차례로 상세하게 관찰하고, 스
톱워치를 이용하여 가장 빠르고 효과적인 방법을 선별하라."이다.[22]

이런 치밀한 연구를 바탕으로 전대미문의 대량생산 체제가 정착되
는데, 이를 일컬어 '테일러주의'라고 한다. 이 체제는 미국뿐만 아니라
독일에서 적극적으로 받아들이게 된다. 심지어 레닌마저 그 과학적 관
리 기법의 마력에 도취해 이 테일러주의에 따른 대량생산 체제를 받아
들이게 된다.[23] 오늘날 공장을 중심으로 한 산업현장에서 이를 도입하

분업한 결과 한 사람이 4,800개의 핀을 만드는 제조업체를 실제로 확인했다고 말하고
있다.
20　A. Gabor, 『자본주의 철학자들』, 심현식 옮김, 황금가지, 2006, 47~8쪽 참조.
21　같은 책, 46쪽 참조.
22　같은 책, 50~1쪽, 인용 및 참조.
23　같은 책, 100쪽 참조.

지 않는 곳은 아마도 한 군데도 없을 것이다.

이러한 테일러의 과학적인 공장 생산 관리법을 한 단계 업그레이드한 인물이 포드다. 포드의 생산 시스템의 핵심은 벨트컨베이어 시스템에 의한 이동조립법이다. 벨트컨베이어 시스템은 (1) 각 작업 간의 작업 대상물의 이동을 기계화하고, (2) 작업자들의 활동이 자동적, 기계적으로 통제되도록 하며, (3) 작업 공정을 합리적으로 결합하여 전체적으로 요구되는 여러 개별 작업이 총괄적으로 조직되도록 하고, 그럼으로써 최대한 효율적인 대량생산을 기하는 것이다.[24]

이 중에서 우리의 관심에 포착되는 대목은 (1)과 (2)의 결합 관계다. 벨트컨베이어가 강제된 리듬에 따라 이동할 때, 그 양쪽에 선 노동자들은 각기 지정된 자리에서 그 기계적인 리듬에 따라 손발을 움직일 수밖에 없다. 이에 노동자 인간은 커다란 기계 속에 들어 있는 톱니바퀴 내지는 톱니바퀴의 톱니처럼 정확하게 작동할 수밖에 없다. 이러한 톱니로서의 노동자 인간의 모습은 테일러가 이미 크게 염두에 둔 것이다.[25]

이러한 테일러-포드 시스템이 제대로 운용되려면 맨 먼저 노동자 각자에게 아주 한정된 노동 장소를 지정해야 한다. 그리고 적어도 매일 10시간씩 똑같은 작업을 반복하도록 강제해야 한다. 그 같은 강제가 가능한 것은 사회 전체의 정치 경제적인 구조다. 그 논리를 요약하면, 자본가의 이윤이 노동자의 높은 임금을 보장하고, 그럼으로써 생산과 소비의 선순환을 이룰 수 있다는 것이고, 이러한 선순환을 국가가 법적·정치적으로 뒷받침함으로써 전체 국가사회가 모두의 복지를 도모하는 쪽으로 성장해 갈 수 있다는 것이다. 이러한 논리에 따라, 자

---

24   https://slidesplayer.org/slide/16586189/ 참조.

25   A. Gabor, 『자본주의 철학자들』, 심현식 옮김, 황금가지, 2006, 32쪽 참조.

본가는 노동자들을 고정된 장소에 하루 장시간 평생토록 묶어 놓는다. 그럼으로써, 급기야 찰리 채플린이 영화 〈모던 타임즈〉에서 실감 나게 묘사한 것처럼, 기계화된 인간과 그들의 고착된 감각적인 습성을 만들어낸다.

3.3 사회적 분업

이러한 기술적 분업의 체제는 사회 전체를 발달시키는 데 유력한 모델로 작동한다. 사회의 모든 생산에 관련된 영역을 전문적으로 분할하고, 그렇게 분할된 영역들에 인구 전체를 표준화하고 전문화하여 배치하고 그에 따라 일을 분장(分掌)하여 맡김으로써, 즉 직종을 세밀하게 분화하고 그 결과들을 인위적으로건 자연적으로건 잘 결합하도록 함으로써, 사회 전체의 생산성이 높아진다는 이데올로기에 사회 전체를 얽어매는 것이다. 이에 더욱 가속화되는 것이 사회적 분업이다.

　이러한 사회적 분업에 의한 생산성의 제고를 우선으로 뒷받침하는 것이 교육의 전문화다. 전문화된 직종을 담당할 수 있는 전문인을 양성해야 하기 때문이다. 이에 학문이 각 전문 연구 영역에 따라 계속 분화되고, 전문교육을 받은 이른바 '인재'들을 중심으로 사회 전체가 관료적인 방식으로 경영 관리된다.

　이렇게 됨으로써 이전의 이른바 '르네상스적 인간'은 사라진다. '르네상스적 인간'은 르네상스 시대 원근법의 수학적 원리를 정초한 알베르티가 "누구나 그가 원하기만 한다면 모든 일을 할 수 있다."고 말한 데서[26] 연유한 것으로서 "보편적 인간"(Uomo Universale)으로 달리 불

26　https://ko.wikipedia.org/wiki/의 '르네상스' 항목 참조.

린다. 이는 본래의 인간 존재를 지칭하는 이상적인 개념이다. 오늘날 일각(一角)에서 인문학적인 성찰을 중시하는 것은 그동안 자본주의의 융성으로 르네상스적인 보편적 인간이라는 이상이 소멸한 데 대한 소극적 반작용이라 할 수 있다. 하지만, 알고 보면, 인문학적 성찰에 대한 강조마저 자본주의적인 상품화의 효율성을 높이기 위한 수단일 따름이다.

중요한 문제는 사회적 분업이 각자의 노동력 즉 감각-운동의 능력과 사유의 능력을 표준화·전문화할 뿐만 아니라 그러한 능력들을 개발하고 발휘하는 장소들을 분할·배분한다는 사실이다. 이러한 장소들을 얼마만큼 세밀하게 분할·배분하는가에 따라 사회적 분업의 효율성이 달라진다. 이에 감각-운동의 능력과 사유의 능력을 개발할 수 있는 노동 외 활동이 이루어지는 장소 역시 표준화·전문화된 개인 또는 집단에 따라 달리 분할·배분된다. 말하자면, 내가 교육받거나 여가를 누리기 위해 찾아갈 수 있는 장소에 함께 나타나는 사람들은 사회적 분업에 따라 나와 비슷한 사회적 지위와 역할을 하는 것이다. 이에 분업과 장소의 분할·배분은 상호 구성적으로 작동한다는 것을 알 수 있다.

이와 관련한 연구에서, 특히 감각-운동 능력에 따라 지각되고 접근되는 "감각적인 것"(le sensible)을 중심으로 사회적인 몫의 분할·배분을 문제 삼아 탐구한 인물이 랑시에르다.

4. 랑시에르, 장소를 둘러싼 투쟁은 감각적인 것의 분할·배분의 투쟁이다

4.1 재현적 예술 체제

랑시에르는 감각적인 것을 중심으로, 감각-운동의 활동으로써 이미지들을 생산하고 활용하는 데 관계하는 사회적인 체제를 크게 셋으로 구분한다.[27] 첫째는 이미지들의 검열과 그에 따른 권리 및 지위를 문제삼는 "윤리적 이미지의 체제"(régime éthique des images)다. 둘째는 이 윤리적 이미지의 체제에서 분리되어 나온 "시학적 예술 체제"(régime poétique des arts)다. 이 시학적 예술 체제는 예술품 제작(poiesis)과 진상에 대한 그것의 재현적 모방(mimesis représentatif)이 갖는 위계적인 우위를 결정한다는 데서 성립한다. 그래서 "재현적 예술 체제"로 달리 부르기도 한다. 셋째는 시학적 예술 체제와 대조되는 "미학적[28] 예술 체제"(régime esthétique des arts)다. 이 체제는 예술의 산물들이 고유한 감각적 존재 양식의 구별에 따라 작동한다는 점에서 예술을 다른 작업과 분리해 독자적인 것으로 만드는 데서 성립한다.

---

27   J. Rancière, 『감성의 분할, 미학과 정치』, 오윤성 옮김, 도서출판b, 2008, p. 26~9쪽 참조.

28   랑시에르의 *Le Partage du Sensible: esthétique et politique*(La Fabrique-Édition, 2000)를 번역한 오윤성은 'le sensible'을 '감성'이라 번역하고, 'partage'를 '분할'이라 번역한다. 그리고 'esthétique'을 미학이라 번역한다. 하지만, 본 글을 쓰면서 필자로서는 책의 내용을 고려하여, 'le sensible'을 '감각적인 것'으로, 'partage'를 '분할·배분'으로 새기고자 한다. 문제는 'esthétique'을 어떻게 새길 것인가인데, 원뜻은 '감각학'인데, 관행을 존중하여 역자처럼 '미학'이라 새긴다. 하지만, '미학'이란 용어를 대할 때마다 '감각에 관한 학' 즉 '감각학'임을 되새길 필요가 있다. 참고로, 랑시에르의 다른 저작인 『불화』를 번역한 진태원은 이를 '감각학(미학)'이라 새긴다.

랑시에르는 두 번째의 '재현적 예술 체제'에 관해 플라톤의 『국가』 제3권의 내용을 그 대표적인 예로 제시한다. 그것은 플라톤이 이상 국가를 구성하는 데 왜 모방자인 시인을 배제하는가—잘 알려진 시인 추방론—에 관한 것이다. 랑시에르의 해석에 따르면, 플라톤에서 노동의 이념은 노동자를 그가 점유한 사적인 시공간으로 필연적으로 추방함으로써 노동자가 사회 전체의 공동적인 것에 참여하지 못하도록 배제하는 것이다.

그런데 모방자인 시인은 그렇게 배제된 노동의 사적인 내용을 소재로 공동적인 것의 무대를 꾸며 공중에게 보여주는 특이한 노동을 한다. 즉 시인은 서로 구분되어야 할, 노동에 할당된 감각적인 것과 공동적인 것에 할당된 감각적인 것을 뒤섞는 특이한 이중적인 노동을 한다는 것이다. 시인의 이러한 노동은 플라톤이 본래 설정한 노동의 이념을 위반한다는 것이다. 따라서 시인은 이상 국가로부터 배제되어야 한다고 플라톤이 주장했다는 것이다.[29]

랑시에르는 플라톤의 시인 추방론에서 드러나는 재현적 예술 체제는 감각적인 것의 분할과 배분을 사회의 고정된 위계에 따라 실행하도록 하는 귀족주의적인 담론 권력이라고 적시한다. 이 체제에 따르면, 감각적인 것을 생산하고 누리는 장소들이 사회 구성원들의 정해진 자격에 따라 정확하게 분할·배분된다. 역으로 보면, 각기 다른 자격을 지닌 사회 구성원들은 그들이 누릴 수 있는 감각적인 것의 장소를 배타적으로 점유함으로써 바로 그러한 자격을 유지하고 강화함이다.

---

29   J. Rancière, 『감성의 분할, 미학과 정치』, 오윤성 옮김, 도서출판b, 2008, 58~9쪽 참조.

4.2 미학적 예술 체제

감각적인 것의 장소를 이렇게 위계적으로 분할·배분하는 재현적 예술 체제를 뒤엎는 것이 미학적 예술 체제다.[30] 미학적 예술 체제가 무엇이기에 이러한 전복적 힘을 발휘할 수 있는가? 랑시에르는 미학적 예술 체제를 예술을 단독적인 것(le singulier)과 동일시하고 이 예술을 모든 위계로부터 벗어나도록 하는 체제로 본다.[31]

랑시에르는 이러한 '미학적 예술 체제' 개념을 조성하기 위해, 쉴러가 『인간의 미학적 교육에 관한 편지들』에서 중점적으로 제시한 "미학적 상태"(l'état esthétique)를 원용한다. 그는 쉴러가 제시한 '미학적 상태'를 예술에 대한 이념에 따라 사유하면서 예술 활동을 결정하는 사람과 물질적인 노동에 얽매인 사람이 대립한다는 점을 드러내고, 이러한 대립에 기초한 사회의 이념을 파괴하고자 한다고 본다.[32]

그러면서, 랑시에르는 사유 계급과 노동 계급의 이분화를 극복하고자 하는 미학적 상태에 대한 쉴러의 주장을 낭만주의와 연결한다. 그러면서 낭만주의가 예술을 노동의 상징으로 만든다고 주장한다. 그는 그 근거로서 낭만주의가 모든 사유를 감각적이게끔 하고, 모든 감각적인 물질성을 사유로 바꾸어내는 이중의 작업을 하기 때문이라고 말한다.[33]

여기에서 랑시에르의 독특한 주장이 나온다. 이렇게 예술이 노동의 상징이 됨으로써, 이제 예술이 노동을 둘러싸고서 일어나는, 극복되어

---

30   같은 책, 59쪽.
31   같은 책, 30쪽 참조.
32   같은 책, 60쪽 참조.
33   같은 곳 참조.

야 할 여러 대립과 그에 따른 불평등과 차별을 종결짓는 예표(豫表)가
될 것이다. 랑시에르의 이러한 생각을 우리의 생각에 접목할 수 있다.
만약 우리가 위 '2.'에서 제시한 노동자의 노동력과 자본가의 경영·관
리 능력의 대립을 여기에서 랑시에르가 말하는 노동과 사유의 대립으
로 본다면, 모든 경영·관리는 노동이 되고 모든 노동은 경영·관리가
되어 서로 뒤섞이게 될 것이다. 그리고 '노동의 상징이 된 예술'은 노동
자와 자본가의 대립과 그에 따른 사회적인 억압과 차별에 따른 불평등
이 해소되리라는 것에 대한 예표가 될 것이다. 이 대목에서 우리는 예
술이 감각적인 것을 미학적으로 다루는 것임을 상기해야 한다.

　언뜻 보기에, 우리는 여기에서 랑시에르가 미학과 정치 일반이 결합
한 것으로 보는 것 아닌가, 하는 생각을 하게 된다. 하지만, 그는 예술
의 미학적 체제에서 예술이 일정하게 평등을 실행하는 것이라고 말한
다.[34] 여기에서 '일정하게'라는 한정은 예술—여기에는 문학도 포함된
다—에서 이루어지는 평등의 실행이 사회경제적인 평등의 실행과 직
결되는 것이 아님을 함축한다.[35] 말하자면, 그가 "예술의 미학적 체제"
에서 말하는 평등은 예술적 삶 즉 감각적인 것을 누리는 삶을 겨냥한
것이지, 일반적으로 말하는 사회경제적인 평등은 아니다. 그래서 그는
문학적 평등이 민주주의적 평등이라거나 상품의 보편적 교환 가능성

34　같은 책, 72쪽 참조.
35　랑시에르는 적극적인 마르크스주의자인 알튀세르의 제자다. 마르크스주의에 따
르면, 사회경제적인 불평등의 근본 원인은 생산과 소유의 분리에 따른 생산 관계다.
즉 생산하는 노동자가 생산된 잉여가치의 소유 주체가 되지 못하고 자본가가 잉여가
치의 소유자가 되고, 결국에는 자본가가 그 잉여가치로써 다시 자신의 노동력을 팔아
생계를 유지할 수밖에 없는 노동자들의 노동력을 구매하여 그 노동력에서 생산되는
잉여가치를 다시 가져가는 악순환에서 사회적 불평등이 생겨난다는 것이다. 이에 문
학과 예술의 평등이 사회경제적인 평등을 가져오는 것일 수 없다.

과 동일한 것이 아님을 밝히려고 한다고 말한다.[36] 예술과 문학에서의
평등은 정치적이거나 경제적인 평등과는 다른 것임을 강조하고 있다.

이 대목에서, 사회 일반의 평등을 원하는 우리는 랑시에르에게 일정
하게 실망하게 되지만 확실하게 실망하기에는 이르다. 그는 문학의 평
등이 그것이 다루는 주제들의 평등과 표현 양식들의 무차별에서 성립
한다고 본다.[37] 현실의 삶에 대한 언어의 적극적인 표현이 문학이다.
그런데 문학에서 언어적인 평등이 이루어졌다는 것은 일상생활에서도
언어적인 평등이 이루어질 수 있고 또 그래야 한다는 것을 암암리에
나타낸다고 할 수 있다. 말하자면, 언어적인 차원에서 보면, 대통령의
삶이나 하급 공무원의 삶이 동등하고, 회사 사장의 삶이나 회사 청소
부의 삶이 동등하다는 것이다. 그러니까, 비록 사회경제적으로는 불평
등하더라도, 적어도 언어적으로는 사회 공동의 것에 모두가 평등하게
참여할 수 있다는 것이다.

4.3 예술 문학의 정치 참여

이러한 문학에서의 평등의 문제를 실마리로 삼아 랑시에르는 예술-문
학의 사회정치적인 참여 문제를 거론한다. 이에 관한 랑시에르의 논변
은 상당히 복잡하고 교묘하다. 하지만, 그 요지를 따낼 수는 있다. 정
돈하자면, 그의 논변은 이렇다.

특정한 예술-문학 작품이 정치적인 참여를 수행하는 것으로 볼 수
는 있다. 예를 들어, 19세기 중반 빅토르 위고의 『레 미제라블』을 사회

---

36   같은 책, 75쪽 참조.
37   같은 책, 74쪽 참조.

주의적인 계급 투쟁을 독려하는 측면을 지닌 것으로 볼 수 있고, 1920
년대 독일의 표현주의 작가인 오토 딕스의 작품이 당시의 부르주아적
의식과 삶을 비판한 측면을 지닌 것으로 볼 수 있고, 마이클 치미노의
영화 〈디어 헌터〉가 반전주의를 주장하는 것으로 볼 수 있다. 하지만,
예술작품이 사회 참여의 기능을 한다고 해서 "사회 참여가 예술의 범
주는 아니다. 이것은 예술이 비정치적이라는 뜻이 아니다. 그것은 미
학이 저 자신의 정치, 또는 저 자신의 메타-정치를 갖는다는 의미
다."[38]

그러니까, '참여 예술' 또는 '참여 문학'이라는 표현은 적절한 표현이
아니다. '정치적 예술'이라는 말이 적절한 표현이다. 정치적 예술은 미
학적 정치를 실현하는 예술이다. 정치적 예술은 "이질론"(hétérologie)
의 역할을 한다. 즉 사유를 저 자신에게 낯설게 하고 사유의 장소를 저
자신에게 낯설게 하는 힘을 발휘하는 역할을 한다. 랑시에르는 미학적
정치를 통해 감각적인 것에 대한 분할·배분을 개편하고 그에 따라 지
각의 형태들을 새롭게 재형성하게 되면, 그것이 정치적 예술이 이질론
의 역할을 하는 것이라고 말한다. 아울러, 정치적 예술을 적절하게 이
루면, 예술에서 정치적 의미를 읽을 수 있을 뿐만 아니라 정치적인 저
항에서 감각적 충격을 보장받을 수 있다고 말한다.[39] "미학적 정치"를
통해 감각적인 것의 분할·배분의 구도를 개편해야 한다는 것이다. 문
제는 감각적인 것을 어떻게 새롭게 분할·배분할 것인가, 또 왜 새롭게
분할·배분해야 하는가, 하는 점이다. 이에 관해서는, 우선 생계유지에
급급한 하층계급의 사람들이 문학 예술적인 감각의 향유는 고사하고,

---

38   같은 책, 86쪽.
39   같은 책, 90쪽 참조.

하다못해 주거 환경은 물론이고 놀이동산에 가족이 함께 놀러 가 오랜만에 햄버거와 아이스크림을 걱정 없이 먹는 감각의 향유가 쉬운가, 하는 점을 생각해보면서, 상층계급의 사람들이 쉽게 50만 원을 내고 로열석에 앉아 베를린필하모닉이 연주하는 말러 교향곡을 감상한다거나 크게 부담 없이 해외여행을 통해 세계적인 화가와 조각가들의 진품들을 고가의 입장료를 내고 감상하는 등의 감각적인 향유를 비교해보면 쉽게 그 실마리를 잡을 수 있을 것이다. 여기에다 문학예술에 관련된 미학적인 담론의 향유를 그 공동 변수로 보태게 되면 그 실마리는 더욱 분명해질 것이다.

5. 마르크스, 감각적인 것은 인간의 본질이다.

5.1 감각적인 것의 불평등한 향유

우리로서는 랑시에르가 예술과 정치의 관계에 특별히 주목하는 것에 대해 기대를 걸 수밖에 없었다. 그 이유는 다음과 같다. 예술은 근본적으로 감각적인 것을 바탕으로 한 것이다. 사회 구성원들의 삶은 궁극적으로 감각적인 것의 향유를 추구하는 데 있다. 사회적으로 공동적인 것이 있다면 그 내용은 결국 감각적인 것일 테다. 바람직한 사회를 꾸리고자 하는 것을 본령으로 하는 정치는 평등의 정의를 바탕으로 수행되어야 한다. 궁극적으로 평등의 정의는 감각적-공동적인 것을 다양하게 생산하고 향유·소비하는 데 따른 참여의 기회와 그 양과 질의 정도에서 각자가 동등하다는 점에서 성립한다. 그러므로 예술과 정치는 감각적인 것을 바탕으로 연결될 수밖에 없다.

그런데 우리는 랑시에르가 이러한 사회적인 정치 일반을 염두에 두기보다 예술 영역 자체 내에 정치가 작동한다는 점을 특별히 포착하여 그에 관련된 논의를 하는 데 역점을 둔다는 것을 보았다. 이는 한편으로, 마르크스의 입장을 일정하게 반영한 것이라 할 수 있다.

마르크스는 「정치경제학 비판을 위한 시론」에서 예술이 만개한 시대와 사회의 일반적인 발달이라든가 물질적 기반의 발달과 전혀 관계가 없다고 말한 바 있다.[40] 이는 흔히 마르크스의 사회철학에서 기초가 된다는 원칙, 즉 토대인 경제 관계가 상부구조인 국가·이데올로기·예술문화 등을 변증법적으로 결정한다는 원칙에 어긋나는 것처럼 보이는 발언이다.

하지만, '변증법적으로 결정한다'는 언명의 의미를 제대로 살피면 이야기가 달라진다. '변증법적인 결정'은 알튀세르가 강조한 "최종 심급에 의한 결정"이라는 개념에 직결된다. 알튀세르는 역사적인 사회구성에 대해 위상학적인(topological) 분석을 한다. 이는 역사적인 사회구성에 대해 인간의 활동들이 이루어지는 장소(topos)들 사이의 관계를 중심으로 분석하는 것이다. 이러한 사회구성의 분석을 위해 알튀세르가 마르크스의 토대–상부구조 이론을 원용해 개발한 것이 "최종 심급에 의한 결정"이라는 개념이다.

마르크스와 엥겔스는 최종 심급에서 경제에 의한 결정이라는 테제를 주장했다.[41] 그런가 하면, 사회 전체의 구성에서 최종심에서의 결정은 서로 다른 심급들의 실제적인 차별성, 그것들의 상대적인 자율성과 토대 자체에 미치는 그것들의 효과가 갖는 고유한 양식이라고 분명히

40   J. Attali, 『마르크스 평전』, 이효숙 옮김, 예담, 2006, 341쪽 참조.
41   L. Althusser, 『아미엥에서의 주장』, 김동수 옮김, 솔, 1991, 143쪽 참조.

말한다. 그리고 이를 인정하는 것은 유물론적인 입장을 채택함으로써 일체의 관념론적인 역사 철학과 결별하는 것이라고 말한다. 아울러 변증법적인 입장을 채택함으로써 일체의 기계론적인 견해와 결별하는 것이라고 말한다.[42]

이와 관련해 우리로서는 감각적인 것을 바탕으로 하는 문학예술을 특별히 지정해 생각해보고자 한다. 한 사회 또는 한 개인의 문학예술에 관련한 발현 방식은, 작가 또는 예술가건, 독자 또는 관람자건 상관없이, 정신적인 관념들과 그것들을 상상하고 이해하는 역량에 의해 결정된다고 말할 수 있다. 그래서 문학과 예술은 경제적인 물질적 토대와는 별개로 독자적이고 자율적인 그 나름의 영역을 형성한다고 말하게 된다. 마르크스도 자신도 이를 충분히 인정한다는 것이 "최종 심급에 의한 결정"을 강조하는 알튀세르의 주장이다.

하지만, 사회역사의 과정을 전체적으로 조감해보면, 문학과 예술의 정신적인 독자성과 자율성은 경제적인 물질적 토대를 기초로 해서 생겨나는 것이고, 그런 점에서 결국 그것은 상대적인 독자성이고 자율성이라는 것이다.

그러하기에 우리는 앞서 사회경제적으로 분화되는 하층계급과 상층계급이 문학예술의 감각적인 것을 차등적으로 불평등하게 향유할 수밖에 없다는 사실을 제시할 수 있었다. 그런데 거기에는 각자의 의식이 자발적으로 산출되는 것이 아니라 그 배후의 사회경제적인 관계에 따라 산출된다는 전제가 작동하고 있었음이다.

---

42   같은 책, 145쪽 참조.

5.2 불평등의 미학적 극복

문제는 이런 구도 속에서 감각적인 것의 향유가 불평등하게 분할·배분되는 것을 어떻게 극복할 수 있을 것인가, 하는 점이다. 우선은 랑시에르가 말하는 "정치적인 문학예술"을 통해 그 불평등을 미학적으로 극복할 수 있어야 할 것이다. 그리고 궁극적으로는 암암리에 그 전제로 작동하는 사회경제적인 불평등을 극복할 수 있어야 할 것이다. 마르크스는 후자의 문제를 위해 자신의 목숨을 걸고서 온갖 역경을 견뎌내면서 결국에는 공산주의 혁명을 통해 진정한 사회주의 사회를 건설하고자 했다. 그 궁극 목적은 과연 무엇일까?

마르크스는 『경제학-철학 수고』에서 인간이 향유해야 할 것으로 가장 먼저 마련해야 할 것으로 예술의 대상을 지목한다. 그리고 이 예술의 대상을 인간 정신의 창조적인 정신적 생활 수단임을 명시한다.[43] 예술의 대상이 감각적인 것임은 두말할 필요가 없다. 그렇다면, 모두가 인간다운 존재로서 살기 위해서는 모두가 예술의 대상을 충분히 마련해서 향유할 수 있어야 한다. 그 바탕에 대해, 마르크스는 역사 전체가 인간이 감각적 의식이 되기 위한 준비의 역사이고 발전의 역사라는 사실을 제시한다.[44] 그러니까, 마르크스에 따르면, 역사란 다름 아니라 인간이 충분한 감각적 의식의 대상이 되어나가는 과정이다.

이를 위해 무엇보다 각자가 예술의 감각적인 대상을 충분히 마련해야 하는 것은 당연한 논리적인 귀결이다. 그런데, 과연 역사는 이렇게 진행해왔는가? 역사 전체로 보면, 그러하다고 충분히 긍정할 수 있다.

43　K. Marx, 『경제학-철학 수고』, 강유원 옮김, 이론과 실천, 2006, 92쪽 참조.
44　같은 책, 140쪽 참조.

구석기 시대의 예술에서부터 현대의 문학예술에 이르는 과정을 조감(鳥瞰)만 하더라도 이를 알 수 있다. 그러나, 오늘날 지역적으로나 계급적으로 보아 감각적인 것의 분할과 배분의 격차가 얼마나 크며, 그리하여 인간됨에서 인간과 인간의 격차가 얼마나 큰가. 그 바탕에는 근본적으로는 경제적인 착취의 구조가 작동하고 있고, 게다가 거기에 성·인종·종교·환경 등에 관련한 차별의 구조가 중첩해 작동한다.

　마르크스는 이러한 감각적인 것의 향유에서 작동하는 불평등을 근본적으로 해결하고자 했다. 그는 진정한 사회주의의 미래를 전면적이고 심오한 감각을 지닌 풍부한 인간을 사회에서 지속적인 현실로 생산하는 것으로 본다.[45] "전면적이고 심오한 감각을 지닌 풍부한 인간"이 "사회의 지속적 현실로 생산된다"고 했을 때, 그 지속성에는 평등에 따른 보편성이 들어 있을 수밖에 없다. 그렇지 않으면, 대립과 투쟁으로써 언제든지 그 현실이 파괴될 수 있기 때문이다.

6. 감각적인 것을 생산하는 공향유의 장소를 확대 · 심화해야 한다.

저 앞에서 플라톤을 통해 보았듯이, 장소는 근본적으로 항상 무언가를 생산한다. 장소에 따라, 멋있는 도전과 모험과 그에 따른 절망 또는 희열을 생산하기도 하고, 권태와 우울을 생산하기도 하고, 예속을 향한 비굴함을 생산하기도 한다. 특히 자본주의 체제에서 대부분 장소는 무엇보다 배타적인 소유 감각을 생산한다.

　소유 감각은 무언가를 향유하지 않고 배타적으로 소유하고 있다는

45　같은 책, 137쪽 참조.

사실 자체에서 느끼는 감각이다. 마르크스는 어떤 대상을 소유해야만 그 대상에 대한 감각을 느낀다고 여길 때 그 감각을 소유 감각이라고 하면서, 이 소유 감각 때문에 모든 육체적·정신적 감각이 소외된다고 말한다.[46] 그런가 하면, 그는 화폐로 환원되어 표시되는 물적 재화를 많이 소유하면 할수록 진정한 생명과 존재가 그만큼 덜 표현되고 아울러 외화된 삶의 양이 커지고 자기 존재의 본질이 더욱 소외된다고 말한다.[47]

마르크스의 이 생각들은 자본주의적인 우리의 왜곡된 욕망을 정곡으로 찔러 드러낸다. 소유 감각이 정신을 지배하게 되면, 감각적인 것은 특정한 형태를 띠면서 배타적인 특정한 장소에 감금되고 만다. 오늘날, 그 지배적인 장소는 눈에 보이지도 않는 디지털적인 형태의, 나의 은행 계좌다. 이에 향유하는 감각적인 것마저 소유 감각으로 연결되지 않으면 불안해지고, 그리하여 감각적인 것을 배타적으로 향유하지 않으면 불안해진다.

감각적인 것을 생산하는 장소를 소유가 아니라 향유를 중심으로 바꾸어야 한다. 같이 누리면 누릴수록 더욱 커지고 깊어지는 감각적인 것들, 그것들을 생산하는 장소를 많이 만들어야 한다. 그러한 공향유의 장소들이 배타적인 소유의 장소들을 지배하고 역용할 수 있도록 해야 한다. 누구나 감각적인 예술과 문학을 마음껏 깊이 있게 누릴 수 있도록, 무엇보다 여러 형태의 교육을 통해 그 향유의 역량을 갖추는 기회와 장소를 심지어 무한정하게 사회가 제공해야 한다. 그리하여 "전면적이고 심오한" 감각을 함께 향유하는 것이야말로 삶의 궁극적인 의

---

46   같은 책, 133~134쪽 참조.

47   같은 책, 150쪽 참조.

미임을 충분히 느끼고 실천할 수 있도록 해야 한다.

다양한 첨단 매체들을 갖춘 대형 도서관들을 지방 곳곳에 만들어야 한다. 그리고 바로 그 옆에 예사로 파티와 축제를 벌일 수 있는 장소들을 마련해야 한다. 그 주변의 공간에 넓디넓은 다양한 동식물이 뛰노는 자연공원을 마련해야 한다. 질 높은 음악 공연장을 마련해 예컨대 베를린필하모닉의 연주를 무료로 들을 수 있도록 해야 한다. 청중이 몰려들면 인터넷 추첨을 하면 될 것이다. 성의 해방이 최대한으로 이루어지는 가운데 치명적으로 건강을 해치지 않는 범위 내에서 대마초 등의 약물도 개발하여 허용해야 할 것이다. 몰입과 도취를 통해 다른 장소들로 이동해가는 체험을 통해, 감각이란 근본적으로 왜 소유에서 오는 것이 아니라 향유에서, 특히 공향유에서 오는 것인가를 삶과 존재 전체로 느낄 수 있도록 해야 한다.

이 모든 일은 정치의 몫이다. 정치란 감각적·공동적인 것을 다양성에 기초를 둔 '불균등한 평등'을 통해 누구나 향유할 수 있도록 하는 데 따른 논쟁적 실천이기 때문이다. 그 척도는 마르크스가 제시한 "전면적이고 심오한 감각을 갖춘 인간을 지속적인 현실로 생산하는 것"일 테고, 그 실천은 배타적인 소유 감각을 위한 장소들을 철폐하고 공향유의 감각을 생산하는 장소들을 역동적으로 건립해 나가는 것일 테다.

2

장소의 윤리:
언어와 권력

5

동주와 육첩방
―장소로 읽는 윤동주의 시

1. "이 많은 별빛이 내린 언덕 위에"

1943년 7월, 2학년 여름방학을 맞아 동주는 용정에 다녀오기 위해 귀국 채비를 하고 있었다. 교토의 우체국에서 부모님께 편지를 보냈다. 당분간의 부재를 위해 생활을 정리해야 했다. 친구를 만나고 서점에 들러 책을 샀다. 그러나 동주의 정다운 귀향은 그의 생애에 다시 찾아오지 않았다. 거리를 걷던 동주는 일경에 검거되어 투옥되었다. 7월 14일이었다. 이듬해인 1944년 2월에 치안유지법 위반으로 징역 2년을 언도받고 후쿠오카 형무소로 옮겼다.

그리고 일 년 후, 1945년 2월 16일, 고향의 가족들은 '동주 사망, 시체 가지러 오라'는 전보를 받았다. 동주는 27년 1개월 남짓의 삶을 살았다. 일본으로 유학을 떠난 지 3년 만에 시체로 고향에 돌아왔다. 동경 유학을 위해 어쩔 수 없이 히라누마 도쥬로 창씨를 해야 했던 그는 "이 많은 별빛이 내린 언덕 위에/ 내 이름자를 써보고/ 흙으로 덮어버리었습니다."라고 시에 썼다. 그리고 또 이렇게 다짐했다. "그러나 겨울이 지나고 나의 별에도 봄이 오면/ 무덤 위에 파란 잔디가 피어나듯이/ 내 이름자 묻힌 언덕 위에도/ 자랑처럼 풀이 무성할 거외다." 그러던 동주는 죽은 해 3월에 고향에 묻혔다. 땅이 녹고 풀이 자라기 시작하던 봄이었다. 가족들은 그의 묘에 '시인 윤동주지묘'라는 비석을 세웠다.

1948년 1월에 유고시집 『하늘과 바람과 별과 시』가 출간되었다. 연희전문 졸업을 앞둔 41년 12월, 자필 시집 『하늘과 바람과 별과 시』를 출간하려 했지만 뜻을 이루지 못했다. 원고 세 부를 만들어 한 부는 자신이 갖고 나머지 한 부는 스승인 이양하에게 또 한 부는 후배 정병욱에게 주었다. 정병욱은 원고를 고향 집 마당에 묻어두었는데 그 한 부만 세상에 남았다. 해방 후에 그의 시를 아끼는 사람들이 시집을 냈다. 동주와 일면식이 없던 정지용이 그의 시를 읽고 서문을 썼다.

비록, 살아 있을 때, 조선의 문단에서 이름을 내지는 못했지만, 윤동주의 시는 세상에 남아 오래 사랑을 받고 있다. 문예 사조나 유파, 문학사의 흐름에서 다소 비켜나 있는 그가 한국인이 좋아하는 시인의 목록에서 항상 최상위에 놓인다는 점은 특별하다. '저항시인'[1], '민족시인'에서 '국민시인'의 반열에 오른 연유는 여러 가지가 있겠고 그 중에 식민지 역사를 도외시할 수는 없겠지만 많은 사람들로부터 사랑을 받는 가장 큰 요인은 그의 시가 보여주는 고민의 순정함이다.

모든 예술이 그러하듯이 세상을 살아내는 자의 언어는 삶의 고투를 드러낼 수밖에 없다. 비록, 마음을 담는 도구로서 시의 언어는 단순하

---

[1] 윤동주가 저항시인인가에 대한 논의는 여럿 있다. 사람들은 나름의 이유를 들어 저항시인의 범주에 넣기도 하고 빼기도 한다. 이 글에서는 그 정의가 중요하다고 생각하지 않으므로 더 살피지는 않는다.

지가 않아서 그 진정성을 잴 수 있는 객관적인 척도가 없다 할지라도 한 편의 시에는 시인의 태도와 지향을 가늠하는 다양한 장치가 있고 그것을 통해 우리는 그 진의에 조금 가깝게 다가간다.

문학에서 장소 연구를 할 때, 이-푸 투안(Yi-Fu Tuan)의 『토포필리아 *Topophilia*』(1974)로 시작된 인본주의 지리학을 기초가 되는 사유로 원용할 수 있다. 인본주의 지리학은 전통 지리학의 한계를 극복하기 위해 나타났다. 지표의 차이를 구분하고 그 차이에 의해 드러나는 보편적 지역성을 밝히려고 애쓴 것이 전통적인 지리학이라면, 그 지역의 고유성과 특수성을 밝히려고 한 것이 인본주의 지리학이다. 고유성과 특수성을 지닌 한 지역을 지리학자 크레스웰은 장소라고 하였다. 인본주의 지리학에서는 장소가 공간과 구분되는 중요한 특성으로 고유성, 특수성, 구체성을 든다. 투안은 지구에서부터 국가, 지역, 거리, 집, 방, 심지어 의자 하나까지도 장소가 될 수 있다고 했다.[2]

공간에 가치를 부여한다는 것은 거기에 구체적인 삶을 투여하는 일이다. 그리하여 한 개인이 취득하는 경험의 공간은 장소가 된다. 빗대어 보면, 일상적인 언어가 공간이라면, 시적 언어는 장소다. 시는 삶의 장소를 다시 시적인 장소로 바꾸어낸다. 시를 통해 구체적인 삶이 시적인 삶으로 바뀐다. 이러한 장소에서 빛나는 시적인 삶은 우리가 사는 장소를 빛나게 한다. 시인 윤동주에게도 그러한 장소가 있어서 우리는 아직 그의 시를 읽으며 그가 순결한 생애를 생각한다. 그의 시를 읽음으로써 우리의 삶의 장소가 빛난다.

---

2 인본주의 지리학에 대해서는 심승희, 「장소 개념의 스펙트럼과 잠재력」, 한국문화역사지리학회 편, 『현대문화지리의 이해』, 푸른길, 2013, 참조.

2. 우러러보는 하늘

시에서 하늘은 종종 시인의 심리가 투영된 장소로 작동한다. 예컨대,
항해 과정을 그린 정지용의 바다 시편들에서 하늘은 희망의 풍경을 연
출한다. 7년의 유학 생활로 자주 현해탄을 건너다녔던 지용에게 해협
의 하늘은 근대의 체험과 다르지 않았다. 설렘이고 낭만이었다. 탁월
한 기교주의자 정지용은 그러한 마음을 하늘과 바다에 그려 보였다.
섬세했다.

　그러나 윤동주의 시에 나타나는 하늘은 설렘이나 낭만과는 거리가
있을뿐더러 섬세하지도 않다. 구체적인 경험을 담기보다 굳은 다짐을
확인하는 장소로 구축한 탓이다. 그의 시에 등장하는 하늘은 한 개인
이 갈등을 벗어나기 위해 스스로의 마음을 비추어보는 심리적 경험의
장소이다.

> 우물 속에는 달이 밝고 구름이 흐르고 하늘이 펼치고 파아란 바람이 불고 가을
> 이 있습니다.// 그리고 한 사나이가 있습니다./ 어쩐지 그 사나이가 미워져 돌
> 아갑니다.// 돌아가다 생각하니 그 사나이가 가엾어집니다./ 도로 가 들여다보
> 니 그 사나이는 그대로 있습니다.
>
> ― 「자화상自畵像」(39.9)[3] 부분

　윤동주가 연희전문에 입학하기 위해 경성에 온 것이 1938년 봄이었
다. 숭실중학교에 편입해 다니던 열아홉 살 무렵, 그러니까 35년 9월부
터 이듬해 봄까지 반년가량 평양에서 살기도 했지만, 경성에서의 대학

3　논의 전개의 편의를 위해서 제목 옆에 창작 시기를 표기하였다.

생활은 이십 대 청년의 고뇌가 맞닥트린 본격적인 도회 생활이었다. 근대의 체험이기도 했고 북간도와는 또 다른 식민지 체험이기도 했다. 위의 시들은 그 시기의 것들이다. 인용한 시들에서 보듯이, 이 시기 그의 시에서 '하늘'은 순수를 상징한다. 이상적인 상태, 훼손되기 이전의 상태를 함의한다. 하늘은 지상의 '나'를 비추어보는 거울이기도 하여서 현재의 내가 얼마나 훼손되어 있는지, 내가 얼마나 순수로부터 멀리 있는지를 돌아보고 확인하게 한다.

용서할 수도 미워할 수도 없는 자아를 '우물 속의 한 사나이'로 형상화한 「자화상自畵像」에서 하늘은 사나이의 등 뒤 배경이지만 바라보는 대상이기도 하다. 우물에 비친 하늘은 달과 구름과 바람을 용납한다. 그 순수의 풍경 속에 사나이가 있다. 우물 밖의 나는 그 '사나이'가 밉기도 가엽기도 하다. 하늘에 속한 것과, 속하고 싶어 하는 것과, 속하지 못한 것이 우물 속에 있다. 동주는 그것을 자화상이라고 말한다. 하늘은 시인 윤동주에게 늘 그렇게 자신의 안팎을 오가면서 자신과 거리를 만들어내는 장소다.

계절季節이 지나가는 하늘에는/ 가을로 가득 차 있습니다.// 나는 아무 걱정도 없이/ 가을 속의 별들을 다 헤일 듯합니다.// (중략)// 어머님, 나는 별 하나에 아름다운 말 한마디씩 불러봅니다.// (중략)// 이네들은 너무나 멀리 있습니다./ 별이 아슬히 멀듯이.// 어머님,/ 그리고 당신은 멀리 북간도(北間島)에 계십니다.// 나는 무엇인지 그리워/ 이 많은 별빛이 내린 언덕 위에/ 내 이름자를 써보고/ 흙으로 덮어버리었습니다.// (중략)//그러나 겨울이 지나고 나의 별에도 봄이 오면/ 무덤 위에 파란 잔디가 피어나듯이/ 내 이름자 묻힌 언덕 위에도/ 자랑처럼 풀이 무성할 거외다.

—「별 헤는 밤」(41.11.5) 부분

특히, 「별 헤는 밤」에서 확인하는 밤하늘과의 거리는 시인의 순정한 갈등을 잘 보여준다. 별이 언덕에서 멀리 있다는 낭만적 인식보다 언덕이 별에서 멀리 있다는 현실적 인식을 부각한다. 지금-이곳을 드러내는 방법이다. 이 시를 쓴 41년 11월은 연희전문 졸업을 한 달 앞둔 때였고 도일을 작정한 겨울이었다. 사랑스러운 추억과 자랑스러운 가족을 새겨 넣은 그 하나하나의 별들로부터 더 멀어지는 시간 앞에 시인은 서 있다. 밤하늘을 우러러 "이네들은 너무나 멀리 있습니다"라고 그는 고백한다. 제국의 수도로 떠나려는 시인의 마음이 "너무나 멀리"라는 거리로 환산된다. 이렇듯 밤하늘은 화자가 다시는 돌아갈 수 없는 순수의 세계를 상징하는 장소다.

동주는 자신의 이름을 부끄럽게 여겨 흙으로 덮는다. 그리고 그는 또 이렇게 쓴다. "그러나 겨울이 지나고 나의 별에도 봄이 오면/ 무덤 위에 파란 잔디가 피어나듯이/ 내 이름자 묻힌 언덕 위에도/ 자랑처럼 풀이 무성할 거외다." 언젠가 그 이름 위에 다시 풀이 돋아날 것이라는 예언은 이 시기의 윤동주의 시가 어떤 방향을 향해 진행하고 있는지를 선명하게 보여준다. 회고에 의하면 이 시기 윤동주는 가족과 진로와 나라 문제로 고민이 많았으며 그로 인해 꽤 괴로워했다고 한다.[4] 이 결구는 시 전반에 흐르는 감상적 분위기와 더불어 이 시를 대표 시의 반열에 올리는 요소로서 손색이 없다.[5]

---

4 정병욱, 「잊지 못할 윤동주 형」, 『바람을 부비고 서있는 말들』, 집문당, 1980, 18쪽.
5 창작 시기를 염두에 두고 살필 때, '부끄러운 이름'이 창씨개명과 관련한 것이라는 주장이 있다. 어쩔 수 없었다 하더라도 창씨개명을 한 자의 '윤동주'라는 이름이 부끄러웠고, 그래서 언덕에 이름자인 윤동주를 써 놓고도 흙으로 덮었지만 언젠가 그 이름이 자랑스러워지는 날이 올 거라는 믿음이 이 시의 결구라는 주장이다. 류양선, 「윤동주의 〈별 헤는 밤〉 분석」, 『한국현대문학연구』 29, 한국현대문학회, 2009, 391~2쪽.

죽는 날까지 하늘을 우러러

한 점 부끄럼이 없기를,

잎새에 이는 바람에도

나는 괴로워했다.

별을 노래하는 마음으로

모든 죽어가는 것을 사랑해야지

그리고 나한테 주어진 길을

걸어가야겠다.

오늘 밤에도 별이 바람에 스치운다.

— 「서시序詩」(41.11.20) 전문

하늘과 지상이라는 장소의 대비는 윤동주 시의 중요한 의장이다. 하늘은 높이를 지닌 장소다. 지상의 존재에게 이 높이는 숭고하다. 창작 시기가 후반으로 갈수록 윤동주에게 이것은 "돌담을 더듬어 눈물짓다/ 처다보면 하늘은 부끄럽게 푸릅니다."(「길」 41.9.31)처럼 부끄러움을 유발하는 계기가 되고 "한 점 부끄럼이 없기를" 다짐하는 증표가 된다. 특히, 식민지 체험이 많아질수록 그의 하늘은 시인의 현실 인식을 적극적으로 표출하기 위한 장소로 승화한다. "손들어 표할 하늘도 없"(「무서운 시간(時間)」41.2.7)다는 인식이 그렇고 "모가지를 드리우고/ 꽃처럼 피어나는 피를/ 어두워가는 하늘 밑에/ 조용히 흘리겠습니다."(「십자가」 41.5.31)라는 선언이 그렇다.[6]

---

6   남기혁은 이런 하늘 표상을 기독교 사상에 바탕을 둔 보편적 인간 윤리의 상징으로 해석한다. 식민지 현실이라는 특수성보다는 종교적 인간으로의 복귀라는 보편성이 우선되어야 한다고 주장한다. 남기혁, 「윤동주 시에 나타난 윤리적 주체와 저항의 의

「서시序詩」 '밤하늘'은 이러한 과정을 통해 완성되었다. 특히 낮보다 밤의 하늘은 한 개인이 온전히 소유할 수 있다는 점에서 부끄러운 내면을 꺼내 놓는 장소로 유효했을 것이다. 밤하늘이 그 높은 심연을 낮보다는 더 잘 드러낸다는 점에서 강한 숭고미와 연결 짓기가 좋았을 것이다. 그에게 밤하늘은 부끄러움을 고백하고 부끄럽지 않게 살자고 다짐하는 일종의 성소(聖所)였던 셈이다.

3. 흐르는 거리

한편, 윤동주가 경성을 체험한 이후인 1940년대의 시에서 '거리'는 다른 양상을 보인다. 그는 연희전문에 입학(38년 4월)하고 나서 졸업(41년 12월)할 때까지 기숙사와 하숙집 생활을 번갈아 했다. 산문 「시종始終」에 나오는 것처럼 때로는 시내를 출입하기도 했다. 일제의 탄압이 그 어느 때보다 극악했던 때였고 특히 신문과 잡지가 폐간되고 우리말을 사용하지 못하던 시기였다. 이 시기에 윤동주가 경험하게 된 경성은 근대화가 진행되던 큰 도시였을 뿐만 아니라 식민지 조국의 수도였다.

정거장停車場 플랫폼에 내렸을 때/ 아무도 없어// 다들 손님들 뿐/ 손님 같은 사람들 뿐// 집집마다 간판看板이 없어/ 집 찾을 근심이 없어// 빨갛게/ 파랗게/ 불 붙는 문자文字도 없이// 모퉁이마다/ 자애慈愛로운/ 헌 와사등瓦斯燈에 불을 혀놓고/ 손목을 잡으면/ 다들, 어진 사람들/ 다들, 어진 사람들// 봄, 여름,

미」, 『한국시학연구』 36, 한국시학회, 2013, 146쪽.

가을, 겨울/ 순서로 돌아들고,

— 「간판看板 없는 거리」(41) 전문

잃어버렸습니다./ 무얼 어디다 잃었는지 몰라/ 두 손이 주머니를 더듬어/ 길에 나아갑니다.// 돌과 돌과 돌이 끝없이 연달아/ 길은 돌담을 끼고 갑니다.// 담은 쇠문을 굳게 닫아/ 길 위에 긴 그림자를 드리우고// 길은 아침에서 저녁으로/ 저녁에서 아침으로 통했습니다.// 돌담을 더듬어 눈물짓다/ 쳐다보면 하늘은 부끄럽게 푸릅니다.// 풀 한 포기 없는 이 길을 걷는 것은/ 담 저쪽에 내가 남아 있는 까닭이고,/ 내가 사는 것은 다만/ 잃은 것을 찾는 까닭입니다.

— 「길」(41.9.30) 전문

전문을 인용한 두 시는 모두 41년의 작품들이다. 거리 묘사가 돋보이거나 발상이 독특한 시는 아니다. 다른 작품들처럼 구조가 복잡하지도 않다. 그러나 거리에 투영된 문제의식이 이전과는 다르고 시상의 전개 역시 녹록하지 않다.

먼저 인용한 「간판看板 없는 거리」는 다소 모호한 부분이 있어서 해석이 갈리는 시다. 시에 나타나는 거리는 플랫폼이 있고 와사등이 있는 것으로 보아 시내의 거리인 듯하다. 다소 번화한 거리에서 화자의 눈에 우선 들어오는 것은 사람들이다. 그런데 "아무도 없"다고 한다. 이어서 "다들 손님들뿐/ 손님 같은 사람들뿐"이라고 부연하였다. 사람이 없다는 말은 거리의 주인 즉, 이 땅의 주인이 없다는 뜻으로 사용한 듯하다. 주인 없는 장소, 빼앗긴 장소다.

문제는 3연과 4연이다. "집집마다 간판이 없어/ 집 찾을 근심이 없어/ 빨갛게/ 파랗게/ 불 붙는 문자文字도 없이"라는 부분에 대하여 간판이 없어서 어느 집이나 찾아갈 수 있는 편안한 분위기를 연출한다고 했다[7]고 해석하는가 하면 조선어 사용이 금지되었던 당시에 모국어를 빼앗기고 손님처럼 살아가는 현실을 노래했다고도 하였다.[8] 윤동주의 시와 시 의식이 전개되는 과정을 염두에 두면 후자가 더 타당해 보인다. 간판이나 네온사인의 문자는 상호나 상품의 이름을 뜻하는데 집집마다 이름이 없다는 진술은 의미심장하다. 시내에 간판이 없을 수는 없기 때문이다.

한편, 이 시의 방점은 "어진 사람"에 있다. 간판 없는 거리와 어진 사람들의 대조가 이 시의 핵심이다. 윤동주는 그 풍경을 그려내기 위해 정거장과 상가가 있는 거리와 와사등이 켜진 모퉁이를 구성했다. 비록 개괄적인 풍경이지만 윤동주의 관심을 확인할 수 있다. 근대 도시로서의 경성이 아니라 식민지 조선의 수도로서 경성을 부각하고 있는 것이다. 도심의 거리가 개인의 경험으로 구성되면서 시인이 가치를 부여한 의미의 세계를 구현한 경우이다.

이에 비해 「길」은 시인의 내면을 들여다보는 시이다. '길'이 등장하는 시가 많지는 않지만, 여타의 시들에 비해 장소감을 느낄 수 있는 시이다.[9] 돌담으로 이어진 길이 있고 길에는 풀 한 포기 나 있지 않고 쇠문은 닫혀 있으며 나는 잃어버린 무엇인가를 찾아 길을 걷고 있다. 사실, 이 길은 현실 공간처럼 보이지만 이 역시 인생의 비유이다. "길은

---

7   김응교, 「윤동주와 걷는 새로운 길17」, 『기독교사상』, 대한기독교서회, 2016, 170쪽.

8   남송우, 「윤동주 시에 나타나는 만주, 한국, 일본에서의 공간인식의 양상-〈거리〉를 중심으로」, 『동북아문화연구』 53, 2017, 26쪽.

9   길이 나타나는 시는 몇 편이 있지만 이 경우에 길은 대체로 전체 맥락에서 부수적인 형태를 유지하거나 관용어로 사용되는 경우이다. 길이라는 공간이 전면적으로 부각된 경우는 「새로운 길」인데 여기서도 길의 공간성은 두드러지지 않는다. "어제도 가고 오늘도 갈/ 나의 길 새로운 길"과 같이 인생을 의미하는 관용어로 사용된다. 서시의 "나한테 주어진 길을 걸어가야겠다."와 같은 맥락이다.

아침에서 저녁으로/ 저녁에서 아침으로 통했습니다."라는 진술로 보아 길은 시간과 동일한 개념이다. 그 길에는 담이 길게 이어져 있는데 담은 "저쪽의" 나와 이쪽의 나를 분리하는 역할을 한다. 이쪽과 저쪽을 드나드는 통로가 있지만 "담은 쇠문을 굳게 닫아/ 길 위에 긴 그림자를 드리우고" 있을 뿐이다. 그리고 잃어버린 것이 저쪽의 나라는 것을 고백한다. 그것은 이름일 수도 있고 부끄럽지 않은 자아일 수도 있다. 결국, 이 시는 "풀 한 포기 없는 이 길을 걷는 것" 즉, 내가 살아가는 이유가 단지 잃어버린 나, 윤동주라는 이름의 나를 찾기 위해서라는 선언과 다르지 않다. 하늘을 우러러 한 점 부끄럼 없는 삶을 살기 위해 나에게 주어진 길을 가고자 하는 「서시」의 정신이 미리 길거리 풍경으로 재현된 시이다.

윤동주는 「길」(41.9.30)을 쓴 후에 「별 헤는 밤」(41.11.5)과 「서시」(41.11.20)를 이어서 썼다. "잃은 것을 찾는" 것이 사는 이유가 되어버린 시인은 그래서 "내 이름자 묻힌 언덕 위에도/ 자랑처럼 풀이 무성할 거외다."라는 다짐을 "나한테 주어진 길을 걸어가야겠다."며 하늘에 천명했다.

그 41년은 일본 유학을 위해 윤동주가 히라누마(平沼)로 창씨한 해이다. 동주는 「참회록」에 그와 관련한 심정을 남기고 42년 3월 동경으로 갔다. 동경 체류는 경성의 삶과는 비교할 수 없었을 것이고 당위와 현실 사이의 갈등은 더 깊어졌을 것이다. 북간도 이민 3세이자 식민지 청년에게 북간도와 경성과 동경 사이의 편차는 몸으로 부딪쳐야 하는 현실이었을 것이다. 이때부터 도회의 길과 거리는 매우 강한 장소감을 보이며 시에 등장하기 시작한다. 그가 본 제국의 거리는 다음과 같이 나온다.

으스름히 안개가 흐른다. / 거리가 흘러간다. // 저 전차電車, 자동차自動車 모든
바퀴가 어디로 흘리어 가는 것일까. 정박碇泊할 아무 항구港口도 없이, 가련한
많은 사람을 싣고서, 안개 속에 잠긴 거리는. // 거리 모퉁이 붉은 포스트 상자
를 붙잡고, 섰으려면 모든 것이 흐르는 속에 어렴풋이 빛나는 가로등街路燈, 꺼
지지 않는 것은 무슨 상징일까? 사랑하는 동무 박朴이여! 그리고 김金이여! 자
네들은 지금 어디 있는가? 끝없이 안개는 흐르는데. // '새로운 날 아침 우리 다
시 정情답게 손목을 잡아보세' 몇 자字 적어 포스트 속에 떨어트리고, 밤을 새
워 기다리면 금휘장金徽章에 금金단추를 삐였고, 거인巨人처럼 찬란히 나타나
는 배달부配達夫, 아침과 함께 즐거운 내림來臨. // 이 밤을 하염없이 안개가 흐
른다.

                                                                    —「흐르는 거리」(42) 전문

안개가 긴 동경의 거리를 "흘러간다"고 묘사하였다. 화자는 "으스름
한" 분위기 속에서 전차와 자동차도 달리는 것이 아니라 흐르는 것으
로 보았다. 모든 것이 안개에 묻혀 흘러간다고 바라본 것은 매우 짙은
안개의 유동에서 촉발된 상상이지만 안개라는 거대한 힘과 그것에 구
속당한 비자발적 움직임을 강조하는 의도를 내포한다. 사람들이, 사람
을 실은 전차와 자동차가, 자동차를 실은 거리가 정체불명의 안개에
엔진도 없이 흘러가는 배로 묘사되는데 문제는 그 배가 정처 없다는
것이다. 자신을 허용하지 않는 낯선 장소는 의미를 허용하지 않고 지
워버리는 흐름, 장소 아닌 장소였다.

당시, 동경은 꽤 거대한 근대 도시였지만 윤동주는 동경의 거리를
이렇게 묘사하였다. 그의 시선이 다른 무엇보다 거대한 힘의 흐름을
포착한다는 것은 의미심장하다. 도시의 거리를 감각적으로 재현해내
기보다 그 이면에 숨은 어떤 진실을 끄집어내기 위해 상상력을 활용하

였다. 비록 단순하기는 해도 그 상상력은 강하고 깊다. 그리고 이 시의 압권은 희미한 가로등 불빛의 발견이다. 세상 전체가 내 의지와는 무관하게 어디로인가로 흘러가는 현장에서 화자는 "꺼지지 않는 무슨 상징"을 세운다. 그 상징은 곧 동무들에 대한 안부로 연결된다. 그래서 "빛나는 가로등街路燈"과 "거리 모퉁이 붉은 포스트 상자"의 연계는 탁월하다. 그에게 동경은 제국의 수도였다.

동경에서 윤동주가 쓴 시들에서는 장소 경험이 상대적으로 뚜렷하다. 경성이라는 현실보다 동경이라는 현실이 훨씬 큰 문제적 세계였겠고 당면한 문제의식도 훨씬 뚜렷해진 결과이겠지만, 그의 창작 방법이 구체적인 현실에 더 가깝게 다가선다는 것은 윤동주로서는 매우 의미 있는 변화라 하겠다. 부끄러움이 의연한 신념으로 이어지는 과정도 독백에만 기대지 않고 장소에 의탁한다. "황혼黃昏이 짙어지는 길모금에서/ 하루종일 시들은 귀를 가만히 기울이면/ 땅검의 옮겨지는 발자취 소리// 발자취 소리를 들을 수 있도록/ 나는 총명했던가요.// 이제 어리석게도 모든 것을 깨달은 다음/ 오래 마음 깊은 속에/ 괴로워하던 수많은 나를/ 하나, 둘, 제 고장으로 돌려보내면// 거리 모퉁이 어둠 속으로/ 소리 없이 사라지는 흰 그림자.// 흰 그림자들,/ 연연히 사랑하던 흰 그림자들."(「흰 그림자」 42.4.14)이라며 자신의 어리석음을 "황혼黃昏이 짙어지는 길모금"과 "거리 모퉁이 어둠" 속에서 현상(現像)한다. 그리고 곧 "내 모든 것을 돌려보낸 뒤/ 허전히 뒷골목을 돌아/ 황혼黃昏처럼 물드는 내 방으로 돌아오면// 신념信念이 깊은 의젓한 양洋처럼/ 하루 종일 시름없이 풀포기나 뜯자."고 다짐한다. 장소에 대한 감각이 어떻게 그의 시를 이끄는가를 보게 된다.

과거에 대한 그리움조차도 강한 장소감을 대동한다. "봄이 오던 아침, 서울 어느 쪼그만 정거장停車場에서/ 희망希望과 사랑처럼 기차汽

車를 기다려,// 나는 플랫폼에 간신한 그림자를 떨어트리고,/ 담배를 피웠다.//(중략)// 봄은 다 가고- 동경 교외東京 郊外 어느 조용한 하숙방下宿房에서 옛 거리에 남은 나를 희망과 사랑처럼 그리워한다."(「사랑스런 추억追憶」 42.5.13)처럼 "서울 어느 쪼그만 정거장停車場"과 "동경 교외東京 郊外 어느 조용한 하숙방下宿房"의 대비는 이전의 시와는 다른 감각이다. 두고 온 서울의 "옛 거리"는 잃어버린 근원의 장소이고, 여기 "동경 교외"는 쫓겨온 디아스포라의 장소다. 장소 이동에 따른 충격이 드러난다.

이처럼 윤동주 시에 나타나는 '거리'는 그 성질이 공간에서 장소로 옮겨가는 것을 볼 수 있다. 관념의 공간에서 현실의 장소로 빠져나온 그의 '거리'는 훨씬 강한 힘을 갖는다. 이러한 현상은 남다른 장소애를 보여준 '방'에서도 마찬가지로 나타난다.

4. 육첩방은 남의 나라

> 세상에서 돌아오듯이 이제 내 방에 돌아와 불을 끄옵니다. 불을 켜두는 것은 너무나 피로롭은 일이옵니다. 그것은 낮의 연장延長이옵기에-// 이제 창窓을 열어 공기를 바꾸어 드려야 할 텐데 밖을 가만히 내다보아야 방房안과 같이 어두워 꼭 세상 같은데 비를 맞고 오던 길이 그대로 빗속에 젖어 있사옵니다.
>
> — 「돌아와 보는 밤」(41.6) 부분

> 고향에 돌아온 날 밤에/ 내 백골白骨이 따라와 함께 누웠다.// 어둔 방房은 우주宇宙로 통通하고/ 하늘에선가 소리처럼 바람이 불어온다.//(중략)// 가자 가자 쫓기우는 사람처럼 가자/ 백골白骨 몰래/ 아름다운 또 다른 고향故鄕

에 가자.

—「또 다른 고향故鄕」(41.9) 부분

연희전문 재학 4년차에 접어든 시절의 시들이다. 긴 공백 기간[10]을 지나 윤동주가 본격적으로 시를 쓰기 시작한 때이다. 이 시기부터 방은 화자의 내면을 구성하는 공간이자 경험을 연출하는 장소로서 작품 내의 비중이 커진다.

윤동주는 41년 5월에 기숙사를 나와 정병욱과 함께 종로구 누상동에 있는 소설가 김송의 집에서 하숙을 시작했다. 요시찰 인물 김송에 대한 감시가 심해지자 9월에 북아현동의 전문하숙집으로 옮겼다. 「돌아와 보는 밤」과 「또 다른 고향故鄕」은 이 시기의 작품이다. 「돌아와 보는 밤」에 나오는 경성의 하숙방은 장소감이 선명하다.

이 시의 기본 구조는 낮과 밤, 밝음과 어둠의 대비이다. 그것은 "세상"과 "내 작은 방"의 대비이기도 하다. 하숙방에 돌아온 것이 밤인데도 불을 끄겠다고 말하는 것으로 시가 시작한다. 그런데 문제는 밝음의 '피로'가 사라졌음에도 "방 안"은 편치가 않다는 것이다. 축축한 세상이 방안에도 가득하기 때문이다. 화자는 "하루의 울분"을 차단하고자 눈을 감는다. 그러자 마음속에서 "사상思想이 능금처럼 저절로 익어"간다며 시는 끝난다. 시상이 전개됨에 따라 방은 위상이 바뀐다. 장소로서의 하숙방은 축축한 세상을 감내해야 하는 마음의 방으로 전이하고 말미에는 사상이 익는 정신의 방으로 의미의 탈바꿈을 한다.

고향의 방을 소재로 한 「또 다른 고향故鄕」에서는 "백골"의 상징성과

---

10   38년까지 왕성하게 시를 쓰다가 39년과 40년경에는 시를 쓰지 않고 산문을 쓴다. 이 기간에 쓴 시는 산문에 가까운 시 몇 편이 있을 뿐이다.

연계되어 "어둔 방"은 강한 표상성을 지닌다. 모호한 상징들로 인해 윤동주 시 중에서 가장 해석이 분분한 시이고 "백골白骨"과 "개"와 "또 다른 고향故鄉"은 여러 논리에 얹혀 다양하게 풀이가 되듯이 "어둔 방" 역시 추상적이다. 고향의 방을 내면을 드러내는 도구로 활용했기 때문이다.

그런데, 이 시기가 지나고 동경 생활에 이르면 방은 사뭇 다르게 나타난다. 상징성은 여전히 남아 있기는 하지만 객관적 현실을 구성하는 장소로서의 성질이 늘어난다. 이 점은 주목할 만하다. 이 시기에 방에 대한 활용이 집중적으로 늘어나는 현상에 대해 "사고무친의 적도(敵都)에서 소통의 향방을 잃어버린 채 자기에로 몰두할 수밖에 없는 정황 때문"[11]이라고 진단하기도 한다. 엄혹한 현실 속에서 스스로를 돌아보는 혼자만의 방에 몰두했다는 지적은 타당하다. 그러나 그 당연한 요인 외에 더 중요한 원인이 있다. 매일 피부로 느껴야 했던 식민지 현실이 너무나 명징했다는 것이다. 윤동주의 윤리와 시 의식으로는 명백해지는 모순을 외면할 수가 없었을 테고 더구나 압도하는 구체적인 세계가 부끄러움과 당위 사이에서 갈등하는 시인의 시에 관여하지 않을 수 없었을 것이다.

이 시기 빈번해지는 장소의 등장은 동경에서의 경험을 시에 직접 재구성함으로써 객관 세계를 의미 있게 연출하려는 의도의 결과이다. 장소가 지니는 고유성·특수성·구체성이 시 속에서 특별한 환기력을 발휘함으로써 동주의 명편이 세상에 나온다. 윤동주 시에 나타나는 이 변화는 급격한 삶의 변화와도 맞물린다.

---

11   이명찬, 「윤동주 시에 나타난 '방'의 상징」, 『국어국문학』 137, 국어국문학회, 2004, 368쪽.

가령, "내 모든 것을 돌려보낸 뒤/ 허전히 뒷골목을 돌아/ 황혼黃昏처럼 물드는 내 방으로 돌아오면"(「흰 그림자」42.4.14) 이라는 표현이나 "봄은 다 가고- 동경 교외東京 郊外 어느 조용한 하숙방下宿房에서 옛 거리에 남은 나를 희망과 사랑처럼 그리워한다."(「사랑스런 추억追憶」42.5.13)는 표현들은 이전에 비해 다른 면모를 보인다. 동경 시절에도 여전히 내면 고백의 양상은 지속되지만 윤동주의 시는 시인이 목도한 현실이 관념을 능가하는 시점에서 그의 가장 강렬한 장소 '육첩방'을 탄생시킨다.

창窓 밖에 밤비가 속살거려
육첩방六疊房은 남의 나라

시인詩人이란 슬픈 천명天命인 줄 알면서도
한 줄 시詩를 적어볼까.

땀내와 사랑내 포근히 품긴
보내주신 학비봉투學費封套를 받아

대학大學 노-트를 끼고
늙은 교수敎授의 강의講義 들으려 간다.

생각해보면 어린 때 동무들
하나, 둘, 죄다 잃어버리고

나는 무얼 바라

나는 다만 홀로 침전沈澱하는 것일까?

인생人生은 살기 어렵다는데
시詩가 이렇게 쉽게 씌어지는 것은
부끄러운 일이다.

육첩방六疊房은 남의 나라,
창窓 밖에 밤비가 속살거리는데,

등불을 밝혀 어둠을 조금 내몰고
시대時代처럼 올 아침을 기다리는 최후最後의 나

나는 나에게 작은 손을 내밀어
눈물과 위안慰安으로 잡는 최초最初의 악수握手.

─「쉽게 씌어진 시詩」(42.6.3) 전문

이 시는 우리가 읽을 수 있는 윤동주의 마지막 작품이다. 시에 등장하는 "육첩방六疊房"은 비가 오는 밤에 "나"가 한 줄 시를 쓰는 곳이고, 고향의 가족을 생각하는 곳이고, 부끄러움을 떠올리는 곳이며 창에 비친 나에게 손을 내미는 곳이다. 그리고 이곳은 방의 규모를 육첩이라는 돗자리의 수로 재는 "남의 나라"[12]이다. 집이 근원의 장소라면, 방은

---

12   김신정은 "남의 나라"에는 경계인으로 살았던 윤동주의 삶이 반영되었다고 하였다. "윤동주에게 '남의 나라'가 아닌 곳은 어디에도 없었다. 그가 태어난 간도, 식민지 조선, 그리고 유학 후 일본 제국의 도시 그 어느 곳도 '남의 나라'가 아닌 곳은 없었다."고 주장하였다. 김신정, 「만주 이야기와 윤동주의 기억」, 『돈암어문학』 30, 돈암어

집의 중심이다. 잘못 쫓겨와 들어앉은 "육첩방"은 기어코 시인을 "최후" "최초"의 근원으로 이끄는 부정의 장소로서 기능한다. 역설이다. 그리하여 압도하는 현실의 구체적이고도 특별한 장소는 고유한 가치를 지니는 유일의 언어가 된다.

이 강렬하고도 뚜렷한 현실 인식을 담아내는 장소로서 육첩방의 발견은 "이렇게 쉽게" 썼다고 하는 시를 그의 대표 시로 만들었다. 눈에 보이지 않는 「서시」의 다짐이 훨씬 특별하고 더욱 명쾌한 현실의 옷을 입게 된 것이다. "육첩방"이 그러하고 "학비봉투"가 그러하며 허공에 내밀어보는 "작은 손"이 그러하다. 이럴 때, "인생人生은 살기 어렵다는데/ 시詩가 이렇게 쉽게 씌어지는 것은/ 부끄러운 일"이라는 독백은 아무도 의심하지 않는 말이 된다. 순결한 부끄러움의 미학을 완성한 윤동주의 시가 완성되는 것이다. '육첩방'에 이르는 창작의 여정이 비록 여기에서 중단되었지만, 그의 시는 우리의 마음에 남아 계속 진행 중이다.

5. 나오는 글

윤동주가 시를 쓴 기간이 비록 10년도 채 안 되지만 작품 밑에 부기한 날짜가 보장하듯 그의 시 세계는 시간별로 촘촘한 변화의 양상을 보인다. 그 시간을 짚어보며 장소를 따라가는 일은 윤동주 시가 도달한 높이를 확인하는 일이기도 하다.

세간의 많은 연구자들이 윤동주의 시를 연구하였지만, 그의 시가 갖

문학회, 2016, 189쪽.

는 순결함을 따지기는 쉽지 않다. 시는 진심만으로도 되는 것이 아니기 때문이며 결국, 생에 대한 신념과 세상에 대한 판단 즉, 세상을 살아내는 자의 그 미학적 표출은 결국 언어로 보여줄 수밖에 없기 때문이다. 그 일은 그리 단순하지가 않다. 달리 말하면, 연구자들이 그 언어에 묻은 고투를 논리로 입증하는 것은 부단히 어려운 일이라는 뜻이다. 하지만, 이렇게 그의 시에 나타난 "하늘", "거리", "육첩방"과 같은 공간이 시를 통해 어떻게 그의 삶의 장소로 변환하고 뒤이어 시적 언어의 장소로 변환하는가를 살핌으로써 그 순결함을 또 달리 드러내게 된다.

　우리 국민이 매우 좋아하는 윤동주의 시는 어떤 매력이 있을까에 대해서는 쉽게 말할 수 있지만 그의 시가 과연 그러한지를 입증하는 일은 쉽지 않다. 더구나 많은 부분이 독백으로 이루어진 그의 시는 특별한 사상이나 사조가 있는 것도 아니고 독특한 상상력이 있는 것도 아닐 뿐만 아니라 진심의 단서를 끄집어낼 만한 의장이 많은 것도 아니다.

　"육첩방"이라는 압도적인 장소에 그의 시가 이르는 과정을 따라갈 때, 그 쉽지 않은 변화를 느낄 때, 우리는 시인의 순결을 볼 수밖에 없다. 상투적인 공간이 그만의 장소로 정위하는 것을 보았다. 윤동주의 삶은 궁극적으로 문학적 삶이었다. 시와 삶을 구분할 수 없는 인생을 살았다. 그의 뼛가루를 고향에 묻으면서 문단 활동 한 번 한 적 없는 그에게 '시인 윤동주의 묘'라는 묘비를 세워줄 수밖에 없는 소이이기도 하다. 묘비에 시인이라는 호칭을 박아 넣은 것은 지금이나 그때나 이례적이기는 마찬가지이다.

6

언어의 장소와 탈-장소

1. 언어의 초월적 장소성

그것의 장소는 그것의 존재를 결정한다. 만약 그것이 한 장소와 다른 장소에 동시에 거주한다면, 그것은 분열 상태로 존재한다. 동시적인 두 장소가 서로 대립하는 것으로 인식될 수밖에 없으면 더욱 그러하다.

어느 것이 장소를 갖는다고 해서 어느 것 자체가 장소가 되지 않는다는 법은 없다. 즉, 장소를 가진 그것이 다른 것들이 거주하는 장소일 수도 있다. 언어가 그러하다. 예컨대, 벤야민은 "모든 진리는 언어를 자기 집으로 삼아 그곳에 거한다."라고[1] 했고, 이를 변용해 하이데거는 "언어는 존재의 집이다."라는[2] 말을 했다. 집은 장소의 원형이다. 그러니까 언어는 진리 또는 존재가 거주하는 장소다. 그런가 하면, 비트겐

---

1 W. Benjamin, 『언어 일반과 인간의 언어에 대하여, 번역자의 과제 외』, 최성만 옮김, 도서출판 길, 2008, 209쪽.

2 이수정·박찬국, 『하이데거, 그의 생애와 사상』, 서울대학교출판부, 1999, 129쪽.

슈타인은 "어떤 사람이 자신이 겪는 고통에 '고통'이라는 이름을 부여
할 때, 그에게 마련된 것은 '고통'이라는 낱말의 문법이다; 그 문법은
그 새로운 낱말이 놓일 자리를 지적한다."[3] 여기에서 낱말을 언어로 변
경하게 되면, 문법이 언어가 놓이는 장소가 된다.

언어와 장소의 문제는 크게 두 방향으로 논의될 수 있다. 하나는 장
소가 성립하는 데 언어가 어떻게 그 기초로서 작동하는가, 하는 것이
다. 다른 하나는 언어가 작동하는 데 필요한 장소가 있다고 보고 그 장
소가 어떤 성격을 띠고서 어떻게 성립하는가, 하는 것이다.

전자의 방향으로 언어를 생각한 것은 고대로부터 있어 온 흔한 사유
방식이다. 일찍이 헤라클레이토스는 만물의 부단한 변화 생성을 말하
면서 이 변화 생성의 로고스를 말한다. 그러면서 로고스는 변하지 않
는 것이라고 하고, 또 이 로고스에 의해 모든 것이 생긴다고 말한다.[4]
이리하여 헤라클레이토스는 언어를 존재하는 일체의 것들이 발생하는
근원으로 제시했다. 로고스는 말, 즉 언어이기 때문이다. 하필이면, 왜
언어를 만물의 근본 원리로 보았을까? 참으로 기이하다.

이를 이어, 플라톤은 『티마이오스』에서 우주 발생을 논하면서 더 구
체적이긴 하지만 마찬가지의 사유를 보인다. 이 책에서 그는 우주가 만
들어지기 전에 존재와 게네시스와 코라가 있었다고 하고, 우주 제작자
인 데미우르고스가 무질서하게 운동하는 게네시스를 설득해 존재에 따
라 운동하게 함으로써 카오스에서 질서 잡힌 우주가 만들어졌다고 한
다. 이때 존재는 달리 말해 로고스 즉 말이다. 말하자면, 플라톤은 언어

---

3   L. Wittgenstein, 『철학적 탐구』, 이영철 옮김, 서광사, 1994. §257. 143쪽. (강조는
인용자가)
4   『소크라테스 이전 철학자들의 단편 선집』, 김인곤 외 7인 옮김, 아카넷, 2005. 221
쪽 참조.

가 만물이 존재하는 장소인 우주가 성립하는 기초라 생각한 것이다.[5]

　이러한 그리스 전통에 영향을 받았음에 틀림이 없는 신약성서의『요한복음서』에서 복음사가는 "태초에 말씀이 계셨다. 그 말씀은 하나님과 함께 계셨다. 모든 것이 그로 말미암아 생겨났으니, 그가 없이는 생겨난 것은 하나도 없다."라고[6] 말한다. 이는 언어가 만물뿐만 아니라 만물이 존재하는 장소의 원천임을 말한다. 더군다나 이 언어가 "육신이 되어 우리 가운데 사셨다."라고[7] 함으로써 언어가 곧 예수 그리스도로 변신했음을 말하니, 이에 따르면, 언어는 구원의 근본 장소인 그리스도이기도 한 것이다.

　서구에서 발원한 이러한 '언어 중심주의' 내지는 '언어 근원주의'는[8] 언어를 벗어나는 데서 깨달음이 주어진다는 불립문자의 전통을 지닌 동양의 우리에게 이미 벗어버릴 수 없는 속옷처럼 들러붙어 있다. 이러한 서구의 전통은 집요하게 이어져 현대에까지 영향을 미친다.

　20세기에 초에 벤야민은 창조 행위를 언어의 창조적인 전능한 권능으로 시작되고, 결과적으로 언어가 창조된 것을 끌어들여 명명한다고 말한다. 그리하여 언어를 창조하는 그 무엇이면서 완성하는 그 무엇이라고 하면서, 언어는 말씀이고 이름이라고 말한다. 이에 신학적인 해석을 덧붙여 신의 창조성은 이름에서 성립한다고 말한다. 이름이 말씀임을 그 근거로 제시한다. 그 반대로, 신의 말씀이 이름이기 때문에 신

5　이는 Platon,『플라톤의 티마이오스』, 박종현, 김영균 역주, 서광사, 2000. 초반부를 참조한 것이다.

6　성서(1993),〈신약전서〉123쪽.

7　같은 곳.

8　이는 데리다가 "음성 중심주의"라고 말한 것과 다르다. 그가 음성 중심주의를 비판하면서 "근원문자"(archi-gramme)를 제시했을 때, 그 근원성은 이 "언어 근원주의"와 연결되기 때문이다.

의 말씀이 인식을 만들어낸다고 말한다.[9] 여기에서 우리는 장소 철학의 관점에 따라, 벤야민이 언어가 존재와 인식이 이루어지는 보편적인 장소라는 것, 그리고 그 보편적인 장소 즉 언어가 창조적인 힘을 발휘하는 근원이라고 주장한 것을 해석하게 된다.

그런가 하면, 벤야민에게 영향을 받은 아감벤은 현대 자본주의 사회를 "스펙터클의 사회"라 부른다. 그리고 스펙터클을 그 자체 이미지가 될 정도로 축적된 자본이라 규정한다. 아울러 그는 스펙터클이 언어 자체를 소외시키려 하고, 인간의 언어적인 소통의 본성을 소외시키고자 하며, 헤라클레이토스가 말한 로고스를 소외시키고자 한다고 애달프게 설파한다.[10] 그래서 그는 언어 자체를 언어로 데려가는 것을 성공적으로 끝마치는 자들만이 전제도 없고 국가도 없는 공동체의 최초의 시민이 될 수 있다고 무정부주의자와 같은 어조로 말한다. 그러면서 자본주의 정치사회를 넘어선 "도래할 공동체"를 희구한다.[11] 이러한 아감벤의 주장에서 우리는 앞서 말한 언어 중심주의 내지는 언어 근원주의를 확인할 수 있다.

제대로 깊이 있게 사유하는 것으로 알려진 이들의 이 같은 언명에서 우리는 이른바 '언어의 장소적인 근원성'이라 부를 수 있는 사상의 축을 발견한다. 그리고 우리는 이를 적당히 뒤집어 '언어의 근원적 장소성'이라 부르게 된다. 플라톤이 장소를 나타내는 '코라'를 만물의 자궁 내지는 유모로 말한 데서[12] 알 수 있듯이, 장소는 어차피 모든 존재를

---

9   W. Benjamin, 『언어 일반과 인간의 언어에 대하여, 번역자의 과제 외』, 최성만 옮김, 도서출판 길, 2008, 83쪽 참조.

10   G. Agamben, 『도래하는 공동체』, 이경진 옮김, 꾸리에, 2013. 111쪽 참조.

11   같은 책, 115쪽 참조.

12   Platon, 『플라톤의 티마이오스』, 박종현·김영균 역주, 서광사, 2000, 145~7쪽 참조.

낳고 길러내는 위력이기 때문이다.

그런데 참으로 기묘하다. 왜 이들은 언어의 근원성을 주장했을까? 언어는 사물과도 충분히 구별된다. 또 언어는 사물에 대한 감각적인 인식과도 상당히 구별될 수 있다. 게다가 언어 특히 질서에 따른 언어는 어쨌든 인간의 특별한 능력에서 발휘되는 것은 사실이다. 그런데도, 왜 이들은 그러한 구별을 짐짓 무시하는 태도를 보이면서 언어가 인간을 초월해 있음을 생각함에 이어 마침내 언어가 모든 존재를 생성하는 위력이라 생각하는 쪽으로 나아갔을까?

소포클레스가 쓴 『오이디푸스 대왕』을 보면, 오이디푸스의 비극은 신의 계시인 운명을 피하고자 하는 데서 시작된다. 신의 계시는 당연히 언어로서만 작동한다. 소포클레스의 비극적 사유에는 신의 언어 즉 근원적인 언어를 위반하고자 하는 자는 처절한 비극에 처하게 되고 처벌을 받기 마련이라는 생각이 작동하고 있다. 그런가 하면, 그 후편인 『콜로누스의 오이디푸스』를 보면, 고국인 국가에서 쫓겨난 오이디푸스는 신적 계시인 언어의 위력을 깨달아 승복함으로써 위대한 예언자가 된다. 언어는 공포의 대상이자 은총의 주체임을 제시한 것이다.

그렇다면, 언어가 작동하는 장소는 신성한 장소이고, 그 신성한 장소는 철저히 금기의 영역이다. 인간은 오로지 신적인 은총에 의해서만 거기에 발을 들여놓을 수 있다. 하지만 거기에서 다시 쫓겨나지 않으면 안 된다. 쫓겨나면서 신적인 언어에 대한 망각이 작동하고 오염된다. 그 이후, 인간의 세속적 언어는 근원적인 언어의 어설픈 모방으로 자리매김한다. 그래서 인간의 세속적 언어는 여러 갈래로 나뉘고 그로 인해 살해와 고통과 몰락이 일어난다. 구약 성서의 바벨탑 신화는 이를 제대로 정확하게 은유한다. 인간이 언어를 통일하는 과정을 통해 신적인 근원적 언어에 도달하고, 그렇게 되면 오히려 인간성이 마멸되고 말 것이기에 '자비로운' 신은 인간의 언어를 여러모로 갈래지어 오히려 인간을 인간이게끔 즉 세속적인 존재로서 언제나 결핍에 시달리게 만든 것이다.

2. 언어의 자기 내재적 장소성

언어가 초월적인 신적 자리를 차지한다고 여기는 사유는 19세기 말 시인 말라르메를 통해 이제 신을 제거한 상태에서 언어로서의 언어 즉 언어 자체에 대한 사유로 변환된다. 언어에 관한 말라르메의 사유에 관해서는 블랑쇼가 쓴 『문학의 공간』에 들어 있는 글인 「말라르메의 경험」과 「'이지튀르'의 경험」에서 어느 정도 읽을 수 있다. 말라르메가 찾는 근원적인 언어는 "시적(詩的)인 말"이다. 말라르메가 추구하는 이 시적인 말에 대한 블랑쇼의 해설은 미묘하다. 말라르메가 말하는 시적인 말은 일상적 언어뿐만 아니라 사유의 언어와도 대립한다고 말하고, 시적인 말 속에 존재들이 침묵한다는 사실이 표현된다고도 말한다. 그런가 하면, 그때 다시 말이 되고자 하는 것은 존재이고 그리고 말은 존재가 되고자 한다고 말한다. 시적인 말을 하는 자는 그 누구도 아니라고 하고, 말 스스로 홀로 저 자신을 말하는 것 같다고까지 하면서, 그럴 때 언어가 그 모든 중요성을 획득한다고 한다.[13] 말라르메는 신의 부재를 말한다.[14] 그가 '절대적인 언어'를 제시했을 때 이미 사태는 심상찮다. 말라르메가 제시하는 언어가 고대의 인물들이 생각한 언어처

---

13   M. Blanchot, 『문학의 공간』, 이달승 옮김, 그린비, 2010, 45쪽 참조.
14   같은 책, 40쪽 참조.

럼 근원적인 언어이긴 마찬가지다. 하지만, 이제 언어는 말하지 않고 존재하기 때문에 중단될 수 없다.[15] 그리고 언어는 홀로 저 자신을 말하기 때문에 그 자체에 내재하는 언어가 된다. 그런 언어가 곧 말라르메가 말하는 시적인 언어다.

하이데거는 이러한 말라르메의 생각을 거의 그대로 이어받은 것처럼 말한다. 언어가 부족한 곳에 사물은 존재하지 않는다고 말하고, 저 자신을 부리는 언어가 처음으로 사물에 존재를 준다고 말한다. 그러면서 이러한 일을 가능케 하는 언어란 것이 도대체 무엇인가를 묻고, 이때 언어로부터 사물에 주어지는 존재가 과연 무엇인가를 묻는다.[16] 이렇게 묻고 난 뒤, 하이데거는 자문자답하듯이, 혹시 언어 그 자체가 자신을 위해 시작(詩作)이 필요하다고 여기거나 언어가 시인을 부림으로써 시인은 시인일 수 있게 된다고 짐작한다.[17] 말라르메와 정확하게 비교하려면 다소 섬세한 논의가 필요하겠지만, 뭉뚱그려 말하면, 말라르메와 마찬가지로 하이데거 역시 언어 자체에 내재하는 언어, 즉 자기 내재적 장소성을 띤 언어를 말한다.

말라르메나 하이데거가 비록 언어가 자기 내재적-근원성을 띠는 것으로 보긴 하지만, 그 내용의 구조로 보면 고대의 초월적-근원적인 언어와 크게 다르지 않다. 하지만, 그 차이가 작지 않다. 이전에는 언어가 우주와 인간의 삶 전체를 지배했다면, 이제 언어가 시의 영역에 한정된다. 비틀어 말한다면, 언어가 우주로부터 시의 영역으로 쫓겨났고, 그렇게 된 것은 고대인들의 삶과는 달리 현대인들의 삶이 자본과

---

15   같은 책, 38쪽 참조.

16   M. Heidegger, 『예술작품의 근원』, 오병남·민형원 공역, 예전사, 1996, 108쪽 참조.

17   같은 책, 109쪽 참조.

기술의 결합에 지배됨으로써 시의 영역 즉 언어의 근본 장소로부터 아예 쫓겨났기 때문이다. 고대인들은 그들이 언어로부터 쫓겨났음을 기억하고 그 기억을 되새겨 언어의 근본 장소를 동경하고 그곳으로 돌아가리라는 염원을 지녔었다. 하지만, 현대인들은 자본의 힘에 밀려 근본적으로 언어를 상실했고 그래서 저 자신이 근원적인 언어의 장소로부터 쫓겨났다는 사실조차 아예 모른다.

언어의 근원적인 장소로부터 멀면 멀수록, 또는 언어의 근원적인 장소에 대한 기억이 희미하면 희미할수록, 침묵과 절망과 고통으로부터 멀어진다. 그래서 맹목적인 교환에 몰두하여 인정 투쟁에서의 협박과 비굴의 언사가 한가한 일상의 수다와 더불어 난무하고, 기껏해야 의사소통을 위한 합리적 담론이 이루어질 뿐이다.

3. 언어의 인간적 장소성

이같이 현대인이 고대의 전통으로부터 전래해 온 언어의 근원적인 장소로부터 이탈하게 된 것은 근대 모더니즘의 시발과 발전과 직결된다. 자본주의의 기계적인 생산력은 자연을 인간의 손아귀에 마모되는 재료로 넘겨주었다. 그와 더불어 자연은 인식 불가능한 두려운 존재였다가 인간 인식과 실천의 친근한 대상으로 돌변한다. 이에 자연에서 언어의 기원을 찾고자 한 노력이 발동된다.

18세기 후반 헤르더는 자연은 존재의 현(弦)을 부드럽게 만든다고 하면서 그 현에 소리를 숨겨 놓았다고 말한다. 그리고 이 한숨들, 이 소리들이 언어라고 함으로써 자연이 저 자신을 떨어 울리는 것이 언어의 출발임을 알린다. 그러니까, 언어는 본래 느낌으로서 존재한다고 말하면서 심지어 이 언어가 직접적인 자연의 법칙이라고 하면서[18] 헤라클레이토스를 연상케 한다. 자연 속에서 떨어 울리는 감각적인 소리에서 언어의 기원을 찾은 것이다.

그런가 하면, 동시대의 루소는 언어의 기원이 정념이라고 말한다. 인간의 가장 오래된 말은 마음이 감동하거나 공격자를 물리치기 위해 내뱉은 탄성, 외침, 비명이다.[19] 외부 자극에 의한 인간의 감정적이고 육체적인 표현에서 언어의 기원을 찾은 것이다.

이러한 전사(前史)를 거친 뒤, 19세기 중반에 이르러 불세출의 언어 기호학의 비조로 군림하게 되는 소쉬르가 등장한다. 그는 언어의 발생적인 기원을 묻는 것은 언어 연구에서 외적인 것이라 여겨 제쳐 놓는다. 그리고는 언어를 자기 고유의 질서만을 갖는 체계로 본다.[20] 그는 언어를 누구나 쉽게 인정할 수 있듯이, 사회적 산물인 동시에 사회 집단의 약정이라고 단정한 뒤, 체계 언어(langue)는 활동 언어(parole)의 본질적인 부분임을 확인한다. 그러면서 활동 언어는 체계 언어에 대한 발생적 기초이고, 체계 언어는 활동 언어의 사용 가능성의 기초라고 말한다.[21]

18, 9세기의 자본주의적인 모더니즘을 거치면서 이처럼 언어는 천상에서부터 완전히 추락하여 인간을 근본 장소로 하는 존재로 확립된다. 그 구조와 성격을 분석하는 일은 난해하였으나 어쨌든 이제 언어는 인간 지성의 한계 내에 자리를 잡게 된 셈이다. 그리하여 언어는 이

18　J. G. Herder, 『언어의 기원에 대하여』, 조경식 옮김, 한길사, 2003, 19쪽 참조.
19　J. Rousseau, 『언어의 기원에 관한 시론』, 주경복, 고봉만 옮김, 책세상, 2019, 28쪽.
20　F. Saussure, 『일반언어학 강의』, 최승언 옮김, 민음사, 1995, 34쪽 참조.
21　같은 책, 20~1쪽 참조.

른바 구조주의적인 분석의 대상이 된다.

그러고 보면, 앞서 2.에서 말한 말라르메나 하이데거의 언어 자체로 서의 언어에 대한 탐색은 이러한 자본주의적 모더니즘에 따른 언어에 대한 구조주의적인 사유를 정면으로 위배하면서 저항한 것이라 할 수 있다. 이에 굳이 말하자면, 투명하고 '뻔한' 합리적 모더니즘(rational modernism)의 사유로부터 난해하고 현학적이면서 어둠을 배회하는 본격 모더니즘(high modernism)으로의 전환이 이루어진다고 할 것이다.

4. 비트겐슈타인, 언어 기계의 장소

이제 이렇게 언어가 인간의 자연 및 사회성에 기원을 둔 것으로 자리를 잡게 되면서, 말라르메나 하이데거와는 전혀 다르게 반응한 인물이 있다. 비트겐슈타인이다. 그는 언어의 기원에 관해서는 관심을 두지 않는다. 언어가 인간의 사유나 생활과 어떻게 관계를 맺는지, 그리고 언어라는 체계가 어떻게 작동하는지 등에 관해 논구했다. 그는 소쉬르와 마찬가지로 언어가 체계임을 인정한다. 그는 언어를 기계에 비유했고, 언어를 구성하는 낱말들이 기계의 부품이라고 말했다. 하지만, 그는 그러한 언어 체계가 인간의 구체적인 삶 즉 "생활 형태"(Lebensform)에 뿌리를 내려 함께 연동한다는 사실을 드러냈다. 그의 언어 이야기에 실감을 더하고자 다음의 일상의 풍경을 먼저 떠올렸으면 한다.

달리는 지하철 안이다. 오후 초입이라 승객들이 그다지 붐비지는 않는다. 드문드문 서 있는 사람들이 있을 뿐이다. 창밖으로 풍경을 보는 사람도 있지만, 대부분 휴대전화를 들여다보고 있다. 나는 중간쯤 되는 좌석에 앉아 책을 본다. 한나절 조용한 지하철이다. 그런데 갑자기

왼쪽에서 누군가의 말이 제법 크게 들린다. 고개를 돌린다. 50대 중반
쯤으로 보이는 남자가 혼자 빠른 속도로 말을 하면서 걸어오고 있다.
다들 갑자기 공격을 당한 모습으로 그를 쳐다본다. 몇 사람은 계속 쳐
다보지만, 대부분 다시 제 할 일을 한다. 점점 내 쪽으로 다가온다. 강
한 호기심이 인다. 분명히 정신이 이상한 사람이다. 도대체 그는 저렇
게 열심히 그것도 주변 사람들을 아예 무시한 채 무슨 말을 하는 걸까?
나는 그가 무슨 말을 하는지 한껏 귀를 기울인다. 하지만 내용을 파악
하는 것은 불가능하다. 빨리 말해서가 아니라, 아예 종류가 다른 말,
말이 아닌 말을 하기 때문이다.

말은 아주 어릴 때부터 배운다. 말을 배운다는 것은 말 속에 들어 있
는 규약을 따르는 것을 배우는 것이고, 규약이 작동하는 실제의 상황
과 그 규약의 상응 관계를 몸에 익히는 것이다. 그럼으로써 말을 배운
다는 것은 언어와 실제가 엮어내는 어떤 질서에 편입되는 것이다. 실
제에는 타인들과 이루는 교차적인 소통이 포함되어 있을 것이다.

지하철의 그 남자는 왜 그럴까? 한편으로 간단히 말하면, 안타깝게
도 그는 다른 사람들과의 관계를 통하지 않고서는 성립할 수 없는 '삶
의 장소'를 놓쳐 잃어버렸다. 다른 사람들과의 관계는 근본적으로 언어
관계이고, 언어 관계는 언어 장소들을 공유하는 것이고, 그럼으로써
다른 사람들과의 관계는 무사히 잘 돌아가는 언어 기계를 함께 사용함
으로써 성립하는 것이다. 그리고 삶의 장소와 언어 장소는 서로 맞물
려 돌아가는 상위의 '장소 기계'를 만들 것이다.

지하철의 저 사람은 어떤 처지일까? 어떻게 말이 아닌 저런 말을,
그것도 타인들과 전혀 무관한 말을 공개적으로 끊임없이 발설하게 되
었을까? 그의 깨져버린 언어는 타인과의 적절한 관계가 불가능하다는
것을 일러주는 정확한 징표다. 언제부터 그렇게 되었는지 모르지만,

아마도 그 이전에 그는 남들과 정상적으로 말을 주고받았을 것이다. 전회의 시기, 모르긴 해도 더는 버티어낼 수 없는 극단적인 체험의 질곡이 있었을 것이고, 그 체험의 질곡은 그에게서 타인들과의 소통을 공포로 여기도록 했을 것이다. 그런 뒤, 타인들을 아예 무시하지 않고서는 그 공포를 이겨낼 수 없다는 무의식적인 결단을 했을 것이다. 그 결과, 자신 외에 다른 사람들이 있다는 것을 아예 인정하지 않으려는 무의식적인 욕망이 자신도 모르게 그의 언어 기관들을 강압했을 것이다. 무의식적으로 자신의 자아가 오로지 자신 속에서만 성립할 뿐이라고 여겨 타인들과의 상징적인 관계를 벗어나 버렸고, 마침내 그의 의식은 하부의 무의식적인 세계에 갇혀 헛돌고, 그에 따라 그의 언어활동이 정상적인 궤도를 이탈한 것이다.

잘 알려져 있다시피, 비트겐슈타인은 혼자만의 이른바 사적인 언어는 불가능하다는 것을 입증했다. 그는 "우리는 '사적 언어'를 다른 사람은 아무도 이해하지 못하지만 나는 '이해하는 듯 보이는' 소리라고 부를 수 있을 것이다."라고 말한다.[22] 그리고 그는 "만일 사람들이 자기의 고통을 표출하지 않는다면(신음하지 않는다면, 얼굴을 찌푸리지 않는다면, 등등) 어찌 될까? 그러면 우리는 어린아이에게 '치통'이라는 낱말의 사용을 가르칠 수 없을 것이다. ―자, 그 어린아이가 천재이고 스스로 그 감각에 대한 이름을 발명한다고 가정해보자. ―(…) 우리가 어떤 사람이 고통에 이름을 준다고 이야기할 때, 여기서 그 준비된 것은 '고통'이라는 낱말의 문법이다; 그것은 그 새로운 낱말이 놓일 자리를 지적한다."라고 비트겐슈타인은 말한다.[23] 비트겐슈타인의 이 언명에

---

22   L. Wittgenstein, 『철학적 탐구』, 이영철 옮김, 서광사, 1994. §269. 146쪽.

23   같은 책, §257. 143쪽. (강조는 인용자가)

서 우리는 "새로운 낱말이 놓일 자리"라는 말에 주목한다.

하나의 낱말은, 예컨대 '고통'이란 낱말은 그것이 사용될 수 있는 자리 즉 장소가 어떻게든 정해져 있다는 것이다. 이를 원용해서 우리는 '낱말의 장소'라는 말을 조성할 수 있고, 이를 확장해서 언어의 장소라고 말할 수 있다. 그 '장소'는 과연 어디일까?

비트겐슈타인은 "다른 것들이 함께 움직이지 않는데도 돌릴 수 있는 바퀴는 기계에 속하지 않는다."라고[24] 말한다. 비트겐슈타인의 이 말에 따르면, 하나의 낱말이 작동하는 것은 기계 속에 하나의 부품이 작동하는 것과 같다. 이에 우리는 언어 기계라는 말을 사용하게 된다. 하나의 기계 부품이 작동하는 장소는 정확한 경계는 없지만, 그것이 전체 기계 내의 어느 한 지점임은 분명하다. 이 지점은 어떤 성격을 갖는가? 다른 부품들이 함께 움직이지 않는데 특정 부품만 돈다면 그 부품은 헛도는 것이고, 또 그 기계는 고장 난 것이다. 결국, 하나의 낱말이 작동하는 장소는 다른 낱말들과 무사히 연동하는 관계로서의 장소다. 그리고 그 장소를 벗어난 언어 기계는 고장 난 상태다. 이제 낱말들이 무사히 연동하는 관계를 언어 관계라고 해보자.

언어 관계는 질서를 따른다. 하지만 그 언어 관계의 질서가 언어 자체만의 영역에서 성립되는 것은 아니다. 언어가 쓰이는 생활과 연결되어 성립한다. 생활에는 사물들 사이의 관계 즉 사물 관계도 있을 것이고, 행동들 사이에서 성립하는 행동 관계도 있을 것이고, 사건들 사이에서 성립하는 사건 관계도 있을 것이다. 그 관계마다 나름의 질서가 있을 것이다. 하지만, 이들 각각의 질서는 따로 성립하지 않는다. 이 각각의 질서는 결국 다른 질서들과 관련해 복합성을 띤다. 이를 잘 나

---

24   같은 책, §271. 147쪽.

타내는 개념이 비트겐슈타인의 "생활 형태"라는 개념이다. 그는 "언어
를 말한다는 것은 어떤 활동의 일부, 또는 생활 형태의 일부다."[25]라고
말한다.

  전체를 요약해서 말하면, 어떤 낱말의 장소는 그것이 다른 낱말들과
맺는 관계에 따라 성립한다. 예를 들어, '이빨'이라는 낱말은 다른 낱말
들과 맺는 관계에 따라 그것이 작동하는 장소가 어느 정도 정해진다.
"이빨이 아프다."라고 말한다면, '이빨'이라는 낱말은 '아프다'라는 낱
말이 쓰이는 장소를 부분적으로 공유하면서 무사히 작동한다. 이 '이
빨'이라는 낱말은 '빼다'라는 낱말과 연결되고 서로의 장소를 부분적으
로 공유함으로써 치과의사가 "이빨을 뺄 수밖에 없겠습니다."라고 말
할 수 있게 된다. '이빨'과 '아프다'와 '빼다'는 그것들이 쓰이는 장소를
부분적으로 공유하면서 무사히 작동한다. 그런데 '아프다'는 '허리'와
연결되어 "허리가 아프다."라는 문장을 통해 서로의 장소를 부분적으
로 공유한다. 그렇다면, '이빨'과 '허리'는 '아프다'를 매개로 더 큰 장소
를 공유하는 셈이다. 한편 '허리'를 매개로 '아프다'와 '굽히다' 또는 '세
우다' 등이 더 큰 장소를 부분적으로 공유한다. 이처럼 언어의 장소들
은 이미 늘 상호 매개적인 방식으로 작동한다. 언어의 장소가 갖는 이
상호 매개적인 성격은 언어 기계를 구성하는 각각의 부품들이 상호 매
개적으로 작동한다는 것을 나타낸다.

  사람들 사이에서 언어활동이 순조롭게 이뤄지려면, 서로 주고받는
언어가 부분적으로 장소를 공유하면서 전체적으로 보아 비록 경계가
불분명하긴 하지만 언어의 공동 장소를 형성하고 그 속에 존재해야 한
다. 언어 기계에 견주어서 말하자면, 서로 주고받는 언어의 부품들이

---

25   같은 책, §23. 31~2쪽.

맞물려 만드는 언어 기계가 비록 마찰에 따라 조금씩 소음이 일어나더라도 무사히 작동해야 한다. 그리고 그때그때 작동하는 언어 기계들이 이미 늘 잘 돌아가게끔 되어 있는 큰 언어 기계에 구조적으로 속해 있어야 한다.

  언어 기계가 고장 난 경우는 어떤 경우일까? 비트겐슈타인이 제시해 아주 유명해진 문장인 "장미는 이빨이 없다."라는 문장이 있다. 누군가 이 말을 하면, 그때 언어는 갑자기 마치 기계가 고장 나 헛도는 것처럼 헛돌게 된다. 인간 언어의 관습에 따르면 '장미'라는 낱말이 작동하는 장소와 '이빨'이라는 낱말이 작동하는 장소는 일정하게 정해져 있다. 그런데 이 두 장소는 함께 공유하는 장소를 갖지 못한다. 그런데 두 장소를 억지로 결합하게 되면 이 문장처럼 언어 기계가 헛돌게 된다. '장미'라는 낱말의 톱니바퀴의 원주 피치[26]와 '이빨'이라는 말의 톱니바퀴의 원주 피치가 맞지 않아 두 톱니바퀴가 맞물릴 수 없고 억지로 끼어 맞추면 탈구되기 때문이다. 말하자면, '장미'와 '이빨'은 하나의 언어 기계를 형성할 수 없고 굳이 결합해 놓으면 고장 나버린 기계 아닌 기계가 되기 때문이다. 이처럼 탈구된 언어 관계에 대해 비트겐슈타인은 "언어가 휴가 갔다."라고[27] 멋지게 표현한다.

  언어도 때로 휴식이 필요한 것일까? 언어가 휴가 간 휴양처는 과연 어디일까? 만약 그런 장소가 있다면, 그곳은 이른바 언어 바깥의 장소 즉 언어의 예외적인 장소다. 언어의 예외적인 장소에서는 고장 난 언어 기계가 엉뚱한 방식으로 '무사히' 작동할 것이다. 말하자면, 거기서는

---

26 톱니바퀴의 하나의 톱니 시작점에서 다음의 톱니 시작점에 이르는 원주의 길이.
27 같은 책, §38. 42쪽. "언어가 휴가 갔을 때, 철학적 문제가 발생한다."

"장미는 이빨이 없다."라는 문장이 독특한 하나의 언어 기계가 된다. 즉, 각각의 낱말이 언어 관계의 장소를 공유하지 않고서는 원활히 작동하지 못한다는 것을 일러주는 예외적인 언어 기계의 기능을 발휘한다. 지하철의 저 남자의 언어 아닌 언어가 그의 체험의 극단적인 질곡과 거기에서 헤어나기 위한 그 자신만의 방책을 보여주는 기능을 하듯이.

5. 아감벤, 언어의 탈(脫)-장소

그런데 여기에서 우리는 기묘한 생각을 하게 된다. 그것은 예외의 장소인 바깥에서 고장 난 언어가 소음을 일으키면서 돌아가는 덕분에, 지금 여기 우리의 언어 장소에서 우리의 언어 기계가 무사히 정상적으로 돌아가는 것이 아닐까? 달리 말하면, 우리가 쓰는 정상적인 언어 기계 역시 언제든지 어느 부분에서 고장 날 수 있고, 오히려 그렇기에 지금 무사히 정상적으로 돌아가고 있는 것은 아닐까? 맥락을 약간 비켜나 말하면, 흔히 예사로 크게 문제없이 통용된다고 여기는 "예외 없는 규칙은 없다."라는 말에 "예외 없이는 그 어떤 규칙도 작동할 수 없다."라고 말이 함께 작동하는 것 아닌가, 하는 기묘한 생각을 하게 된다.

　우리는 언어가 '휴가를 가버린 그곳'을 좀처럼 방문하지 않는다. 찾아가기도 쉽지 않거니와 거기는 불가능이 지배하는 곳이고, 극심한 현기증으로 쓰러져 버릴지도 모르는 불안과 공포가 도사리고 있는 곳이기 때문이다. 말하자면, 그곳은 그림자의 문을 열고 그 뒤로 들어간 것과 같은 다른 장소 즉 장소 아닌 장소이기 때문이다. 하지만, 여기 우리의 일상적인 장소인 지하철의 상황에 장소를 잃어버린 언어, 즉 언어 아닌 언어로 무장하고서 저 남자가 난입할 수 있듯이, 우리가 사는 여기 이 멀쩡한 언어의 장소 어딘가에서 고장 난 언어의 기계가 소음을 일으킬 수 있다. 이를 방금 앞서 제시한 기묘한 생각을 한 걸음 더 밀고 나가면 어떻게 되는가? 여기 우리의 정규적인 언어의 장소 어딘가에 예외적인 언어의 장소가 있고, 또 거기에서 고장 난 채로 작동하면서 소음을 일으키는 언어 기계가 있기에, 오히려 여기 우리의 언어의 장소가 정규적으로 마련되고 거기에서 정상적인 언어 기계가 무사히 작동한다고 말하게 된다. 이 언어의 예외적인 장소, 즉 장소를 벗어난 언어의 장소를 우리 나름으로 언어의 탈-장소라 일컫고자 한다.

이에 관해 규칙과 예외에 관한 아감벤의 생각을 끌어들여 이해를 도울 수 있다. 아감벤은 규칙이란 예외에서 벗어남으로써 예외에 적용될 수 있다고 말한다. 그래서 예외 상태란 질서 이전의 혼돈이 아니라 단지 질서가 정지되는 데서 생겨나는 상황이라 말한다.[28] 여기까지는 비트겐슈타인이 말한 "고장 난 언어 기계" 또는 "휴가 간 언어"와 상통한다. 그런데 아감벤은 여기에서 한 걸음 더 나간다. 그는 예외 상태를 예외 관계에 따른 것으로 본다. 그리고 어떤 것이 다른 무언가를 배제함으로써 그 다른 무언가를 포함하는 극단적인 경우를 일컬어 예외 관계라고 한다.[29] 이 예외 관계에서 배제하는 계기와 포함하는 계기가 성립하는 수준은 물론 다를 것이다. 어쨌든, 배제하면서 포함한다는 역설이 작동하는 경우를 포착해 이를 "예외 관계"라고 부른다. 여기에서 규칙이 예외를 포함한다는 말을 더 밀고 나가면, 저 앞에서 우리가 말한 "예외 없이는 그 어떤 규칙도 작동할 수 없다."라는 것으로 된다.

---

28   G. Agamben, 『호모 사케르(*Homo Sacer*)』, 박진우 옮김, 새물결, 2008, 60쪽 참조.

29   같은 책, 61쪽 참조.

비록 이해하기 어렵긴 하지만, 그는 예외 관계를 주권의 성립에 적용한다. 그는 저 유명한 개념 "호모 사케르(homo sacer)"를 주조해 제시했다. 호모 사케르는 왕이나 국가와 같은 주권자에 의해 쫓겨나 배제됨으로써 포함된다. 그리고 호모 사케르가 없이는 주권이 성립할 수 없다는 것이 그의 주장이다.[30] 그러니까 주권자와 호모 사케르의 관계는 예외 관계다.

그런데 아감벤은 이러한 예외 관계를 언어에서도 찾는다. 그는 "내부성이 외부에 있듯이 외부성이 내부에 있는 완전한 요소가 바로 언어다."라는 헤겔의 언명을 원용한다. 그러면서 그는 언어를 영원한 예외 상태에 있는 것으로 본다. 이는 언어가 자신을 배제함으로써 자신 너머에 존재하는 주권자라는 그의 주장으로 새롭게 언명된다.[31] 내부와 외부가 서로 배타적이면서 서로 의존하는 관계에 있음으로써 정상적인 언어로 작동할 수 있다는 것이다. 여기에서 우리로서는 언어의 내부를 언어의 장소로, 언어의 자신 너머의 외부를 언어의 탈-장소로 읽고자 한다. 그러니까 언어의 탈-장소가 없이는 언어의 장소가 성립할 수 없고, 오히려 이 예외적인 탈-장소를 통해 언어가 자신의 장소에서 주권자로서 힘을 발휘한다.

말하자면, 바깥의 탈-장소에서 말을 하는 지하철에서의 저 남자가 없이는, 안의 장소에서 말을 하는 우리가 저 남자에 대해 언어적인 주권을 지닐 수도 발휘할 수도 없다. 그래서 우리는 저 남자를 우리로부터 배제할 수 없다. 우리는 저 남자를 배제하면서 동시에 나와 마찬가지로 저 남자가 우리에 포함된다고 여길 수밖에 없다. 그래서 저 남자

---

30   같은 책, 173~181쪽 참조.
31   같은 책, 65~6쪽 참조.

와 우리는 같이 지하철을 타고 가는 것이다.

6. 푸코, 언어의 괴물성

지하철의 저 남자의 말을 녹음해 천천히 하나하나 분석해보니, "이빨이 없는 장미를 내 똥구멍에 때리려면 하늘을 애써 순간에서 숨 쉬는 무거운 원래대로 무슨 소리를 내려치는 대가리의 신적인 경향을 옷을 벗는 공기"라는 식으로 표기가 되었다고 해보자. 탈-장소에서 고장 난 채 돌아가는 언어 기계의 소음이라고 해서 완전히 무시할 수 없음을 확인하게 될 것이다. 여기에서 우리는 또다시 예외 상태가 질서 이전의 혼돈이 아니라 그저 질서의 정지에서 비롯된 상황일 뿐이라는 아감벤의 언명을 되새기게 된다. 그러면서, 질서가 정지된 예외 상태에서 발설되는 언어가 오히려 주권적인 신성을 갖춘 것 아닐까, 하는 생각을 하게 된다. 알고 보면, 고장 난 언어 기계가 돌아가면서 내는 소리는 그야말로 혼돈된 소음이 아니라, 정상적으로 돌아가는 언어 기계에 습관화된 질서가 아닐 뿐 그 나름 신성하다고 할 수밖에 없는 어떤 질서를 지닌 소리인 셈이다.

푸코는 언어에 관한 이러한 우리의 뒤숭숭한 생각을 달리 부추긴다. 푸코는 비트겐슈타인이 제시한 "장미는 이빨이 없다."라는 문장처럼 언어들이 서로 어긋나면서 만남으로써 생겨나는 언어적인 불능의 사태를 "괴물성(monstruosité)"이라 한다. 그가 말하는 괴물성은 언어적인 불능의 사태뿐만 아니라 사물들 사이에서 이루어지는 불능의 사태를 지칭한다. 푸코는 괴물성의 사태는 만남을 위한 공통의 공간 자체가 파괴된 채 드러나는 데서 성립한다고 말한다. 그러면서 그럴 때, 사물들 사이의 인접이 불가능한 것이 아니라, 사물들이 인접할 수 있는 장소 자체가 불가능한 것이라고 말한다.[32] 그리고 실어증을 실소증(失所症, atopie) 즉 장소를 잃어버린 증세와 마찬가지로 취급하면서 이 증세들이 장소와 이름 간의 공통 영역(le commun)을 잃어버렸음을 나타낸다고 말한다.[33]

이 대목에서 우리는 푸코가 말하는 "언어들이 만나는 공통의 공간", "사물들이 인접할 수 있는 장소", "장소와 이름 간의 공통 영역" 등과 같은 언어의 장소에 대한 표현들에 관심을 두게 된다.

그런데 푸코는 언어적인 "괴물성"을 "언어들이 만나는 공통의 공간 자체의 파괴"라고 말한다. 우리는 저 앞에서 낱말들이 서로 맞물려 무사히 돌아가는 언어 기계를 형성하고 거기에서 부품으로 기능하려면, 낱말들이 서로의 장소를 부분적으로 공유하고 그럼으로써 공동의 장소를 형성하고 동시에 그 속에 존재해야 한다고 했다. 그렇다면, 함께 공유하는 공동의 장소가 파괴된 상태에서 낱말들이 발설되면, 그것들에서 언어의 괴물성이 발휘되는 셈이다.

괴물과 인간은 서로 소통할 수 없다. 인간과 좀비는 공존할 수는 있을지라도 소통할 수는 없다. 공동의 장소가 없기 때문이다. 그런데 왜 그리스인들뿐만 아니라 고대인들은 괴물에 관한 이야기들을 즐겨 했고, 또 현대인들은 좀비에 관한 동영상들을 만들어 즐길까? 괴물 또는 좀비가 인간과 묘한 방식이겠지만 어떻게든 장소를 공유하기 때문이다. 우리 인간으로서는 그들과 공유하는 장소를 불안해하고 무서워한다. 그래서 우리는 그곳이 장소가 아니라고 생각한다. 인간 쪽에서 보

32 Foucault, M., *Les mots et les choses, une archéologie des sciences humaines*, Gallimard, 1966, p. 8 참조.

33 Ibid., p. 10 참조.

자면, 괴물의 장소는 탈-장소다. 그런데, 아감벤의 생각을 원용해서 말하면, 괴물이나 좀비가 없이는 정상적인 인간이 존재하지 못한다.

　지하철의 저 남자는 한편으로 괴물이었다. 그 고장 난 기계인 괴물은 언어의 탈-장소를 한껏 드러냄으로써 언어의 장소를 위협하고 더럽히고 파괴한다. 그런데도 우리 인간들은 괴물을 잊지 못하고 두려워하면서도 신성시한다. 멀리 쫓아내면서도 가까이 불러들이려 한다. 괴물을 담아 표현하는 신화와 영화는 괴물을 불러들이는 언어적인 장소다. 이때 신화와 영화는 언어의 장소에 언어의 탈-장소를 불러들인다. 그리하여 언어의 장소에 여러 구멍을 내고, 그 다공(多孔) 상태에서 벌어지는 이질적인 접합과 탈구를 노출한다. 신성과 악마성은 서로 이질적이면서 기가 막히게 들어맞아 괴물의 기계를 만든다. 언어의 장소에 서서 그 바깥에서 보자면 언어의 탈-장소는 헛도는 고장 난 기계지만, 언어의 탈-장소에 들어가서 보면 오히려 현기증을 일으킬 정도로 어긋남으로써 매혹적으로 쿵쾅대는 기계다.

　19세기 중반에 시인 로트레아몽은 "수술대 위에서 재봉틀과 우산을 결합하라."라는 시작(詩作) 원칙을 제시했다. 그 뒤 이 원칙은 초현실주의 그룹에서 격언처럼 유행했다. 이 원칙은 탈-장소의 다공 상태에서 이루어지는 이질적 접합과 탈구를 역용한 것이라 할 수 있다. 이는 예를 들어, 이상 김해경이 쓴 시에서 예사로 나타난다. "직선은원을살해하였는가"는 〈이상한 가역반응〉의 한 구절이고, "굴곡한직선 / 그것은백금과반사계수가상호동등하다" 역시 그가 쓴 시 〈▽의 유희〉 중 한 구절이다.[34] 이 시들은 김해경이 괴물이 사는 언어의 탈-장소를 드나들지 않고서는 쓸 수 없다. 추정컨대, 시인 이상은 1920년대 당시 '동

34　이상, 『이상 전집2 – 시·수필·서간』, 김종년 엮음, 가람기획, 2004, 13쪽과 19쪽.

경 다다'를 거친 아방가르드의 흐름을 창조적으로 활용했을 것이다. 스위스 취리히에서 처음으로 다다이즘 운동을 일으킨 후고 발이 '소음시'(騷音詩)를 읊은 것은 유명하다.

언어의 괴물성과 탈-장소가 전격적으로 등장한 것은 이같이 20세기 초의 다다이즘과 초현실주의에 따른 것이다. 하지만, 그 원천으로 보자면, 고대에서 중세로 이어지는 언어에 관한 신성함 또는 악마성에 있다고 할 것이다.

이에 관해서는 푸코가 확인해준다. 그는 "16세기의 현실 언어는 불투명하고 신비하고 그 스스로에 닫혀 있는 것이고, 파편화되어 있으면서도 매 순간 수수께끼로 가득 찬 덩어리다."라고[35] 말하고, "19세기를 죽 거치면서 아직 우리에까지 이르는 동안, —횔덜린에서 말라르메를 거쳐 앙토냉 아르토에 이르기까지—문학이 그 자율성 속에서 현존했고 다른 모든 언어로부터 깊이 단절되었는데, 이는 오로지 일종의 '반(反)-담론'(contre-discours)을 형성함으로써, 그래서 언어가 갖는 표상적이거나 의미 부여의 기능에서부터 16세기 이후 망각했던 그 야생의 존재(être brut)에로 다시 올라감으로써만 가능한 것이다."라고[36] 말한다.

여기에서 푸코가 말하는 "반-담론"은 우리가 말하는 언어의 탈-장소와 직결된다. 그리고 그가 지적한 16세기 이후 생겨난 "표상적이거나 의미부여의 기능"을 중심으로 한 언어는 정규적인 언어의 장소와 연결된다. 그런데 우리는 왜 언어의 정상적인 장소보다 언어의 탈-장소에 더 매력을 느끼는 것일까? 왜 우리는 "불투명하고 신비한 수수께

35 Foucault, M.(1966), *Les mots et les choses, une archéologie des sciences humaines*, pp. 49~50.

36 Ibid., pp. 58~9.

끼로 가득 찬 덩어리인 언어"와 그것의 "야생적 존재"에 오히려 충동적
으로 더 끌리고 집착하는 것일까? 왜 우리는 고장 난 언어 기계에서 발
설되는 언어에 끌리는 것일까?

이에 관해서는 19세기에서 20세기 초에 이르는 기술 중심의 자본주
의 세계와 그에 따른 파시즘의 발흥을 고려해 생각할 수밖에 없다. 들
뢰즈·가타리가 언어는 삶에 명령을 내린다고 했다.[37] 특히 자본주의가
극단화된 사회에서 정상적이라 여겨지는 언어의 장소에서는 알게 모
르게 명령법에 치중한 언어들이 난무한다. 즉, 그곳에서는 자본 축적
과 이를 위한 기술의 발달 그리고 이에 기초한 권력체로서의 사회에
복무할 것을 요구하는 언어들이 지배한다. 이러한 명령의 언어가 지닌
섬뜩함을 몸소 체험하고 거기에서 벗어나야 한다고 각성한 사람들은
정규적인 언어의 장소에서 하달되는 명령법의 언어를 파괴해야 한다
는 생각을 하지 않을 수 없고, 이에 언어의 탈-장소를 모색하지 않을
수 없었다. 말하자면 그들은 '죽이는 죽은 언어'에서 벗어나 '살리는 살
아 있는 야생의 언어'를 추구하지 않을 수 없었다.

그런 탈-장소에서의 언어는 어떤 모습일까? 이 질문에 답하기 위해
우리는 푸코가 보고하는 다음의 말을 참고할 수 있을 것이다. "19세기
에서부터 문학은 언어를 언어의 존재 속에서 다시 드러내기 시작했다.
(⋯) 이제 언어는 출발점도, 종착점도, 약속도 없이 증식될 것이다. 문
학 텍스트가 나날이 추적하는 것은 이 공허하나 근본적인 [언어의] 공
간을 향한 도정(道程)들이다."[38] 여기에서 "공허하다"라는 것은 비트겐
슈타인이 본 고장 난 언어 기계, 즉 "휴가 간 언어", 그래서 "넌센스한

---

37 G. Deleuze, F. Guattari, 『천개의 고원』, 김재인 옮김, 새물결, 2001, 149쪽 참조.
38 Foucault, M.(1966), *Les mots et les choses, une archéologie des sciences humaines*, p. 59.

언어"라고 한 것과 직결된다. 하지만 푸코의 보고에 의하면, 바로 이
넌센스한 언어 세계야말로 근본적인 것이고, 문학이 바로 그러한 언어
세계를 향해 나아가는 것이다.

　푸코가 중시한 언어의 세계는 바로 탈-장소에서의 언어이고, 이 언
어를 바탕으로 이루어지는 언어활동이 문학이다. 이와 달리, 정상적인
장소에서의 언어에 해당하는 대표적인 것으로 과학기술적인 언어를
들 수 있다. 그래서 푸코는 문학의 언어가 과학의 언어와 대립한다고
보고, 이를 파편성과 체계성의 대립으로 그 특징을 잡아 다음과 같이
제시한다. "언어의 경험은 낱말의 수수께끼가 그 덩어리로서의 존재를
드러내게 되었을 때 비의적(秘儀的)이었다가 문학적으로 되었다. 그것은
낱말들을 깨뜨렸을 때 거기에서 발견하는 것이 소음들이거나 자의적
인 순수한 요소들이 아니라, 그 나름 가루가 된 다른 낱말들을 해방하
는 또 다른 낱말들이라는 생각이다. 이 생각은 근대의 모든 체계 언어
의 과학들에 대해서는 부정적이다. 하지만 그와 동시에 이 생각은 가
장 모호하면서도 가장 실재적인 언어의 권능들을 우리에게 말해주는
신화이기도 하다."[39]

　"가장 모호하면서도 가장 실재적인 언어의 권능들"에 관해 과연 우
리는 최소한 염두에 두기라도 하는가? 만약 이를 망각해 버렸다면 다
른 한편으로 저 깊숙한 곳에서 언어와 떼려야 뗄 수 없이 연결된 우리
의 존재를 망각한 것이다. 그런 까닭에 21세기를 사는 우리가 이미 늘
공허한 것이 아닐까. 디지털 SNS 기술이 지배력을 발휘하는 오늘날의
언어 상황은 어떤가? 모든 표상적이고 의미 부여적인 일상의 언어활동
이 빅 데이터의 무한한 포섭력에 의해 지배된다. 그럼으로써 우리가

39　Ibid., p. 119.

사용하면서 가치 있다고 여겨지는 모든 언어활동은 자본주의적인 명령 수단으로 정확하게 전환된다. 빅 데이터는 그 자체 기계적인 디지털 부호의 무한 결합과 증식일 뿐이다. 전혀 고장 날 염려 없이 정확하게 굴러가는 언어 기계가 현대인을 장악한 것이다. 그러고 보면, 21세기의 우리는 고대의 신적-계시적 언어와 19세기에서 20세기 초에 이르는 탈-장소의 언어 세계를 거의 완전히 망각한 셈이다. 100년 전쯤의 파시즘이 노골적으로 명령을 내렸다면, 이제 빅 데이터는 아예 우리의 언어 세포 하나하나에 파고들어 마치 생명 본능적인 방식으로 명령을 내리고 있다. 왜 우리의 삶이 공허한가? 빅 데이터의 기계적 언어 덩어리가 거대한 주체로서 우리를 끊임없이 몰아가고 있기 때문이다. 푸코는 그의 불세출의 저작인『말과 사물』의 맨 마지막 문장에서 다음과 같은 예언을 했다. "[만약 19세기의 창안물인 인간을 위한] 배치들이 흔들려 무너진다면, 그때 우리는 인간이, 마치 해변에 모래로 새긴 얼굴처럼, 지워질 것이라 장담할 수 있을 것이다."[40] 과연 인간은 역사에서 지워지고 있다. '포스트 휴먼'의 담론이 성행하는 것에서도 이를 확인할 수 있다.

이 대목에서 우리는 푸코가 말한 "다른 장소"에 대한 인식을 되새겨 그 이중적인 함의를 드러낼 필요가 있다. 푸코는『말과 사물』을 출간한 해에,『다른 장소들에 따른 유토피아적인 몸(*Le corps utopique suivi de Les hétérotopies*)』이라는 소책자를 발간했다. 이 책에서 그는 "다른 장소(hétérotopie)"를 제시한다. 이 다른 장소 즉 헤테로토피아는 모든 장소의 바깥에 있는 것이고 다른 모든 장소에 대한 이의제기다.[41] 다른

---

40   Ibid., p. 398.

41   Ibid., p. 24 참조.

장소는 각 문명과 문화에 따라 그 양상을 달리한다. 그 원형은 고대에서 성행했던 금기의 성역이다. 그것이 시대를 거치면서, 묘지, 매음굴, 배, 식민지, 감옥, 군대, 정신병원, 요양원, 양로원, 도서관, 박물관, 일시적인 장터, 휴양촌, 목욕탕, 모텔 등으로 변형되어 나타난다. 그런데 이 다른 장소는 어떤 열림과 닫힘의 체계를 전제로 해서 성립한다. 이 체계는 다른 장소를 고립시키면서 그곳으로 침투하는 것을 가능케 한다.[42]

푸코는 다른 장소가 실제로 위치를 한정할 수 있지만 모든 장소의 바깥에 있는 장소로 보고, 여느 장소들에서 이루어지는 온갖 배치들과 절대적으로 다르다고 말하면서, 유토피아에 맞서 굳이 다른 장소(hété-rotopie)라 부른다.[43] 그러면서 그는 이 다른 장소를 거울과 비견함으로써 우리의 이해를 돕고자 한다. 그는 거울이 다른 장소처럼 작동한다고 말한다. 그리고 그 이유를, 내가 거울 안의 나를 바라보는 순간 내가 차지하고 있는 거울 바깥의 자리가 절대적으로 현실적인 동시에 절대적으로 비현실적인 것으로 만들기 때문이라고 말한다.[44] 우리가 살아가는 현실의 삶을 현실적인 장소성과 비현실적인 장소성이 절대적으로 겹치는 것임을 '다른 장소'가 일러준다고 말하고 있다.

탈-장소에서의 언어는 우리를 '다른 장소'로 데려갈 것이다. 또 거꾸로 '다른 장소'들을 드나들면서 우리는 언어의 탈-장소성을 체험하게 될 것이다.

---

42 Ibid., p. 55 참조.

43 Ibid., p. 47 참조.

44 Ibid., p. 48 참조.

7. 소통과 반(反)-소통

소통은 인간을 인간이게끔 하는 근본 조건이다. 각자의 존재는 소통에 따른 의식적·무의식적 흔적의 총체이다. 소통의 불가능은 정신에 갇혀 버린 정신병적인 수인을 만들어낸다. 소통이 이루어지는 장소는 언어 교환의 공통 영역이다. 자신의 자아가 오로지 자기 속에만 있다고 여기는 자에게는 장소가 없다. 자아는 타인들과의 관계 속에 잠재해 있을 뿐만 아니라, 타인들과의 다양한 관계를 통해 실현된다. 장소는 타인들과 소통하는 데서 성립할 뿐만 아니라, 그렇기에 장소는 자아를 만들어내는 역량을 갖춘 것이다.

하지만, 소통의 장소인 언어를 잃어버린 자가 없이는 소통의 장소인 언어는 제대로 주권적인 힘을 발휘할 수 없다. 탈-장소에서의 언어가 없이는 장소로서의 언어가 제대로 작동할 수 없다. 그래서 소통에는 항상 반(反)-소통인 불통이 함께 기거하는 것이다. 반-소통은 탈-장소에서의 언어가 기형적으로 표현된 표면 효과다.

장소라고 해서 무조건 친숙하고 편안하고 고르지 않다. 다른 한편으로, 장소는 불안과 불편함과 거침을 예사로 불러 모은다. 이때 탈-장소를 향한 틈이 열리고, 고장 난 언어 기계가 작동함으로써 우리의 다른 존재를 불러올려 느끼게끔 한다. 알고 보면, 장소는 늘 찢어져 구멍이 숭숭 나 있고, 그 속에서 만들어지는 우리의 존재도 그러하다. 언어 역시 그러하다.

7

일본의 만주, 독도 "장소화" 기도에 보이는 권력과 윤리

1. 정치, 외교 대신 교육

일본의 다케시마(독도의 일본식 표기) 영유권 주장은 어제오늘의 일이 아니다. 이런 움직임은 시마네현 의회가 2005년 3월 '다케시마의 날' 조례를 제정한 이래 더욱 가속화하고 있다. 같은 해 6월 발족한 시마네현 다케시마문제연구회는 2020년 제4기 연구회가 활동을 마칠 때까지 다케시마 영유권 주장을 학문적으로 뒷받침하는 데 주력해왔다. 2007년 개설된 Web다케시마문제연구소는 다케시마연구회의 연구 성과, 최신의 연구 정보, 시마네현의 주장 등을 국내외에 널리 알리는 역할을 해왔다.

한편 일본 정부도 다케시마 영유권 주장이 국내외에 확산될 수 있도록 힘을 쏟고 있다. 그 중심에는 내각관방 영토·주권 대책 기획조정실, 외무성, 문부과학성 등이 있다. 특히 문부과학성은 다케시마 영유권 주장이 학생들에게 잘 침투할 수 있도록 교육의 내용과 방향을 지도하

고 있다. 문부과학성은 2017년 3월 다케시마를 '일본의 고유 영토'로
명시한 초·중학교 사회과 학습지도요령을 고시했고, 2018년에는 동일
한 취지의 고등학교 학습지도요령을 고시했다.

공간과 장소라는 개념[1] 틀에서 바라볼 때, 일본 정부와 시마네현이
독도 문제에 접근하는 방식은 독도 장소화 기도로 이해할 수 있다. 권
력의 맥락에서 독도에 역사와 정체성을 부여하여 다케시마로 탈바꿈
시키려는 것이다. 독도가 한국의 고유 영토라는 점에서 일본의 독도
장소화 기도는 상상의 영역에서 벌어지는 관념적 행위에 지나지 않는
다고 하겠다. 그러나 그런 기도는 현재 적지 않은 성과를 거둔 것으로
보인다. 일본 정부의 내각부가 실시한 여론 조사에 따르면, 다케시마
를 일본의 고유 영토라고 대답한 비율이 2013년에는 60.7%이던 것이
2019년에는 77.7%로 대폭 늘어났다.

일본이 '다케시마 고유 영토론'을 주장하는 과정에서 내세우는 핵심
적 근거는 1905년 '시마네현 고시 제40호'를 통한 독도의 시마네현으
로의 강제적 편입이 아닐까 한다. 일본은 그것이 의미하는 바가 '고유
영토의 재확인'이든 혹은 '무주지의 선점'이든 간에, 국제법적 절차에
따라 합법적으로 이루어졌다고 주장한다. 따라서 한국의 독도 지배는
불법점거라는 것이다.

그러나 근대의 국제법 자체가 제국주의적 국제 질서로부터 자유로
울 수 없다는 점, 일본의 다케시마 지배 또한 제국주의 시대의 40여 년
동안에 불과하다는 점에 주의해야 하는 것은 아닐까? 더구나 독도 장
소화를 주도하는 일본의 우익 세력은 독도 문제에 접근하는 방식에서,

---

1   T. Cresswell, 『장소』, 심승희 옮김, 시그마프레스, 2012, 8~11, 15, 19, 21, 64,
158쪽. E. Relp, 『장소와 장소상실』, 김덕현, 김현주, 심승희 옮김, 논형, 2005년,
138~141쪽.

자신들의 역사 인식과는 동떨어진 모순된 태도를 드러내고 있다.

일본의 우익 세력은 현재의 선악 윤리관에 기초해 근대 일본을 재단하고 '악'으로 규정하지 말 것을 요구한다. 근대는 근대, 현대는 현대라는 인식 즉 근대는 그 시대 특유의 선악 윤리관이 통용되던 사회였고 일본 또한 그런 세계적인 조류에 따랐을 뿐이니 두 시대를 엮지 말라는 것이다. 반면 독도 문제에 접근할 때는 이렇게 근대와 현대를 분리해서 바라보고 평가하는 자신들의 역사 인식과는 다른 논리를 전개한다. 즉 독도를 침탈한 근대 일본 제국주의에 대한 비판을 배제한 채, 독도를 다케시마로 영토 편입한 사실만을 따로 떼어내 그 정당성을 주장하는 것이다. 이것은 근대 일본의 제국주의적 성과만을 무비판적으로 현재의 일본 역사 영역 안으로 끌어들이려는 것으로, 우익 자신의 역사 인식과 배치되는 이율배반적 태도라 하겠다.

이상과 같은 모순적 태도에도 불구하고, 현재 일본의 국가권력은 중앙과 지방 할 것 없이, 우익 세력과 함께 다케시마 고유 영토론을 홍보하고 교육하는 데 열을 올리고 있다. 특히 국가권력은 현실의 정치, 외교에서도 해결하지 못하는 독도 문제를 무리하게 교육 현장으로 끌고 들어와 학생들에게 다케시마 고유 영토론을 일방적으로 주입시키고 있다. 이것은 교육의 중립성을 훼손하는 정당하지 못한 일이라 하지 않을 수 없다.

이상과 같은 상황을 염두에 두면서 이 글에서는 일본이 근대에 경험한 유사한 사례로서 만주 장소화 기도에 보이는 권력의 작용과 윤리적 문제를 살펴보고, 이를 토대로 다케시마 장소화 기도 문제에 대해 살펴보고자 한다.

2. 만주 장소화 기도와 권력, 윤리

2.1 "만주는 특수 권익" ─ 일본의 가치 전도

일본의 만주 지배가 실질적으로 실현된 것은 러일전쟁(1904-1905)을 통해서였다. 일본은 1905년 9월 포츠머스강화조약을 체결하고 랴오둥 반도에 대한 조차권을 획득했다. 그 후 제1차 세계대전(1914-1918)이 발발하자 중국을 압박해 1915년 5월 대중국 21개조 요구를 관철시켰다. 이를 통해 남만주와 동부 내몽골에 대한 배타적 권익을 대폭 확대했다. 1931년 9월에는 만주사변을 일으켜 만주의 대부분을 점령하고 다음해 3월 만주국을 성립시켰다. 이어서 1932년 9월 일만의정서를 교환하고 만주국을 승인함으로써 만주 지역에 대한 지배권을 확립했다. 그러나 국제사회는 일본의 만주 지배를 인정하지 않았다. 1933년 2월 국제연맹은 만주에 대한 중국의 주권을 확인했다. 그리고 만주에서의 자치 정부의 수립과 일본군의 철수를 권고했다. 이에 반발한 일본은 3월 국제연맹을 탈퇴하고 국제적 고립의 길로 들어섰다.

일본이 러일전쟁을 통해 만주에 대한 지배권을 확립해가는 과정은 서구 열강과의 신뢰 관계를 스스로 무너뜨리는 과정이었다. 또한 국가 권력의 만주 지배를 우선시해서 문명과 비문명이라는 근대적 가치 체계를 자의적으로 전도시키고 아울러 만주 지배를 정당화하기 위한 논리를 만들어내는 과정이었다.

먼저 다이쇼(1912-1926) 데모크라시를 대표하는 정치사상가로 성장하게 되는 요시노 사쿠조(吉野作造)의 발언을 주목해보자. 요시노는 러일전쟁이 발발한 직후인 1904년 3월, 「정로의 목적(征露の目的)」이라는 글을 발표해 러시아의 만주 지배를 맹렬하게 공격했다. 러시아의

영토 확장에 반대하는 것은 아니지만 그것이 가장 비문명적인 외국 무역의 배척을 동반하는 이상, 일본으로서는 자위의 권리를 발동하지 않을 수 없다고 주장했다. 1899년 미국이 발표한 대중국 문호개방 선언의 문맥에서, 남만주의 문호를 폐쇄하고 있는 러시아를 비문명주의로 비판한 것이다.[2]

한편 여론 공작을 위해 영국을 방문 중이던 스에마쓰 겐초(末松謙澄)도 1904년 5월 런던에서 열린 연설회에서 영미 양국의 지지를 호소했다. 스에마쓰는 극동 지역에서 영국, 미국, 일본의 이해관계가 정확히 일치한다면서, 일본은 이기적인 정치 목적이 아니라 영국과 미국의 위임을 받아 문명과 인도를 위해 싸우고 있는 것이라고 목소리를 높였다.

요시노와 스에마쓰의 발언에서, 만주는 청국의 영토이자 열강이 이해를 공유해야 할 영토적 자산 즉 개방된 공간이어야 한다는 인식을 확인할 수 있다. 만주에서의 상공업상의 기회균등을 보장하는 것이 문명주의라는 것이다. 또한 러일전쟁을 통해 영미 양국과의 신뢰 관계를 공고히 하려는 의도도 읽을 수 있다.

그러나 러일전쟁이 진행되면서 일본의 태도에 변화가 일어난다. 1904년 7월 고무라 주타로(小村壽太郎) 외무대신은 한반도를 일본의 주권 범위에 포함시키고 만주는 일본의 이익 범위로 삼아야 한다는 의견서를 작성했다. 비록 청국의 희생을 전제로 한 영토 획득을 부정하고 만주에서의 상공업상의 기회균등을 존중하는 모습을 보이기는 했지만, 고무라의 이런 태도는 러일전쟁 전과는 다른 것이었다. 1903년 12월 말 고무라는 일본이 러일전쟁을 통해 얻게 될 성과는 만주에서

2　가토 요코,『근대 일본의 전쟁 논리』, 박영준 옮김, 태학사, 2003, 131~6쪽.

상공업상의 이해관계를 갖는 열강과 동일하게 향유하게 될 것이라고 공언한 바 있었다.[3]

러일전쟁이 끝나자 일본은 만주를 독점하려는 의도를 숨기지 않았다. 이런 의도는 일본 정부가 1905년 10월 말 결정한 만주에 관한 청일조약 체결 방침에서 잘 드러난다. 이 방침에 따르면, 청국은 만주의 여러 도시를 외국인의 상업과 거주를 위해 개방해야 했다. 그러나 일본의 동의 없이는 어떠한 명분으로도 만주의 일부를 다른 나라에 할양하거나 다른 나라가 점령하도록 허용할 수 없었다.[4]

만주에 대한 일본의 태도가 돌변하면서 영미 양국의 비판도 거세졌다. 1906년 5월 일본 정부에서 열린 만주 문제에 관한 협의회에서, 이토 히로부미(伊藤博文)는 영미 양국의 불만을 전달하며 깊은 우려를 표명했다. 일본이 군사적 목적에서 만주의 외국 무역을 구속한 이후, 만주의 문호는 러시아가 지배할 때보다도 훨씬 폐쇄적이 되었다는 것이 불만의 핵심이었다.[5]

만주 문제에 대한 일본의 태도 변화는 만주를 독점적으로 지배하려는 국가권력을 중시해 국제 관계에서의 신뢰라는 윤리적 가치를 외면하는 행위였다. 러일전쟁 발발 당시만 하더라도 일본은 미국과 영국의 지지를 이끌어내는 데 혈안이 되어 있었다. 만주의 문호개방을 지지하는 문명주의 일본과 만주의 문호 폐쇄를 추구하는 비문명주의 러시아를 극명하게 대비시키는 구도를 만들어낸 것이다. 그러나 러일전쟁이 끝나자 그 구도를 스스로 무너뜨림으로써 문명주의와 비문명주의의

---

3 『전전일본정치외교문서(戰前日本政治外交文書)』(데이터베이스 『세계와 일본』 홈페이지).
4 『전전일본정치외교문서』.
5 『전전일본정치외교문서』.

가치 체계를 전도시켰다. 그 결과 이번에는 오히려 일본 자신이 영국
과 미국의 이해를 대변하는 누군가에 의해 수행될지도 모르는 대리전
쟁의 표적이 되었다. 자기모순에 빠진 것이다. 그렇지만 일본은 그런
자기모순에서 벗어나려 하지 않았다. 오히려 만주 지배를 정당화하는
길을 선택했다.

　러일전쟁 이후 일본 사회에서는 '일본은 20만 명의 희생과 20억 엔
의 돈으로 만주를 획득했다'라는 말이 확산되어 나갔다. 야마가타는
1909년 제출한 의견서 「제2 대청정책(第二對清政策)」에서, 청국이 조차
기한 만료 후 남만주 조차권의 반환을 요구하겠지만 '20억의 자재와
20여 만의 사상자를 내면서까지 획득한 전리품'을 반환하는 것은 불가
능하다고 선언했다.[6] 만주는 일본의 특수 권익이라는 논리가 생성된
것이다.

　그러나 특수 권익이 만주에 대한 일본의 배타적 지배를 의미하는 이
상, 이를 개방된 공간으로 유지하려는 영미 양국과의 대립은 불가피했
다. 일본으로서는 영미와의 갈등을 최소화하는 방안을 강구할 수밖에
없었고 그것은 중국의 문호개방을 존중하는 모습으로 나타났다. 일본
은 다카히라-루트 협정(1908), 이시이-랜싱 협정(1917), 중국에 관한
9개국 조약(1922) 등에서 중국의 문호개방과 상공업상의 기회균등을
존중한다는 데 동의했다.

　그러나 일본에 대한 국제사회의 신뢰는 점점 악화되어 갔다. 그 원
인에 대해 귀족원 의원 마키노 노부아키(牧野伸顕)는 파리강화회의
(1919)에의 참석을 앞둔 1918년 12월 외교조사회에서 다음과 같이 지
적했다. 즉 그동안 일본은 정의와 공정, 기회균등과 문호개방, 내정불

6　가토 요코, 『근대 일본의 전쟁 논리』, 박영준 옮김, 태학사, 2003, 159~160쪽.

간섭과 중일 친선을 표방해 왔지만 실제 정책과의 사이에서 일치하지 않는 모습을 보였다. 그 때문에 각국은 일본을 표리부동한 나라로 보고 있다는 것이다.[7] 일본의 모순된 행보를 통렬하게 비판한 것이다.

2.2 "만몽은 생명선" — 일본의 이율배반

러일전쟁 이후 일본에서는 '만주는 특수 권익'이라는 논리가 생성되었다. 그러나 이를 바라보는 국제사회의 시선은 부정적이었고 이런 경향은 1920년대에 들어와서도 변함이 없었다. 1928년 7월 외무성 담당국장 아리타 하치로(有田八郎)가 지적한 것처럼, 국제사회는 만주 동삼성(헤이룽장성, 지린성, 랴오닝성)에 대한 일본의 특수 권익을 인정하지 않았다.[8] 그럼에도 불구하고 일본은 만몽과의 연결 고리를 강화하는 데 집중했다. 만몽 문제를 일본 민족의 생존 문제로 보는 논리를 만들어내 확산시킨 것이다.

만몽과 일본을 연결하는 논리는 러일전쟁 때부터 그 초기적 형태가 확인된다. 도쿄대 교수 다카하시 사쿠에(高橋作衛)는 1903년 8월 발표한 「만주 문제의 해결(滿州問題の解決)」에서, 만주 문제는 청국의 영토 보전 문제로만 그치는 것이 아니라 조선의 존망 문제이자 일본의 생존 문제가 될 것이라고 전망했다. 다만 다카하시의 의도는 만주 지배보다는 만주 문제와 조선 문제의 직접적인 관련성을 강조하는 데 있었던 것으로 보인다. 다카하시는 조선의 확보를 전제로 한 만주의 중립을 주장했는데, 이것은 만주에서의 러시아의 특수 지위를 정당시하는 당

---

7   같은 책, 175쪽.

8   가토 요코, 『그럼에도 일본은 전쟁을 선택했다』, 윤현명·이승혁 옮김, 서해문집, 2018, 293쪽.

시의 분위기를 반영한 결과였다.

그러나 대중국 21개조 요구가 관철된 이후에는 만몽 문제를 일본의 생존 문제에 직결시키는 경향이 강해졌다. 일본 정부는 1921년 5월 「만몽에 대한 정책(滿蒙に對する政策)」을 결정하는 과정에서, 이 지역에 일본 세력을 부식하는 것이야말로 만몽 정책의 근간이라고 선언했다. 만몽은 일본 영토와 접속된 지역으로 국방이나 경제의 관점에서 볼 때 일본 국민의 생존과 긴밀한 관계에 있다는 것이 그 이유였다.[9]

한편 1925년 1월 외무대신 시데하라 기주로(幣原喜重郎)는 제국의회에서 만몽에 대한 일본인의 특수 감정을 지적했다. 시데하라는 중국 전체가 일본의 국가적 생존 문제와 밀접한 이해관계를 갖는 것이 사실이지만, 일본의 국민적 감각이 만몽 지방에 대해 특히 더 예민한 것은 역사상의 이유 때문이라고 설명했다. 일본은 만주에서 국운을 건 청일전쟁과 러일전쟁을 겪었으며, 그 덕분에 현재 일본 국민들이 만주에서 평화롭게 사업에 종사할 수 있게 되었다는 것이다.[10]

그 후 1920년대 후반이 되면 일본의 만몽 지배를 정당화하는 목소리가 거세진다. 1927년 11월 펑톈 주재 일본 영사관은 「대만 정책 사론(對滿政策私論)」이라는 의견서를 작성해, 만몽 문제를 일본의 사활 문제로 규정했다. 그리고 열강이 보는 앞에서 만몽을 정정당당하게 개발하고 그 안전을 도모하는 것이 일본 민족의 사명이라고 주장했다. 이와 동일한 논리는 관동군 참모 이시하라 간지(石原莞爾)에게서도 확인된다. 이시하라는 1931년 5월 의견서 「만몽 문제 사견(滿蒙問題私見)」에서,[11] 만몽을 일본의 영토로 만드는 것이 정의이자 의무이며 만몽 문

9   『전전일본정치외교문서』.
10   『제국의회·국회 내의 연설(帝國議會·國會內の演說)』(『세계와 일본』).
11   동북아역사재단 편, 『동아시아사 관련 참고 자료집』 비매품, 동북아역사재단,

제의 유일한 해결책이라고 강조했다.

그러나 만몽을 '일본 국민의 생명선'으로서 일본 사회에 각인시킨 것은 마쓰오카 요스케(松岡洋右)였다. 남만주철도 부총재를 거쳐 중의원 의원에 당선된 마쓰오카는 1931년 1월 제국의회에서, 만몽 문제는 일본의 존망이 걸린 문제이자 일본 국민의 생명선이라고 역설해 폭발적인 호응을 불러일으켰다. 일본의 만몽 지배는 모든 가치에 앞서는 절대 가치가 된 것이다.

마쓰오카의 저서 『동요하는 만몽(動く滿蒙)』(1931)의 서문에는[12] 만몽 문제를 바라보는 그의 논리가 잘 드러나 있다. 마쓰오카는 다음과 같이 주장한다.

만몽은 일본 경제와 국방의 생명선으로서 역사적 지리적으로 전개된 지역이다. 일본은 그동안 많은 희생과 거액의 자금을 투입했다. 일본이 요구하는 것은 최소한도의 생존권이다. 그러나 현재의 상황을 보면 기득권조차 침해받으면서 만몽에서의 일본의 특수 지위는 흔들리고 있다. 일본이 흥망을 걸고 러시아의 극동 침략을 격퇴한 후 비로소 중국은 만몽 지역에 이민정책을 펼칠 수 있었다. 이후 26년 동안 일본의 문화적 시설, 경제적 원조, 정치적 비호가 있었기에 중국은 오늘날과 같은 세력을 이 지역에 부식할 수 있었다. 만몽은 중일 양국 민족을 위한 해방된 강토이다. 일본이 국력을 다해 러시아 제국주의의 침략을 격퇴한 덕에 실현된 해방된 지역이다.

이상의 전개가 말해 주듯이, 일본은 무연의 공간이었던 만몽을 일본의 특수 권익을 거쳐 생명선으로 탈바꿈시켰다. 권력의 맥락에서 만몽

2010, 177~181쪽.

12　『국립국회도서관디지털컬렉션(國立國會圖書館デジタルコレクション)』.

이라는 공간에 정체성과 역사를 부여해 일본 민족의 생명선으로 절대
가치화한 것이다. 주목해야 하는 것은 그 이면에서 최소 수준의 신뢰
성을 바탕으로 한 조작과 변조가 일어나고 있었다는 사실이다. 즉 만
몽은 일본 국민의 생명선이라는 말은 마쓰오카가 만들어낸 조어에 지
나지 않았고 역사적 실태를 제대로 반영한 것도 아니었다. 마쓰오카는
러일전쟁과 관련한 일본의 인적 물적 피해를 강조하면서 그 피해 규모
를 부풀리기 위해 청일전쟁 당시의 피해를 교묘하게 포함시켰다. 더욱
이 일본이 대중국 21개조 요구 등을 통해 획득한 만몽 지역에 대한 배
타적 권익은 워싱턴회의(1921~1922)에서 부정되거나 실제로는 작동
하지 않는 것들이 대부분이었다.

그럼에도 불구하고 일본의 국가권력이 주도한 만몽의 장소화 과정
은 성공적이었다. 만주사변 당시 실시한 여론 조사에 따르면, 도쿄대
학 학생들의 90%가 만몽을 생명선이라 여기며 이 문제를 군사적으로
해결해야 한다는 데 찬성했다.[13] 다시 말해서 만몽에 대한 일본 국민의
주관적 감정적 애착은 만몽에 대한 '침략'을 '정의'이자 '의무'로 가치
전도시킨 것이다. 이런 애착은 만주사변 이후 영미 양국과의 갈등을
증폭시키고 대륙 침략을 정당화하는 내적 동인으로 작용했다.

근대 일본이 만몽을 지배하고 장소화해 나가는 과정은 명백한 침략
행위였다. 그런데 현재 일본의 우익 세력은 근대의 만몽 지배 경험을
근거로 이를 일본 역사의 한 부분으로 편입해야 한다고 주장한다. 일
본의 대표적 우익 단체 중 하나인 '새로운 역사 교과서를 만드는 모임'
이 편찬한 『일본인의 역사 교과서(日本人の歷史敎科書)』(2009, 自由社)

---

13   가토 요코, 『그럼에도 일본은 전쟁을 선택했다』, 윤현명·이승혁 옮김, 서해문집,
2018, 278~283쪽.

의「일본을 이해하는 15가지 관점(日本を讀み解く15の視座)」에는 만몽
과 관련해 대략 다음과 같이 서술되어 있다.

근대 일본이 타이완, 조선, 사할린 남부, 랴오둥 반도 등을 지배한
것은 청일전쟁, 러일전쟁에서 승리한 일본이 누려야 할 세계가 인정한
정당한 권리였다. 일본은 만주 지역에 천문학적인 투자를 했고 이에
힘입어 만주국은 중국 중공업의 90퍼센트를 점유할 정도로 성장했다.
또 이런 일본의 투자는 한족, 조선족 등의 만주로의 신이민을 자극했
고 일본인이 안심하고 현지에 뿌리를 내릴 수 있도록 해 주었다. 일본
의 만주 지배는 서구 열강의 착취나 약탈과는 거리가 멀었다.

그러나 일본이 패망하는 과정에서 만주, 조선, 타이완, 사할린으로
부터 철수한 660만 명의 일본인들은 외국에 건너갔던 예외적인 일본인
취급을 당했다. 그들의 현지에서의 경험은 무시되었다. 이것은 미국의
점령 통치하에서 일본인이 자기 보전을 위해 일본 역사를 일본열도
내로 한정하는 길을 선택했기 때문이다. 아울러 근대에 일본인이 외
지에서 행한 모든 일을 '악'으로 단죄하는 전후의 편향된 역사교육 때
문이다.

현재 만주는 중국의 영토이며, 고대부터 지배한 것으로 규정해 중국
사로 취급하고 있다. 그러나 이것은 과거의 사실을 정확히 반영하는
것이 아니다. 현재를 정당화하기 위한 정치 행위에 불과하다. 러일전
쟁 직후 일본인이 찾은 만주와 몽골은 중국이 아니었다. 중국 대륙은
전란과 파괴의 연속으로 민족이나 국경은 전혀 계승되지 않았다. 따라
서 만주와 몽골의 근대사는 고대부터 일관된 역사를 가지고 있는 일본
이 일본사의 일부로 써 나가야 한다. 타이완과 한반도의 근대사도 그
당시 그 장소는 일본이었던 만큼 일본인이 남긴 방대한 기록을 토대로
일본사의 일부로 써 내려가면 된다. 그것이 식민지를 경영한 종주국의

책임이다.

이상에서 일본의 우익 세력이 노리는 바는 현재의 선악 윤리관에 입각해 일본의 만주 침략을 비판하는 시각을 배제함으로써 근대 일본의 만주 지배를 정당화하고, 나아가서 만주의 역사를 중국사가 아닌 현재로 이어지는 일본사의 일부로 만들려는 데 있다는 것을 알 수 있다. 만몽 침략이 만몽 환상을 낳고 마침내는 그 기억을 소환해내 가상의 영역에서 만몽 장소화를 기도하는 형국이다. 근대 일본의 국가권력이 주도한 만몽 장소화 기도의 폐해는 아직까지도 소멸하지 않은 채 회생의 기회만을 노리고 있는 것이다.

3. 독도 장소화 기도와 권력, 윤리

3.1 학습지도요령과 교과서로 고유 영토 만들기

일본은 각 출판사에서 교과서를 만들면 문부과학성이 심의하여 합격 또는 불합격을 판정하는 교과서 검정 제도를 채택하고 있다. 문부과학성은 사전에 교과서 집필과 검정의 기준이 되는 학습지도요령과 이를 자세히 설명한 학습지도요령해설을 제시함으로써 교과서 집필의 방향과 내용을 정해준다. 따라서 학습지도요령과 학습지도요령해설은 교과서의 집필과 검정을 위한 가이드라인 역할을 한다고 하겠다. 반면 국가권력의 개입 여하에 따라서는 교육의 중립성과 자율성을 훼손하는 도구로 전락할 위험성이 있다.

시마네현은 1990년대 후반부터 문부성(2001년부터 문부과학성), 교과서 회사, 교과서 협회 등에 대해 '다케시마는 시마네현에 속하는 일본의 영토'라는 내용을 교과서에 기술해줄 것을 요구했다. 2004년부터는 문부과학성을 상대로 학습지도요령에 다케시마를 명기할 것을 요구하는 한편, 2005년 3월에는 '다케시마의 날' 조례를 제정했다. 이에 호응해 문부과학대신 나카야마 나리아키(中山成彬)는 국회 답변에서, '다케시마는 일본의 고유 영토라고 학습지도요령에 명기해야 한다'는 입장을 표명했다.[14] 이런 과정을 거쳐 다케시마는 2008년 중학교 학습지도요령해설에서 처음으로 그 모습을 드러냈다.

사실 문부과학성이 2008년 3월 중학교 학습지도요령을 고시할 당시만 하더라도 지리, 역사, 공민 분야에서 '다케시마는 일본의 고유 영토'라는 표현은 등장하지 않았다. 같은 해 7월 고시된 중학교 학습지도요령해설의 역사와 공민 분야에서도 다케시마 문제에 대한 직접적인 언급은 없었다. 그러나 지리 분야에서는 일본과 한국 사이에 다케시마와 관련해 주장에 차이가 있다는 내용이 처음 등장했다. 이렇게 다케시마 문제에 대한 일본 정부의 태도에 변화가 일어나면서, 이후 중학교 교과서에 다케시마 관련 기술이 점차 늘어나기 시작했다.

2014년 1월 문부과학성은 중학교 학습지도요령해설을 개정, 고시했다. 그 내용을 살펴보면, 먼저 지리 분야에서는 다케시마가 일본의 고유 영토라는 점과 한국의 불법점거에 대해 여러 차례 항의한 점을 명확하게 다루라고 기술했다. 역사 분야에서는 일본이 국제법상 정당한 근거에 기초해 다케시마를 정식으로 영토 편입한 경위도 다루라고 적었다. 공민 분야에서는 고유 영토인 다케시마에 관해 해결되지 않은 문제가 남아 있으며, 현재와 같은 상황에 이르게 된 경위, 일본의 주장이 정당한 이유, 일본이 평화적 수단을 통해 이 문제의 해결에 노력하

---

14 경향신문, '아시아 중시' 후쿠다 정권도 '독도' 갈등. [2008.07.14.]

고 있다는 점 등을 이해시키라고 기술했다. 다케시마는 역사적으로나 국제법적으로 일본의 고유 영토라는 관점을 전면에 내세운 것이다.

이런 관점은 문부과학성이 2017년 3월과 7월에 각각 중학교 학습지도요령과 학습지도요령해설을 개정, 고시하면서 보다 체계화되었다. 2017년 중학교 학습지도요령은 2008년 중학교 학습지도요령을 전면 개정한 것으로, 여기에는 2014년 중학교 학습지도요령해설의 내용이 반영되어 있다. 2017년 학습지도요령의 지리 분야에서는 다케시마를 일본의 고유 영토로 다룰 것을 명기했고, 역사 분야에서는 다케시마의 편입에 대해 설명하라고 적었다. 공민 분야에서는 일본이 고유 영토인 다케시마 문제를 평화적으로 해결하기 위해 노력하고 있다는 점을 강조하라고 기술했다.

한편 2017년 중학교 학습지도요령해설은 지리 분야에서, 일본의 고유 영토인 다케시마를 한국이 불법점거한 것에 대해 여러 차례 항의했으며, 다케시마 문제에 대한 일본의 입장은 역사적으로나 국제법적으로 정당하다는 것을 명확히 설명하라고 권고했다. 역사 분야에서는 일본이 다케시마를 국제법상 정당한 근거에 기초하여 정식으로 영토로 편입한 경위를 다루고, 다케시마에 대한 일본의 입장은 역사적으로나 국제법적으로 정당하다는 것을 이해시키라고 주문했다. 공민 분야에서는 일본의 고유 영토인 다케시마에 관해 해결되지 않은 문제가 남아 있다는 것과 영토 문제가 발생해서 현재에 이르게 된 경위에 대해 설명하라고 권고했다. 또한 도항과 어업, 해양 자원의 개발 등이 제한되고, 선박이 나포되거나 선원이 억류되는 가운데 과거 한때 일본인 사상자가 발생하는 등, 불법점거로 인한 문제점들에 대해 학생들이 이해할 수 있도록 지도하라고 요구했다. 나아가서 일본의 입장이 역사적으로나 국제법적으로 정당하다는 점, 일본이 평화적으로 문제를 해결하기 위해 노력하고 있다는 점을 이해시키라고 기술했다.

이상과 같은 학습지도요령과 학습지도요령해설의 내용은 실제 교과서에 충실히 반영되었다. 2020년 현재 일본의 중학교 학생들이 사용하는 사회과(역사, 지리, 공민) 교과서 18종은 2015년 검정을 통과한 것들로, 이 가운데 15종은 다케시마를 일본의 고유 영토로 명기했고, 13종은 한국이 다케시마를 불법점거하고 있다고 기술했다.[15]

이런 흐름은 2020년 3월 문부과학성의 검정을 통과한 중학교 사회과 교과서 총 17종(역사 7종, 지리 4종, 공민 6종)에도 그대로 이어졌다. 2021년부터 사용하게 될 이들 17종의 교과서는 예외 없이 다케시마를 일본의 고유 영토로 표기했다. 14종의 교과서는 한국이 다케시마를 불법점거하고 있다고 기술했으며, 16종의 교과서는 다케시마를 일본이 1905년 합법적으로 편입했다고 적었다. 일본문교출판의 역사 교과서는 "일본 정부는 다케시마가 한번도 타국의 영토인 적이 없는 일본 고유의 영토라고 주장한다"고 서술했다.

한편 일본문교출판과 교육출판의 교과서는 일본 어민이 독도 강치(바다사자의 일종)를 사냥하는 사진을 넣어 다케시마 영유권 주장의 근거로 삼았다. 동경서적과 제국서원 교과서는 2015년 검정본부터 강치 사진을 게재해왔다. 동경서적의 공민 교과서는 "일본이 (한국의) 다케시마 불법점거에 항의하는 한편, 국제사법재판소(ICJ)에 맡겨 문제를 평화적으로 해결하자고 1954년, 1962년, 2008년 등 3차례에 걸쳐 제안했지만, 한국이 거부하고 있다"는 내용을 2015년 검정본에 이어 이번에도 실었다.[16]

---

15   dongA.com, "독도 타국 땅인 적 없어"… 日 중학교과서 또 도발. [2020.3.25.]
16   한겨레, "독도, 한번도 타국 영토인 적 없어"… 일본 중학 교과서 또 '개악'. [2020.3.25.]

일본은 국가권력이 나서서 교과서라는 가장 보편적인 도구를 이용해 다케시마에 역사와 정체성을 부여함으로써, 일본 국민 대부분의 직접 경험과는 거리가 먼 대중적 합의의 정체성을 만들어내는 작업에 몰두하고 있다. 일본 정부가 정치적 외교적으로도 해결하지 못하는 다케시마 문제를 교육 현장인 교과서에 기술하도록 해서, 정부의 주장만을 일방적으로 관철시키려는 것은 정당한 행위라 할 수 없다. 우익 세력과 함께 일본 정부가 전방위적으로 추진하고 있는 다케시마 장소화 기도는 한일 갈등은 물론 동아시아 지역 전체의 긴장 관계를 조장하는 일이라 하겠다.

3.2 돌섬, 독섬, 석도, 독도

현재 일본의 국가권력과 우익 세력이 주도하는 독도 장소화 기도는 근대 일본이 1905년 독도를 다케시마로 시마네현에 강제 편입한 조치를 정당한 행위로 간주하는 것에서 출발한다. 다케시마로의 영토 편입을 정당화하는 논리에는 크게 두 가지가 있는데, 하나는 고유 영토론이고 다른 하나는 무주지 선점론이다. 고유 영토론이란 역사적으로 다케시마는 17세기 이래 일본의 고유 영토이며 따라서 1905년의 편입 조치는 단지 이를 재확인한 것에 지나지 않는다는 논리이다. 무주지 선점론이란 1905년의 시점에서 다케시마는 무주지였고 이를 일본이 선점한 것뿐이며, 더구나 이에 대해 대한제국에서는 아무런 항의도 없었다면서, 다케시마를 국제법적으로 일본의 영토라고 주장하는 논리이다.[17]

---

17   현대송 편,『한국과 일본의 역사인식』, 나남, 2008, 35~7, 127~8쪽.

일본은 근대 일본의 다케시마 영토 편입 과정을 대략 다음과 같이 설명한다.[18] 즉, 다케시마에서 강치 포획이 본격적으로 이루어진 것은 1900년대 초의 일이다. 그러나 강치 포획은 곧 과당 경쟁 상태에 돌입했다. 이에 시마네현 오키(隱岐)섬 주민인 나카이 요자부로(中井養三郎)는 강치 포획 사업의 안정을 꾀하기 위해 1904년 9월 내무, 외무, 농상무의 3대신에게 량코섬(리앙쿠르-독도)의 영토 편입 및 10년 기한의 대여를 청원했다.

일본 정부는 시마네현의 의견을 청취한 후, 1905년 1월 각의를 열어 다케시마를 오키 도사(隱岐島司)의 소관으로 할 것과 량코섬을 다케시마로 명명할 것을 결정했다. 당시 일본 정부는 '타국에서 이를 점령했다고 인정할 만한 흔적'이 없으며 '국제법상 점령한 사실로 인정해 이를 일본 소속'으로 결정했다. 각의 결정에 따라 일본 정부의 다케시마 영유에 대한 의사는 재확인되었고 내무대신은 그 내용을 시마네현 지사에게 전달했다. 이에 따라 시마네현 지사는 1905년 2월 22일 '시마네현 고시 제40호'를 통해 량코섬이 다케시마로 명명되었고 오키 도사의 소관이 되었다고 고지했다. 그 후 일본은 다른 나라로부터 항의받는 일 없이 계속해서 다케시마에 대한 주권을 행사하게 되었다는 것이 바로 그것이다.

그러나 이런 주장은 역사적 사실과 다르다. 나카이는 독도가 대한제국 영토라는 사실을 잘 알고 있었다. 나카이가 1904년 9월 도쿄의 농상무성을 찾아간 것은 강치 잡이 독점권을 대한제국 정부로부터 얻는 데 필요한 도움을 요청하기 위해서였다. 그러던 나카이가 계획을 수정

18   일본 외무성 홈페이지. 『한국과 일본의 역사인식』, 66-9쪽. 시모조 마사오, 「한국 다케시마 교육의 현황과 그 문제점」(시마네현 홈페이지), 2020.

해 독도 대여에 관한 청원을 일본 정부에 제출하게 된 것은 농상무성 수산국장, 해군성 수로부장, 외무성 정무국장 등의 획책 때문이었다. 이들은 나카이에게 독도가 대한제국 영토가 아니라는 취지로 설명했고, 특히 해군 수로부장은 독도를 무주지라고 단정하기까지 했다. 결국 나카이는 이들의 지시에 따라 무주지 선점 이론을 적용해 9월 29일 '량코섬 영토 편입 및 대여 청원'을 내무성, 외무성, 농상무성에 제출했던 것이다.[19]

이렇게 외무성 정무국장 등이 나카이로 하여금 '량코섬 영토 편입 및 대여 청원'을 일본 정부에 제출하도록 종용한 것은 러일전쟁과 밀접한 관련이 있었다. 그들은 당시 일본의 대외 침략을 이끌던 핵심 관료로서, 군사적 요충지인 독도에 망루를 설치하고 해저 전선을 부설하는 것이 필요하다는 판단이었다. 근대 일본의 독도 침탈은 나카이의 청원이라는 형태를 통해 이루어졌지만, 그 본질은 일본 정부가 대한제국의 주권을 침해하면서 조직적으로 행한 군사 조치와 같은 것이었다. 그런 의미에서 근대 일본의 독도 침탈은 제국주의 논리의 관철 과정이었다고 하겠다.[20]

한편 여기에서 주목해야 할 것은 대한제국이 '시마네현 고시 제40호'보다 앞선 시기에 독도에 대한 영유를 재확인한 바 있다는 사실이다. 대한제국은 1900년 10월 25일 '대한제국 칙령 제41호'를 공포하여 울릉도를 울도로 개칭하고 도감(島監)을 군수(郡守)로 승격했다. 또한 울도 군수가 관할하는 지역으로 울릉도 전도와 죽도(竹島), 석도(石島)를 규정했다. '대한제국 칙령 제41호'는 1900년 10월 27일자 『관보』에

---

19   현대송 편, 『한국과 일본의 역사인식』, 나남, 2008, 118~123쪽.
20   같은 책, 115~123쪽.

실렸고 이로써 울릉도와 독도에 대한 대한제국의 주권이 재확인되었다. 여기에서 말하는 죽도는 울릉도 옆의 '댓섬(대나무 섬)'이며, 석도는 독도를 가리킨다.[21]

일본은 '석도'가 칙령 제41호에만 등장한다는 사실에 착목하여 이를 독도가 아닌 관음도로 비정하면서 대한제국의 독도 영유권은 확립되지 않은 상태였다고 주장한다. 그러나 이것은 울릉도와 독도가 한국인의 생활 영역으로 기능하던 장소였다는 사실을 간과한 데서 비롯된 오해이다. 19세기 후반에 전라도 해안 사람들이 독도에서 어로와 채집 활동을 많이 했는데 이들은 독도를 독섬이라 불렀다. '독'은 '돌'의 전라도 방언이다. 즉 독섬은 곧 돌섬이다. 돌섬은 의미에 따라 한자로 표기하면 '석도'가 되고, 독섬을 소리에 따라 한자로 표기하면 '독도'가 된다. 따라서 돌섬, 독섬, 석도는 모두 독도를 가리킨다. 지금도 울릉도 주민들은 독도를 돌섬, 독섬이라고 부른다.[22]

한국의 연구자들이 석도가 독도라는 것을 어원학적으로 찾고, 한국인의 언어 감각에서는 쉽게 납득이 가는 이런 논리도 일본인은 이해하기 어려울 수 있다. 그런 의미에서 '이름 붙이기는 공간이 의미를 부여받고 장소가 되는 방식 중 하나'라는 팀 크레스웰의 지적을 음미해 볼 필요가 있다.[23] 근대 일본 제국주의가 독도를 장소화의 대상인 텅 빈 공간 즉 무주지로 간주하기 전부터, 독도는 이미 한국인들의 역사와 정체성이 투영된 장소 즉 석도라는 이름의 생활 영역이었다. 따라서 석도가 독도라는 설명을 이해하려 들지 않는 일본의 태도는 모든 초점을 육지에 두는 밴쿠버 선장과 백인들 즉 식민주의자들이 인디언의 장

---

21   이창위 외, 『고등학교 독도 바로알기』, 동북아역사재단, 2016, 44~5쪽.
22   같은 책, 44~45쪽. 이선민, 『독도 120년』, 사회평론, 2020, 26~33쪽.
23   T. Cresswell, 『장소』, 심승희 옮김, 시그마프레스, 2012, 13~4쪽.

소감을 이해하지 못하는 것과 다를 바 없다. 식민주의자에게 바다는 텅 빈 공간이었지만 인디언들에게는 바다가 장소였다. 거대한 땅덩어리는 차별화되지 않은 공간이었을 뿐이다. 일본 제국주의는 독도가 한국인들의 장소 즉 석도라는 사실을 외면했거나 무지했던 것이다.

대한제국이 독도를 다케시마로 영토 편입한 것에 대해 항의하지 않았다는 일본의 주장에도 문제가 있다. 대한제국 정부는 '시마네현 고시 제40호'가 고지된 이후 1년이 지나도록 그 사실을 알아차리지 못했다. 일본 정부가 대한제국에 알리지 않았을 뿐만 아니라 『관보』에도 공시하지 않았기 때문이다. 1906년 3월 말 시마네현 지방관이 울릉도에 들러 심흥택 군수에게 독도의 일본 영토로의 편입 사실을 통보하면서 대한제국 정부에도 알려지게 되었다.[24]

심흥택의 보고서를 접수한 대한제국 정부는 즉시 실태 조사에 나서며 독도의 일본 영토로의 편입을 인정하지 않았다. 민간에서도 『대한매일신보』, 『황성신문』, 황현 등이 일본의 독도 침탈을 비판하는 목소리를 냈다. 그러나 대한제국 정부는 이미 을사늑약(1905)으로 외교권을 박탈당한 데다가 통감부가 설치된 상태여서 더 이상 제대로 항의하기가 어려웠다.[25]

한편 강치 잡이는 일본이 고유 영토론을 강화하기 위해 최근 들어특히 중점을 두는 사항이다. 외무성 홈페이지에서도 교과서에서도 강치 잡이 관련 사진이나 기술 내용을 늘려 나가고 있는 추세이다. 그러나 일본의 마구잡이식 포획으로 강치가 멸종된 사실에 대해서는 책임을 지려는 자세를 보이지 않는다. 강치 잡이를 통한 독도 경영은 사실

상 반문명적 범죄행위였다.[26]

이상에서 살펴본 바와 같이, 일본의 우익 세력이 주도하는 독도 장소화 기도에는 만주 장소화 기도에서 본 것과 같은 논리가 확인된다. 현재의 선악 윤리관에 입각한 가치판단을 배제한 채 근대 일본의 제국주의적 성과만을 현재의 일본 역사 안으로 끌어들여 정당화하려는 논리를 확인할 수 있는 것이다.

4. 맺음말

1943년 11월 미국, 영국, 중국이 서명한 카이로선언은 일본이 폭력과 탐욕으로 침탈한 모든 지역으로부터 구축되어야 한다고 했다. 또한 한국인이 노예 상태임을 유의하여 한국을 자유롭고 독립된 국가로 할 결의를 다진다고 했다. 이것이 의미하는 바는 근대 제국주의와의 결별일 것이다.

그러나 일본의 국가권력과 우익 세력은 만주 및 독도 문제와 관련해 그와는 정반대의 모습을 보여주고 있다. 즉 한편에서는 현재의 선악 윤리관에 입각해 근대 일본을 '악'으로 평가하는 것에 반발하면서, 다른 한편에서는 근대 일본이 이룩한 제국주의적 성과를 현재의 시점에서 아무런 비판 없이 일본 역사의 한 부분으로 끌어들이고 있는 것이다. 이것은 정당하지 못한 자기모순적 행태라 하지 않을 수 없다. 더구나 국가권력이 그런 모순을 철저히 외면한 채, 주도적으로 독도 문제

---

26 동북아역사재단 편, 『고등학교 독도 바로알기』, 동북아역사재단, 2016, 49쪽./이선민 지음, 『독도 120년』, 사회평론, 2020, 64~7쪽.

를 교육 현장으로 끌고 들어와 학생들에게 '다케시마 고유 영토론'을 일방적으로 주입시키는 것은 교육의 중립성을 훼손하는 정당하지 못한 일이라 하겠다.

근대 일본의 만주 지배는 국가권력이 주도한 제국주의 논리의 관철이었다. 일본은 막대한 인적, 물적 희생을 들먹이며 만주 지배를 침략이 아닌 정의이자 사명으로 둔갑시켰고, 일본 국민은 이를 지지했다. 즉 국가권력이 주도한 만주 장소화는 일본 국민의 주관적 감정적 애착을 이끌어내 폭발시킨 것이다. 더구나 그런 일본 국민의 애착은 특히 미국과의 갈등을 증폭시켜 아시아태평양전쟁으로의 문을 열어젖히는 부정적 역할을 했다. 만몽은 일본 국민의 생명선이라는, 즉 만몽이 없으면 안 된다는 논리는 근대 국제사회에서 전혀 인정받지 못하는 것이었다. 그럼에도 불구하고 일본의 우익 세력은 근대의 만주 지배 경험을 현재의 시점에서 일본의 역사로 끌어들이는 작업을 전개하고 있다.

독도의 다케시마로의 영토 편입 또한 제국주의 논리에 입각한 영토 침탈이었다. 일본은 이미 에도 막부 시대인 17세기 말 독도에 대한 조선의 영유권을 인정한 바 있다. 근대에 들어와서도 1877년 국가 최고 기관인 태정관이 그 사실을 재확인했다. 1905년 일본의 다케시마 영토 편입은 무주지의 선점도 고유 영토의 재확인도 아닌 것이다. 다케시마가 역사적으로나 국제법적으로 일본의 고유 영토라는 주장은 사료의 자의적 선택과 해석에 근거한 타당하지 않은 주장이다. 그럼에도 불구하고 일본의 국가권력은 다케시마 고유 영토론에 관한 홍보와 교육을 강화하고 있고, 국내적으로는 이미 상당한 성과를 거둔 상태이다. 다케시마를 일본의 고유 영토로 인식하는 일본 국민의 비율은 급속히 늘어나고 있고, 다케시마가 없으면 안 된다는 식의 사회적 분위기도 확산되고 있다. 다케시마에 대한 일본 국민의 주관적 감정적 애착이 급속도로 강해지고 있는 것이다.

현재 일본은 근대의 제국주의적 성과 즉 만주 지배와 다케시마 지배를 기억에서 적극적으로 소환해내고 있다. 그리고 그 과정에서 일본인으로서의 정체성을 투영하고 결집시킬 수 있는 새로운 '만주 상'과 '다케시마 상'을 만들어가고 있다. 근대 일본의 만주 지배 과정을 고려해볼 때, 향후 독도 문제가 동아시아 지역에 가져올 파장이 우려되는 상황이다. 일본의 국가권력과 우익 세력이 다케시마에 대한 일본 국민의 주관적 감정적 애착을 이용해 동아시아 지역의 긴장 관계를 조장하고, 이를 다시 헌법 개정을 위한 모멘텀으로 전환시켜 나가려는 것은 아닌지 우려스럽다. 적극적인 대처가 필요한 시점이다.

8

장소의 신체적 초월성과 상황성

: 메를로퐁티의 『지각의 현상학』에서 찾은

1. 장소론의 기초, 몸

장소에 대한 대부분의 담론은 장소 개념이 정립되지 않고 있음을 염두에 둔다. 말파스는 "장소에 관한 기존 문헌들의 논의는 장소의 개념이 결코 명확히 규정되지 않는다는 것을 분명히 보여준다."라고[1] 말한다. '토포필리아' 즉 '장소애'라는 말을 주조한 투안은 "길 안내를 해줄 모든 것을 아우르는 개념은 없다. 최선은 제한된 개념들로 토포필리아라는 주제를 구성해내는 것이다."라고[2] 쓰고 있다. 또 크레스웰은 『장소』라는 책에서 '장소 정의하기'를 첫 장으로 내세우면서, "장소는 학문적 용어로 전문화된 단어가 아니라, 영어권에서 일상적으로 사용되는 단어이다."라고[3] 한다. 그런가 하면, 렐프는 논객들이 장소를 규정하는

1   J. Malpas, 『장소와 경험: 철학적 지형학』, 김지혜 옮김, 에코리브르, 2014, 33쪽.
2   Y.-F. Tuan, 『토포필리아』, 이옥진 옮김, 에코리브르, 2011, 19쪽.
3   Cresswell, T. (2004), "Holistic Environment Ethics and the Problem of Ecofas-

작업들을 소개한 뒤, "장소 개념의 의미에 대한 혼동은 당연한 것으로
보인다. 결론적으로, 엄밀하게 정의하는 방식으로 장소 개념을 명료하
게 할 수는 없다."라고[4] 말한다.

　장소 담론을 둘러싼 이러한 정황은 장소에 관한 철학적 논의가 아직
덜 성숙한 데 그 이유를 찾을 수도 있다. 하지만 그보다는 흔히 더불어
비견되는 공간에 비해 장소 개념이 적용될 수 있는 영역이 다양할 뿐
만 아니라 그 영역들 간의 관계가 복잡하다는 데서 그 이유를 찾아야
할 것이다.

　장소가 적용될 수 있는 영역 중 다소 낯설게 여겨지는 대표적인 대
상 영역으로 몸을 꼽을 수 있다. 몸은 장소가 성립하는 데 기본적인 구
성 요소로서 작동한다. 몸 가는 거기에서 장소가 성립한다고 해도 과
언이 아니다. 인간 몸은 물론이고 '서식지'라는 말에서 알 수 있듯이 생
물체 일반도 그 몸이 정착하거나 이동하는 데 따라 각기 특정한 장소
가 성립한다.

　특히 인간 몸을 중심으로 장소의 성립과 그에 따른 구조적인 관계를
파악하는 데 철학적으로 기반을 제공하는 인물이 메를로퐁티(Maurice
Merleau-Ponty, 1908-1961)다. 이 글에서는 메를로퐁티의 주요 저작
들에 나타나는 관련 내용들을 추출하여 몸과 장소의 근본적인 관계를
고찰해서 정돈하고 그 장소론적인 의미를 밝히고자 한다.

---

cism" in *Beyond the Land Ethic*, SUNY, p. 2.
4　E. Relp, 『장소와 장소상실』, 김덕현·김현주·심승희 옮김, 논형, 2005, 30쪽.

2. 장소의 초월적 기능

메를로퐁티는 '장소'라는 말을 거의 한정해서 사용한다. 그 대신 '공간'
이라는 말을 많이 활용한다. 말하자면, 그의 사유에서는 '장소' 개념이
특별히 철학적인 위상을 확보하지 못하고 있다. 하지만, 그가 공간들
에 대해 제시한 언명들에는 장소 연관의 함축들이 많이 매설되어 있
다. 다만, 그 함축들은 주로 인식론적인 성격을 띤다.

  그 내용을 개괄하면 이렇다. 첫째, 메를로퐁티의 몸 현상학에서 볼
때, 장소는 일차적으로 뭇 형태의 경험적인 공간들을 가능케 하는 초
월적(transcendental) 기능을 한다. 둘째, 장소는 경험적 공간들에 존
재하는 사물들과 사건들이 현실적인 의미를 갖도록 하는 초월적 기능
을 한다. 셋째, 따라서 장소는 공간들과 사물들 및 사건들에 대해 일컫
자면 '장소론적인 초월성(place-logical transcendentalit)'의 성격을 띤
다. 여기에서 핵심은 장소가 갖는 이른바 '장소론적인 초월성'에 대한
인식론적 근거가 무엇인가 하는 것이다.

2.1 뇌-장소의 초월적 기능

최근에 인공지능 연구에 관련해서 인지과학이 중요한 학문으로 대두
되고 있다. 그런데 인지과학의 연구에서 특히 바렐라(Francisco J. Va-
rela, 1946-2001) 등은 인지에서 작동하는 몸의 근본성을 강조하면서
'체화된 마음(the embodied Mind)'이라는 제목의 책을 썼다.[5] 그들은

---

5 이 책은 1991년에 출간되었는데 국내에서는 『몸의 인지과학』(프란시스코 바렐라
외 지음, 석봉래 옮김, 김영사, 2013)으로 번역 출간되었다.

이 책을 통해 인지과학의 연구에서 메를로퐁티의 몸 현상학이 갖는 중
요성을 한껏 강조한다. "이 책에서 우리가 소개할 학문은 한 세대 이전
프랑스의 철학자 모리스 메를로퐁티가 제기한 연구과제의 현대적인
연장이라 생각할 수 있다."라고 말할[6] 정도다. 그렇지 않더라도 현대의
인지과학은 신경과학에 입각한 뇌 연구가 뒷받침되지 않고서는 불가
능하다고 여겨진다. 뇌의 신경학적인 구조와 기능 및 과정에 따라 마
음이 발생하고 그에 따른 인지 활동이 이루어진다고 여기는 것이 학계
의 상식이다. 말하자면, 몸 담론과 뇌 담론은 떼려야 뗄 수 없다.[7]

　메를로퐁티 역시 몸 현상학을 본격적으로 전개하기 전부터 뇌에 관
한 연구 결과들을 철학적으로 검토했었다.[8] 메를로퐁티는 그의 주저인
『지각의 현상학』에서 뇌가 갖는 신경심리학적인 장소성을 이렇게 말
한다.

　　뇌는 "형태를 만드는" 장소(lieu)가 된다. "형태 만들기(mise en forme)"는
　　심지어 피질[의 작용의] 단계보다 앞서 개입한다. 그리고 (신경 체계의 입
　　구에서부터) 자극과 유기체(organisme)의 관계들을 혼합한다. 흥분은 횡
　　적인 기능(fonction transversale)들에 의해 파악되고 재조직된다. 이 횡적
　　인 기능은 흥분을 그 흥분이 일으키게 될 지각과 닮게[9] 만든다.[10]

6　F. Varela, T. Evan, R. Eleanor 『몸의 인지과학』, 석봉래 옮김, 김영사, 2013, 17쪽.
7　이를 일러주는 여러 저작이 있지만, 그 대표적인 책으로 인지신경과학 영역을 개
척해 주도하고 있는 가지니가(Michael S. Gazzaniga, 1939-)가 2015년에 출간한 『뇌,
인간의 지도(*Tales from Both Sides of the Brain*)』(박인균 옮김, 추수밭, 2016)를 들
수 있다.
8　특히 그의 국가박사논문인 *La Structure du Comportment*(1942, 『행동의 구조』)
에서부터 이미 깊이 있게 탐구되었다.
9　이렇게 굵은 글씨로 쓴 것은 흥분과 지각이 전혀 다른 차원의 것인데 닮았다고 말
하는 것이 어색하지만 구조에 있어서 닮았다고 말할 수 있음을 지적하기 위한 것으로

신경의 흥분은 외부로부터 신경을 포함한 유기적 조직 즉 몸에 자극
이 가해짐으로써 일어난다. 외부 자극에 의한 신경 흥분은 뇌를 통과
하고, 그럼으로써 지각의 광경이 구조적으로 어떤 형태를 띠고서 나타
난다. 그리하여 흥분과 지각이 닮게 되는데, 중요한 것은 그렇게 닮도
록 하는 것이 횡적인 기능이라는 사실이다. 메를로퐁티는 이 횡적인
기능에 대해 일찍이 『행동의 구조』에서 설명했다.

> 신경 지배가 이루어지는 지점들의 흥분 또는 억제는 실로 나머지 대뇌피질
> 에서 일어나는 사태에 의존한다. 상호 유인(induction réciproque) 그리고
> 하나의 반작용이 그것보다 앞선 반작용에 의해 자기 수용적으로 조건화되
> 는 것은 실로 '횡적인 기능들(fonctions transversales)'에 의존한다.[11]

여기에서 횡적인 기능은 뇌 속에서 일어나는 작동방식을 지시한다.
뇌의 횡적 기능은 뇌의 한 지점이 나머지 지점들의 상태에 따라 흥분
하거나 억제되는 것이다. 뇌에 포진된 지점들 사이에 상호 유인이 일
어나고 작용과 반작용이 되먹임에 따라 재귀적인 순환이 일어나는 것
이 뇌의 횡적인 기능이다.

그런데 뇌의 이러한 횡적인 기능은 뇌 내부에서의 결과만을 초래하
지 않는다. 뇌 바깥에서 주어지는 자극과 유기체의 반응을 혼합하고,
그에 따라 하나의 형태를 만들어 신경 흥분과 그에 따른 지각을 '닮게'

여겨진다.

10   Merleau-Ponty, M., *Phénoménologie de la Perception*, Librairie Gallimard,
1945, p. 89.

11   Merleau-Ponty, M., *La Structure du Comportment*, Presses Universitaires de
France, 1942, p. 65.

만든다. 결과를 중심으로 간단히 말하면, 뇌의 횡적인 기능 덕분에 우리가 지각하는 세계가 뇌를 중심으로 한 몸의 신경적인 흥분과 전체적인 형태와 대응 관계를 이룬다는 것이다. 횡적인 기능을 발휘함으로써 이러한 공통된 형태를 만드는 장소가 바로 뇌다.

우리는 몸을 통해 세계를 지각한다. 뇌는 몸을 신경적으로 지배한다. 그리하여 뇌는 몸이 세계를 지각할 때, 몸의 신경적인 형태에 따라 세계가 그러그러한 형태를 지닌 것으로 지각되게끔 한다. 뇌는 세계에 대한 경험과 경험되는 세계를 미리 규정한다. 철학에서는 경험을 그 형태에 있어서 미리 규정하는 작용의 성격을 일컬어 '초월적(transcendental)'이라고 말한다. 그러니까, 뇌가 지각과 세계의 형태를 만드는 장소라고 할 때, 그 장소는 지각되는 세계의 경험적인 공간과 그 공간에서 주어지는 사물 및 사건의 경험적인 장소들에 대해 초월적인 기능을 하는 것이다. 이를 일컬어 우리는 '뇌-장소의 초월적 기능(transcendental function of brain-place)[12]'이라 부르고자 한다. 이에 따라 '초월적 뇌-장소(transcendental brain-place)'라는 용어를 주조해 쓸 수 있을 것이다.

2.2 장소의 횡적 구조

그렇다면 뇌-장소의 횡적 기능의 구조는 경험적인 장소들에 투사되어 나타날 것이다. 말하자면, 흔히 말하는 장소의 가치는 그 장소를 구성하는 공간적인 지점들이 갖는 가치들을 합산한 것일 수 없다. 뇌의 횡

---

12   메를로퐁티의 고찰에 힘입어 주조한 용어이기에 'fonction transcendentale du cerveau-lieu'라는 식으로 프랑스어로 표기해야 하나, 독자 대중들의 편의를 위해 영어로 표기했다.

적 기능의 구조와 마찬가지로, 경험적인 장소에서 한 공간적 지점이 갖는 가치는 거기 다른 모든 공간적 지점들이 갖는 가치들에 따라 결정되고, 따라서 상호 유인의 관계 속에서 되먹임에 의한 재귀 순환적인 연결망에 따라 산출된다.

이같이 초월적 뇌-장소가 횡적인 역동성을 지님에 따라 이에 근거한 경험적인 뭇 장소들 역시 횡적인 역동성을 갖는다. 이러한 장소의 역동성은 그 장소에 존재하는 사물들과 거기에서 일어나는 사건들이 갖는 의미와 가치를 한 가지로 결정되지 않고 다중적으로 그리고 잠정적으로 산출되게끔 한다.

그렇다고 해서 장소에서 산출되는 의미와 가치와 관계를 맺고서 이루어지는 주체의 제반 행동들이 아무런 방향이 없는 것은 아니다. 만약 그렇다면 무질서가 지배함으로써 주체의 삶은 불가능할 것이다. 『앎의 나무』의 공저자인 마투라나와 바렐라는 "삶이 곧 앎이다."라고 말한다.[13] 장소를 벗어난 삶은 불가능하다. 삶의 가능성은 앎의 가능성과 직결된다. 앎은 질서를 수반하는 형태들에 의해 이루어지면서 그 형태들을 파악하기도 한다. 뇌-장소는 선험적인(a priori) 형태들을 만들어 내고, 경험적인 장소는 그것에서 산출되는 의미와 가치를 현실적인 형태로 만들어 주체의 행동이 순간순간 나름 일정한 방향을 갖도록 한다.

주시해야 할 점은 뇌-장소가 경험적 장소들에 대해 초월적 기능을 발휘하듯이, 경험적 장소는 그 바탕에서 작동하는 뇌-장소의 힘을 빌려 사물들과 사건들의 의미와 가치를 가능케 하는 2차 수준의 초월적 기능을 발휘한다는 점이다.[14] 이에 우리는 일반적으로 장소가 삶을 통

13　H. Maturana, F. Varela, 『앎의 나무』, 최호영 옮김, 갈무리, 2007, 197쪽.

14　이에 비추어 보면, 뇌-장소는 1차 수준의 초월적 기능을 발휘한다고 할 것이다.

해 생산되고 향유되는 의미와 가치에 대해 초월적 기능을 발휘한다고
말한다.

2.3 몸-장소의 초월적 기능

경험적인 장소에서 사물이나 사건을 경험하는 주체는 뇌가 아니라 몸
이다. 뇌 자체만으로 보면, 뇌가 경험하는 것—뇌가 굳이 경험한다고
말할 수 있다면—은 신경적인 흥분들과 그 조합뿐이다. 그래서 마투
라나와 바렐라는 "신경계는 구성 요소들의 흥분 관계가 맞물려 변화하
는 닫힌 그물체로서 작업한다."라고 말한다.[15] 정작 경험적인 장소에서
세계를 경험하는 주체는 몸이다. 메를로퐁티는 "나는 내 몸속에 존재
한다. 또는 차라리 나는 내 몸이다."라고 말한다.[16] 경험하는 주체가 나
라면, 그 나는 바로 내 몸인 것이다. 이러한 몸 현상학적인 기본 명제
를 바탕으로 메를로퐁티는 자신의 작업에 대해 이렇게 말한다.

> 계속 견지되는 우리의 목표는, 우리를 우리에 대해 존재하도록 하고 우리
> 가 공간, 대상 또는 도구를 인수하도록 하는 원초적인 기능을 명백하게 하
> 는 것이다. 또한, 이러한 전유의 장소인 몸을 기술하는 것이다.[17]

"우리가 우리에 대해 존재하도록 한다"는 것은 내가 나를 반성함으
로써 나의 대상으로 삼아 나를 이른바 대자적(對自的, pour-soi)인 존

---

15   같은 책, p. 186.

16   Merleau-Ponty, M., *Phénoménologie de la Perception*, Librairie Gallimard,
1945, p. 175.

17   Ibid., p. 180.

재이게끔 한다는 것이다. 그리고 공간과 대상 또는 도구를 인수하여 전유한다는 것은 우리의 삶을 중심으로 이것들을 인식해서 활용한다는 것이다. 그런데 몸이 이러한 "원초적인 기능"을 발휘한다고 말하면서, 그러한 기능이 발휘되는 장소라고 말한다. 말하자면 몸이 곧 그 장소라고 말하는 것인데, 이에 우리는 '몸-장소(body-place)'라는 말[18]을 쓰게 된다.

몸-장소의 이러한 원초적 기능은 세계 내에서 경험되는 뭇 대상들의 의미와 가치가 성립되도록 한다는 점에서 초월적인 성격을 띤다. 앞에서 우리는 뇌-장소와 경험적 장소를 구분했고, 전자는 1차 수준의 초월적 기능을, 후자는 2차 수준의 초월적 기능을 발휘한다고 했다. 그렇다면 몸-장소가 발휘하는 초월적 기능은 어느 수준에 해당한다고 해야 하는가? 둘의 중간 수준이다. 하지만, 몸-장소는 뇌-장소를 포함한다. 뇌-장소가 그 자체로 보면 폐쇄적이지만, 뇌-장소는 몸-장소에 포섭되어 있음으로써 몸-장소를 통해 경험되는 외부 세계로 열린다. 경험적인 삶 전체로 볼 때, 오히려 근원적인 장소는 뇌-장소가 아니라 몸-장소다. 달리 보면, 뇌-장소는 몸-장소의 수단인 것이다. 하지만, 몸-장소는 그 자체로 세계를 향해 열려 있다. 근본적인 형식에서는 경험적 장소로 열려 있고, 실질적으로는 경험되는 세계로 열려 있다.

몸-장소가 이렇게 개방적이라는 점은 뇌-장소와 경험적 장소가 횡적인 역동성을 갖는 것과 마찬가지로 몸-장소 역시 횡적인 역동성을 갖는다는 사실과 연결된다. 이를 염두에 두고 보면, 메를로퐁티의 다음과 같은 언명을 이해하게 된다.

---

18   프랑스어로 표기하면 'corps-lieu'이다.

만약 살아 있는 몸이 제3인칭적인 과정이 일어나는 장소임을 인정하게 되면, 행동에 관한 그 어떤 것도 의식에서 보존할 수 없을 것이다.[19]

"제3인칭적인 과정"은 흔히 물리적 세계에서 일어난다고 여기는 사건들의 발생과 소멸의 과정이다. 이 과정마저 근본적으로는 몸-장소에서 일어난다는 것이다. 자못 의미심장한 주장이다. 흔히 물리적인 과정을 인과-결정적인 것으로 취급한다. 하지만, 그런 인과-결정적인 물리적 세계는 추상적인 논리적 사유에 의해 이념화된 것으로서 기실 물리학적인 차원의 세계이다. 물리학적인 차원의 세계는 삶에서 작동하는 물리적 세계가 아니다.

메를로퐁티는 물리적 세계를 "늘 주어지는 자극들과 유형적인 상황들이 발견되는 것"으로서 "내가 거주할 수밖에 없는 곳(où)"이라고 말한다. 그래서 그 '곳'은 나의 삶이 "내가 [일방적으로] 선택한 것에 근거해서 성립하지 않고 환경에 의해 규정되어 생겨나는 리듬들을 포함할" 수밖에 없도록 하는 곳이다. 말하자면, 장소로서의 물리적 세계다. 나는 이러한 물리적 세계에 산다. 그래서 "나의 유기적 조직은 세계의 일반적인 형식에 선(先)인칭적으로 결합되어 있는 익명적이고 일반적인 실존"이라고 말한다. 그러면서 메를로퐁티는 "나는 다수의 인과성들[20]이 교차하는 장소가 된다."고 말한다. 당연히 이 인과성도 순수 객관적인 사실들 사이의 객관적인 인과성으로 보아서는 안 될 것이다.[21]

---

19   Ibid., p. 143.

20   메를로퐁티가 이렇게 굵은 글씨로 쓴 것은 '인과성'이라는 용어를 굳이 적용한다면 그렇다는 이야기다.

21   Ibid., p. 99. 물리적 세계에 관한 메를로퐁티는 이러한 이야기는 순수한 나 자신

전반적인 문맥으로 보아, 물리적 세계가 장소(곳)라고 할 때, 그 장소는 경험적인 장소이다. 이렇게 되면, 제3인칭적인 물리적 세계의 과정들 즉 경험적인 장소에서 일어나는 과정들이 몸-장소에서 일어난다고 말하는 셈이 된다. 앞서 우리는 뇌-장소가 몸-장소에 포섭되어 있다고 했다. 그런 것처럼, 경험적인 장소 역시 몸-장소 내에서 성립한다고 해야 하는가? 그렇지는 않다. 몸-장소가 경험적인 장소들로 확장되어 나간다고 해야 온당하다. 이럴 경우, 선험적으로는 경험적인 장소가 몸-장소에 의존하지만, 실질적(material)으로는 몸-장소가 경험 장소에 들어 있다고 해야 한다.

2.4 장소와 시간

하지만, 그 실질적인 포섭 관계는 몸-장소가 경험 장소들에 대해 발휘하는 선험적이면서 초월적인 의미부여의 기능에 의해 가능한 것임을 잊어서는 안 된다. 이 점을 장소 일반에 적용하게 되면, 장소가 지닌 위력을 또 다른 맥락에서 발견하게 된다. 그 출발은 장소에서 시간성이 확립된다는 것이다. 메를로퐁티는 이렇게 말한다.

> 지각 종합은 시간적인 종합이다. 지각 차원에서 주체성은 시간성(temporalité) 이외 아무것도 아니다. 지각 주체에 그 불투명성과 역사성을 허용할 수 있는 것은 이 때문이다. (…) 내 몸은 사건들이 서로를 밀쳐내지 않

만의 자아가 애당초 성립할 수 없다는 것을 나타낸다. 주체 내부의 맥락에서 보면, 이는 순수한 반성으로서 이념화된 순수의식은 애당초 성립할 수 없고 체화된 의식만이 존재한다고 주장하는 것이다. 메를로퐁티는 이러한 물리적 세계를 "일반 세계"라고 달리 부르기도 한다.

고 현재의 주위에 과거와 미래의 이중적인 지평을 처음으로 투사하는 자연
의 장소가 된다. (…) 내 몸은 시간을 소유한다. 내 몸은 현재에 대해 과거
와 미래를 존재하도록 한다. 내 몸은 사물이 아니다. 내 몸은 시간을 견뎌
내는 것이 아니라 시간을 만든다.[22](강조는 인용자가)

말하자면, 주체인 몸이 사건들이 벌어지는 현재의 주위에 과거와 미
래를 끌고 와 투사해서 시간을 만드는 장소가 된다고 말하고 있다. 그
러니까 몸-장소가 시간을 만들어내는 곳이다. 경험적인 장소에서 일
어나는 사건은 시간을 벗어날 수 없다. 그 이유는 경험적인 장소가 몸-
장소와 연동해서 작동하고, 몸-장소에서 만들어지는 시간이 경험적인
장소로 이관되어 경험적인 장소가 시간을 사건에 선험적인 방식으로
투사하기 때문이다. 말하자면, 경험적인 장소가 사건을 시간적인 형태
로 바탕에서부터 구성하기 때문이다.

2.5 장소와 표현

경험적 장소에서 벌어지는 사건은 몸의 지각적인 경험과 관련하여 1차
적으로 여러 감각적인 질을 띤 것으로 현상되고 경험된다. 이때 사건
이 현상하는 것을 표현된다고 달리 말할 수 있다. 그래서 메를로퐁티
는 이렇게 말한다.

내 몸은 표현적인 현상의 장소 또는 차라리 표현 현상의 활동성 자체다.
예컨대 내 몸에서 시각적인 경험과 청각적인 경험은 서로를 함축한다. 그

---

22   Ibid., pp. 276~7.

것들의 표현적인 가치는 지각 세계의 선술어적인(antéprédicative) 통일성
의 기초가 된다. 그리고 그 통일성에 의해 술어적인 표현과 지성적인 의
미의 기초가 된다. 내 몸은 모든 대상의 공통된 짜임이다.[23] (강조는 인용
자가)

우리는 언어적으로건 언어 이전의 감각적인 몸짓으로건 자신의 경
험들을 표현하지 않고서는 '견딜 수' 없다. 표현은 인간을 인간이게끔
하는 근본 활동이다. 그런데 그 근본 활동인 표현이 일어나는 장소가
바로 내 몸이라고 말한다. 즉 몸-장소는 표현을 가능케 하는 바탕이
다. 일반적으로 말해, 장소는 순수한 공간이 아니라 사건들이 표현의
가치를 갖도록 하고 발휘하도록 하는 근원적인 곳(場)이 된다.

어느 장소에 들어서면 그곳이 지닌 특유한 분위기가 있다. 그 분위
기는 그곳에 있는 사물들이 차지하는 장소들에 선험적인 방식으로 초
월적인 기능을 발휘한다. 그래서 동일한 사물이라 할지라도 다른 장소
에 있을 때와 의미와 가치가 달라진다. 그와 더불어 그 장소에서 일어
나는 사건들도 그 장소의 특유한 분위기에 의해 그 나름의 의미와 가
치를 띤다. 이럴 때, 우리는 거기에서 사물들과 사건들이 일정하게 표
정을 갖는다고 말할 수 있다. 표정은 표현되는 모습을 일컫는다. 이렇
듯 장소는 존재하는 것들이 표현되도록 하는 초월적 기능을 하는데,
그 바탕에 몸-장소가 선험적으로 작동한다.

23   Ibid., pp. 271~2.

3. 장소와 공간, 그리고 상황

우리는 어느 장소에 들어서면 그에 따른 상황에 처한다. 상황은 시간
을 응축되도록 하고 방향을 잡도록 한다. 상황에 처하는 주체는 몸이
다. 몸은 장소이기도 하거니와 활동 주체이기도 하다. 여느 경험적인
장소에서는 장소와 주체가 분리되고 구분되기도 하지만, 몸인 주체와
장소는 구분되기는 하나 분리되지는 않는다. 주체로서의 몸은 선험적
으로는 경험적인 장소를 구성하지만, 실질적으로는 경험적인 장소를
찾아간다. 장소를 찾아가는 것은 과제를 해결하기 위한 것이고, 그 과
제는 항상 타인들과 연결되어 주어진다. 이와 관련해서 메를로퐁티는
이렇게 말한다.

> 광경의 방향 설정을 위해 도입되는 것은 객관적인 공간 속의 사물과 같은
> 사실상의(en fait) 내 몸이 아니라, 가능한 활동들의 체계로서의 내 몸이
> 다. 말하자면 현상적인 "장소"(le 《lieu》 phènoménal)를 가지는 잠정적
> (virtuel) 몸이다. 그 현상적인 "장소"는 그 몸이 겨냥하는 과제와 그 몸이
> 놓인 상황에 의해 결정된다. 내 몸은 거기에서 뭔가 해야 할 일이 있다.[24]

내 몸이 현상적인 장소를 갖고, 현상적인 장소가 해결해야 할 과제
와 상황에 의해 결정된다고 말한다. 그렇다면 내 몸이 경험적인 장소
에서 활동할 때 그 활동의 선택과 방향 역시 과제와 상황에 의해 결정
되는 셈이다. 현실적으로 보면, 이는 당연한 이야기다. 거꾸로 말하면,
장소는 거기에서 상황이 벌어짐으로써 비로소 제대로 된 장소로서 현

---

24   Ibid., p. 289.

상한다(드러난다). 장소와 상황의 성립은 내 몸을 중심으로 동시적으로 성립한다. 그렇다면, 몸이 근본적으로 어떻게 존재하기에 이렇게 장소와 상황을 동시에 일으키는가? 이와 관련하여 메를로퐁티는 공간을 끌어들인다.

3.1 몸 공간의 상황성

메를로퐁티의 공간론에서 출발점은 '몸의 공간(espace du corps)' 또는 '몸의 공간성(spatialité du corps)'이다. 이러한 몸의 공간성은 초월적인 기능을 하는 몸-장소에 입각한 몸의 장소성에 기초해서 성립한다.

메를로퐁티에서 공간은 기본적으로 사물들 사이의 관계에서 성립한다. 그러니까 공간은 일의적으로 매끈하게 정의되지 않는다. 사물들의 특성에 따라 사물들 사이에서 이루어지는 관계의 성격이 달라지고, 또 그 성격에 따라 공간성이 달라진다. 사물들의 관계라고 할 때, 그 사물은 서로 관계를 맺는 사물들 각각을 구성하는 부분들을 지칭할 수도 있다. 중요한 것은 어느 한 사물에 속한 부분들끼리 어떤 성격의 관계를 맺는가에 따라 그 사물의 종적(種的) 특성이 달라진다는 점이다.

자신을 구성하는 부분들 간에 가장 특이한 관계를 맺고 있는 것이 우리의 몸이다. 우리의 몸을 구성하는, 예를 들어 팔과 다리의 관계는 하나의 책을 구성하는 표지와 속지의 관계와 그 방식이 전혀 다르다. 이에 관련해서 메를로퐁티는 이렇게 말한다.

> 우선 몸의 공간성을 기술해보자. 만약 내 팔이 책상 위에 있다면, 나는 재떨이가 전화기 옆에 있듯이 내 팔이 재떨이 옆에(à côté de) 있다고 말할 생각은 결코 못 할 것이다. 내 몸의 윤곽은 일상적인 공간의 관계들이 침

범하지 못하는 경계다. 내 몸의 부분들은 특유한 방식으로 서로 관계를 맺는다. 그것들은 서로의 옆에서 펼쳐져 있지(déployées) 않고, 서로에게 감긴다(enveloppés). 예를 들어 나의 손은 점들의 집합이 아니다. (…) 손의 여러 지점은 하나의 체계를 형성한다. 나의 손의 공간은 공간적인 가치들의 모자이크가 아니다.[25]

여기에서 메를로퐁티가 문제 삼고 있는 것은 몸의 부분들 간의 관계다. 몸 바깥에 있는 사물들에 대해서는 흔히 "옆에 있다"라든가 "붙어 있다"라든가 "앞에" 혹은 "뒤에" 있다는 식으로 말한다. 말하자면, 사물들이 일정하게 열려 있는 공간 속에 "펼쳐져 있다"라고 말한다. 그러나 몸에 있는 부분들에 대해서는 그렇게 말할 수 없다는 것이 메를로퐁티의 주장이다. 그럼으로써 몸 자체의 공간은 흔히 몸 바깥의 공간, 특히 객관적인 공간과는 전혀 다른 성격을 띤다고 말한다.

그렇다면, 몸에 속한 부분들은 어떤 관계를 맺고 있을까? 메를로퐁티는 손을 구성하는 부분들을 예로 들어 그것들이 "점들의 집합"이나 "공간적인 가치들의 모자이크"가 아니라, "하나의 체계를 형성하고" "서로에게 감긴다"라고 말한다. 이는 무슨 말일까? 그의 말을 들어보자.

실제로 내 몸의 공간성은 외부 대상들의 공간성과 같은 것이 아니다. 혹은 "공간적인 감각들"의 공간성, 즉 위치의 공간성(une spatialité de position)이 아니다. 내 몸의 공간성은 상황의 공간성(une spatialité de situation)이다. 만약 내가 나의 사무용 책상을 두 손으로 짚고서 그 앞에 서 있다면,

---

25   Ibid., p. 114.

오로지 내 두 손만이 부각되고 나의 모든 몸은 마치 혜성의 꼬리처럼 그 뒤에서 끌릴 것이다. 이는 내가 나의 두 어깨나 나의 허리가 차지하고 있는 자리를 무시한다는 것을 뜻하는 것은 아니다. 그것들의 자리가 내 두 손의 자리에 감겨 있다는 것을 뜻한다. 그래서 나의 모든 자세는 나의 두 손이 짚고 있는 책상 위의 지점에 의존해서 해독되는 것이다.[26]

몸의 공간성을 특별히 "상황의 공간성"이라고 말한다. 앞서 말한 것처럼, 상황에는 거기에 처한 주체인 몸, 과제, 과제와 관련된 환경적인 지평, 그리고 무엇보다 과제와 연루된 타인들이 있다.

그런데 여기서 메를로퐁티는 주어진 과제를 해결하기 위해 내가 특정한 자세를 취하고, 그 자세에서 중심이 되는 몸의 부분을 중심으로 몸의 다른 부분들이 "감겨드는" 것을 지칭하여 "상황의 공간성"이라고 한다. 이때 감겨드는 몸의 부분들은 과제와 관련하여 매 순간 각기 그 위상을 달리할 것이다. 몸 공간은 그 부분들이 균등하거나 등가적인 것이 아니다. 몸 공간의 부분들은 상황에 따라 여러 다른 방식으로 중첩되면서 힘들을 주고받는다. 그런 가운데 그것들은 밀도에서 차이를 자아내면서 서로 연결되어 연속적인 장(場)을 형성한다. 이 연속적인 장이 바로 몸 공간이라 할 수 있을 것인데, 이 장은 몸이 움직이는 데 따라 역동적으로 그 구조적인 형태를 바꿀 것이다. 이는 저 앞에서 뇌-장소의 횡적인 기능과 그 역동적인 구조와 흡사하다.

상황 내에서 활동하는 내 몸의 부분들이 갖는 위상과 그에 따른 정보의 불균등한 교환을 파악하는 것은 지성적 추론에 의한 것이 아니다. 몸에 즉각적으로 알려진다. 메를로퐁티는 이러한 앎을 "절대적 앎"

---

26   Ibid., p. 116.

이라고 말한다.[27] 예를 들어, 기타를 잘 치는 사람은 전혀 볼 필요 없이 이미 몸 자체로 자신의 손가락들이 어디에서 어디로 작동하고 있는가를 안다.

이러한 몸의 절대적 앎은 몸이 그동안 활동하면서 획득한 습관과 깊이 연결된다. 메를로퐁티는 몸이 특정한 어느 도구를 익숙하게 사용하게 되는 것을 일컬어 몸이 그 도구에 관한 몸틀(신체 도식, le schema corporel)을 갖춘다고 말하고, 그럼으로써 습관이 형성된다고 말한다. 주어진 상황에서 이루어지는 역동적인 몸 공간 내의 부분들 사이의 위상적인 배치는 몸틀이 어떠냐에 따라 다르게 이루어진다.

정돈하자면, 몸의 상황적 공간성은 기하학적이고 객관적인 공간의 성격을 전혀 지니지 않는다. 후자의 공간은 원리상 그 안의 부분들이 등가적이고 균등한데, 몸의 공간은 몸이 처한 상황에 따라 그 부분들의 공간적인 가치가 수시로 달라지기 때문이다. 그 바탕에 몸-장소의 열린 역동성이 작동하는 것은 물론이다.

자, 아무튼 상황적 공간성은 몸 공간에서 작동하는 목적 지향적인 과정을 통해 저 앞에서 뇌-장소를 말하면서 제시한 '형태'를 형성하게 된다. 이와 관련해서 메를로퐁티는 이렇게 말한다.

나의 몸이 하나의 "모양"이고 또 나의 몸 앞에 차별 없는 바탕들 위의 특권화된 모양들이 있다고 할 때, 그 일이 가능한 것은, 나의 몸이 자신의 과제들에 의해 극화(極化)되고, 그 과제들을 향해 존재하고, 자신의 목표를 달성하기 위해 자기 자신으로 집중되기 때문이다.[28]

---

27   Ibid., pp. 116~7 참조.
28   Ibid., p. 117.

여기에서 메를로퐁티가 "차별 없는 바탕"이라 한 것은 "특권화된 모양들"에 비해서 그렇다는 것이지 잠정적으로도 차별이 없다고 한 것은 아니다. 바탕을 이루는 주변 대상들 각각이 "특권화된 모양들"에 대해 지평으로서 어느 정도로 영향을 미치는가에 따라 잠정적으로는 각각의 공간적인 가치에 있어서 차이가 발생한다.

어쨌건, 상황적인 공간이란 그 속에 몸이 해결하고자 하는 목표에 주도적으로 관여하는 대상들이 형성하는 모양들(figures)이 주변의 다른 대상들을 바탕(fond)으로 해서 마치 몸을 향해 불룩 튀어나온 것과 같은 다채로운 형태들(formes)을 역동적으로 변경시켜가며 만들어내는 것이다. 이렇게 되면, 몸이 개입하지 않는 공간이 없는 한, 우리가 거기에서 '살아가는' 공간은 몸의 관심과 그에 따른 움직임에 따라 계속 새롭게 생성 소멸하는 형태들의 역동적인 장소라 할 수밖에 없다.

3.2 체험적인 외부 공간

몸 자체의 공간뿐만 아니라 몸이 활동하면서 놓여 있는 공간 역시 상황에 의해 그 구조적인 배치가 달라진다. 그것은 몸의 공간과 몸 밖의 공간이 상황적 성격을 매개로 상호 교환되면서 서로의 구조를 반영하기 때문이다. 이럴 때, 몸 밖의 공간은 상황에 대처하면서 이루어지는 체험과 필연적으로 연결된다. 말하자면, 상황의 공간은 곧 체험적인 공간성을 띠는 것이다.

내 몸은 단 한 순간도 빠짐없이 나를 따라다닌다. 당연한 이야기지만, 우리가 공간을 경험할 때도 마찬가지다. 그런데 그럴 때 그 공간 속에 우리의 몸이 함께 현존한다는 것을 경험하고 동시에 그 공간이 우리의 몸과 떼려야 뗄 수 없는 필연적인 관계를 맺고 있다는 것도 경험한다. 이같이 몸을 포괄하면서도 몸이 없이는 성립할 수 없는 경험적인 공간을 체험적 공간이라 부른다.

하지만, 기하학적이거나 순수 객관적인 물리학적 공간에는 원리상 몸이 없다. 특유한 학문적 사유를 하는 지성에 의해 몸을 중심으로 실제로 경험하는 체험적 공간에서 짐짓 몸을 빼버리기 때문이다. 이렇게 체험하는 몸을 '빼버리기'(추상하기) 때문에, 기하학적인 공간은 실질적이고 구체적인 공간이 아니라 추상적인 공간이다.

이를 뒤집어 생각하면 안 된다. 기하학적인 수식으로 표현되는 균질하고 등가적인 추상적이고 객관적인 공간이 본래 먼저 있었는데, 거기에 우리의 몸이 개입해 들어감으로써 몸 중심의 상황적이고 체험적인 공간이 사후에 형성되었다고 생각하면 안 된다. 특정한 지성적 사유에 의해 '몸을 빼내는 것'과 그에 따라 '순수 기하학적·객관적 공간을 정립하는 것'은 어디까지나 몸의 상황으로부터 파생된 가상적인 추정에 불과하기 때문이다. 그래서 메를로퐁티는 이렇게 말한다.

> 몸 공간이 진실로 객관 공간의 단편이 될 수 있는 것은 몸 공간이 그 특이성 때문에 객관 공간을 보편 공간으로 변형시키는 변증법적인 활력의 요인을 자신 속에 포함하고 있는 한에서이다. (…) 따라서 결국 내 몸은 나에 대해 공간의 단편이기는커녕, 내가 몸을 갖지 않는 한, 나에 대해 공간도 없는 것이다.[29]

이미 늘 상황에 처해 있을 수밖에 없는 몸에 근거해서, 그리고 몸 자체의 공간이 근원적으로 지닌 상황성과 이와 지향적으로 상관하는 체

---

29   Ibid., pp. 118~9.

험적-상황적인 외부 공간에 근거해서 기하학적-물리학적인 객관적-
보편적 공간이 성립한다는 것이다.

이에 빗대어 건축의 공간을 생각할 수 있다. 건축을 위해서는 측정
을 해야 한다. 측정되는 공간은 물리학적인 객관성을 띤다고 할 수 있
을 것이다. 그런데 건축은 그 속에 몸 또는 여러 몸들이 특정한 목적
에 따라 거주하는 것을 염두에 두고서 이루어진다. 그리고 보면, 건축
의 공간은 이중성, 즉 물리적-객관적인 성격과 체험적-상황적인 성
격을 아울러 지닌다. 그런데 이 이중적 성격에서 목적이 되는 것은 후
자이지 전자가 아니다. 물리적-객관적인 건축 공간은 체험적-상황적
인 건축 공간을 위해 그 수단으로써 활용된 뒤, 체험적-상황적인 건
축 공간으로 포섭된다. 그럼으로써, 다소 말이 복잡하지만, 물리적-
객관적인 건축 공간은 체험적-상황적인 방식으로 물리적-객관성을
띤다.

3.3 거주 공간의 근원성

삶을 영위하는 것은 생물체들의 경우 서식하는 데서 그리고 우리 인
간은 거주하는 데서 시작된다. 거주하는 데는 일정한 공간, 즉 물리
적-객관적인 공간이 필요하다. 공간은 누군가의 거주를 통해 체험적
공간의 성격을 띠게 된다. 이와 관련해 메를로퐁티는 '…속에 있다'
는 것과 '…에 거주한다'는 것을 선명하게 구분한다. 그는 이렇게 말
한다.

따라서 우리의 몸은 공간 속에(dans) 있다고 말해서도 안 되고, 더군다나
시간 속에(dans) 있다고 말해서도 안 된다. 우리의 몸은 공간과 시간에 거

주한다(habite).[30]

'···속에 있다'는 것은 예를 들어 상자 속에 구슬이 들어 있다거나 컵 속에 물이 들어 있다고 할 때처럼, 그러니까 용기(容器)와 그 속에 들어 있는 것 간에 성립하는 관계처럼 상호 외적인 힘에 의한 것이지 그 것들 간의 본질적인 관계에 의한 것이 아니다. 그것들 간의 관계는 즉 자적(卽自的)인 관계로서 본질상 서로가 서로에 대해 존재하는 대타적 (對他的)인 것이 아니다. 하지만, '··· 속에 거주한다'는 것은 거주하는 곳과 거주하는 것 사이 그 본질에 의한 필연적인 관계를 통해 성립한 다. 집은 그 집에 사는 사람의 욕망과 관심 및 취향과 떼려야 뗄 수 없 는 관계를 맺는다. 그 반대도 마찬가지다. 이는 하이데거가 "내존재 (In-sein)"를 설명하는 것을 그대로 받은 것이라 할 수 있다.[31]

그런데 하이데거가 주로 공간 관계에 집중해서 이를 비교하는 것과 달리, 메를로퐁티는 이를 시간 관계에까지 확장한다. 우리의 몸이 공 간과 시간에 거주한다는 것이다. 적어도 몸의 개입을 제거할 수 없는 한, 몸이 활동하는 곳이면 어디든지 그곳이 몸이 거주하는 이른바 장 소라는 것이다. 그래서 이렇게 이야기된다.

나는 공간과 시간을 생각하지 않는다. 즉 나는 공간 안에 있으면서 공간을 향해 있고 시간 속에 있으면서 시간을 향해 있다. 나의 몸은 시간과 공간 에 적응하면서 그것들을 포용한다. 이러한 포용의 넓이에 따라 내 현존의

---

30   Ibid., p. 162.

31   Heidegger, M., *Sein und Zeit*, Max Niemeyer Verlag, Tübingen, 1972. / 원저 초판은 1927년. p. 54. M. Heidegger 『마르틴 하이데거, 존재와 시간』, 이기상 옮김, 까치, 1998, 82쪽 참조.

넓이가 결정된다. 그러나 어쨌든 그 포용의 넓이는 총체적일 수 없다. 내가 거주하는 공간과 시간은 항상 다른 시점(視點)들을 포함하고 있는 비결정적인 지평들을 갖는다. 공간의 종합과 시간의 종합은 항상 다시 시작된다.[32]

공간과 시간 속에 집도 있고 길도 있고 거기에서 비도 오고 바람도 분다. 그런데 길을 예로 들자면, 직선으로 뻗어 있는 고속도로와 구불구불하게 나 있는 시골길은 전혀 느낌이 다르다. 고속도로는 차가운 느낌이고 구불구불한 시골길에는 정감을 풍긴다. 부도를 내고 도망 다니는 사람이 보내는 시간과 연애를 시작한 끝에 이제야 사랑하는 사람과 불같은 사랑을 나누는 사람이 보내는 시간은 전혀 다른 느낌을 준다. 그러니까 언뜻 생각해보아도 알 수 있지만, 우리가 공간 혹은 시간 속에 있다고 할 때, 우리는 결코 질적으로 완전히 탈색되어 중립적이고 순수 보편적인 공간 혹은 순수 보편적인 시간 속에 있는 것이 아니다. 엄격하게 말하면, 이러한 공간과 시간은 없다. 느낌이 공간과 시간 속에 이미 늘 짜여 있다. 이때 '있다'는 것은 그저 무덤덤하게 즉자적으로 있는 것이 아니라, 전반적인 삶을 이루면서 그야말로 거기에 '거주하는' 것이다. 즉 우리는 시간과 공간을 사는 것이고, 따라서 시간과 공간은 '살아지는' 것이다. 그래서 나에게 친숙한 공간이 있는가 하면 이질적인 공간이 있고, 강도와 밀도가 높은 긴장된 시간이 있는가 하면 강도와 밀도가 낮은 느긋한 시간이 있다. 중요한 점은 이러한 거주하는 시간과 공간은 사유하는 의식을 미리 벗어나 작동한다는 사실이다.

---

32 Merleau-Ponty, M., *Phénoménologie de la Perception*, Librairie Gallimard, 1945, p. 164.

이에 메를로퐁티는 시간과 공간이란 병립된 지점들의 총합도 아니고, 의식이 종합해내는 관계들의 무한성도 아니라고 말한다.

이렇게 시간과 공간이 거주의 장소로서 주어지는 것은 몸 때문이다. 우리의 몸은 있되 그저 있지 않고 몸-장소로 있어 자신이 거주하는 공간과 시간을 실질적인 선험성(a priorité matérielle)을 지닌 경험적인 장소의 근본 형식으로 만든다. 이때 몸은 시간과 공간을 경험적인 장소의 근본 형식으로 만들어내는 몸의 작용에 대해 메를로퐁티는 우리가 시간과 공간을 향해 있다고 말한다. 그리하여 원리적으로 몸은 시간과 공간을 계속해서 새롭게 체화시키고 그럼으로써 자신이 지금 여기에서 확보하는 현존의 범위를 확장해나간다. 어느 곳이건 처음 어떤 곳에 가면 내 몸의 주변 공간뿐만 아니라 몸 공간 자체가 한껏 줄어든다고 느낀다. 그 반면, 늘 가는 친숙한 곳에 가면 내 몸의 주변 공간과 몸 공간 자체가 대단히 넓은 것처럼 느낀다. 그만큼 시간과 공간이 더 많이 체화되고 그로 인해 경험적인 장소가 더 밀접하면서도 확장된 것으로 체험된다. 그런 가운데 내 몸은 그만큼 더 자유롭게 된다.

거주하는 공간성은 내 몸이 체험적으로 살아내는 공간성이다. 사실, 이는 종전의 철학자들이 결코 찾아내지 못한 영역이다. 그런데 메를로퐁티는 이런 공간성을 "몸에 입각한 공간성(la spatialité corporelle)"이라 말한다. 이 공간성은 "나는 …할 줄 안다"라는 종류의 앎에 의해 영위되는 뭇 영역들에서는 무조건 두드러지게 나타난다. 수영할 때, 자전거를 탈 때, 톱질이나 대패질을 할 때, 등반할 때, 피아노를 칠 때, 춤을 출 때, 인사를 할 때 등과 같이 우리의 몸으로써 다른 도구들을 다루고 다른 인간들을 만날 때, 이러한 "몸에 입각한 공간성"이 여실히 작동한다. 그럴 때 우리의 몸은 그저 객관적인 공간, 즉 피부를 경계로 해서 한정되는 부피의 공간에 머물지 않는다. '…할 줄 안다'는 역량으

로 뭇 도구들을 체화하여 포섭함으로써 몸의 공간성은 외부로 전이되
어 확대된다. 그래서 공간은 이제 점적으로 혹은 선적으로 혹은 입체
적으로 구획되고 연결되는 곳이 아니다. 이제 공간은 친숙하거나 낯설
고, 안전하거나 위험하고, 가깝거나 멀고, 자연스럽거나 어색하고, 열
려 있거나 차단되어 있고, 풍부한 느낌으로 휘감고 오거나 낌새가 이
상한 등의 성격을 띤 체험적 공간이 된다.

　이렇게 체험적 공간이 만들어지는 것은 몸-장소와 경험적 장소가
원리상 공간에 대해 초월적 기능을 발휘하기 때문이다.

3.4 상황적 지각 공간

'지각의 현상학'이라는 그의 주저의 제목이 일러주듯이, 메를로퐁티가
풀이하는 공간은 근본적으로 지각 공간이다. 지각 공간은 공간 지각과
지향적 관계를 맺는다. 공간 지각의 주체는 물론 몸이고, 그래서 몸-
장소에 의해 공간 지각은 장소 연관을 벗어나서 이루어질 수 없다. 이
에 지각 공간은 객관적인 사물들 사이의 관계에서 성립하는 것도 아니
고 주관적인 의식에 의해 구성되는 것도 아니다. 메를로퐁티는 이렇게
말한다.

　　고전적인 철학이나 심리학은 무관심한(또는 중립적인, désintéressé) 주체가
　　대상들 간의 공간적인 관계들과 그 관계들의 기하학적인 성격들로부터 공간
　　지각(perception de l'espace)을 파악할 수 있다고 여겼다. 이는 공간 지각을
　　인식으로 보는 것이다. 이는 공간에 대한 우리의 모든 경험과는 너무나 먼 추
　　상적인 기능에 불과하다. 그런데 바로 이러한 추상적인 기능을 분석함으로
　　써, 주체가 환경 속에 자리를 잡는 것(la fixation du sujet dans un milieu)이

공간성(spatialité)의 조건임을, 결국 주체가 세계에 내속되는 것(son inhérence au monde)이 공간성의 조건임을 드러내는 데 이르게 되었다.[33]

요컨대 주체와 환경 내지는 세계에 이미 뿌리를 내려 자신의 현존을 유지하는 한에서 지각 공간이 성립하고, 그와 동시에 주체가 뿌리를 내리고 있는 지각 공간에 입각해서 공간 지각을 비롯해 제반 지각이 이루어진다는 것이다.

이러한 공간론은 건축학에서 대단히 중요할 것이다. 건축을 공간을 구성하는 작업이라고 본다면, 그때 공간은 물리적으로 객관화된 공간이 아니라 건축물에서 사는 사람들이 지각하는 공간이고, 거주자들이 공간을 지각한다고 할 때 그것은 바로 그들 삶의 질적인 의미와 긴밀하게 연결된 공간을 지각하는 것이기 때문이다. 삶과 떼려야 뗄 수 없는 건축적인 공간을 염두에 두면 메를로퐁티의 이러한 공간관이 훨씬 실감 나게 다가올 것이다.

이를 더 자세하게 보이기 위해 메를로퐁티는 여러 현상, 즉 메스칼린 중독에 의한 공간, 정신분열적 공간, 밤의 공간 등을 자료로 삼아 논의를 이끈다. 메스칼린 환각 상태에서 느끼는 공간은 몸과 대상들이 한없이 넓게 펼쳐지면서 상호 흡인되는 공간이다. 그런가 하면 정신분열증 환자들이 느끼는 공간은 시간이 정지해버린 듯하고, 그러면서 자신이 그저 하나의 유기체로 전락해 도무지 구체적인 삶을 영위해나갈 수 없는 듯하여 그 속에서 미래를 향해 자신을 추진해갈 수 없는 공간이다. 메를로퐁티는 전자의 메스칼린 중독 현상에서 지각이란 근본적으로 인식적인 정립이 아니라는 것, 그리고 지각 밑에서 더 깊은 차원

---

33   Ibid., pp. 324~5

의 의식 활동이 이루어진다는 사실을 찾아낸다. 그러니까 공간 지각은 근원적으로 몸과 세계가 같은 뿌리의 존재가 공동으로 발휘되는 방식을 취한다. 후자의 정신분열 현상에서는 공간 지각이란 시간과 분리된 것이 아니고 또 시간은 미래로 자신을 열어나갈 가능성에서 비롯되는 것임을 중요하게 여기면서, 공간 지각의 양상들은 결국 주체의 전체적인 삶을 표현하는 것이고, 주체가 자신의 몸과 자신의 세계를 통해서 미래로 자신을 열어나갈 수 있는 에너지를 표현하는 것이라는 사실을 찾아낸다.

메를로퐁티가 이처럼 공간에 관련해서 이상한 현상들을 제시하는 것은 우선 우리의 소위 '정상적인' 공간 지각을 상대화하려는 것이다. 그러면서 정상적인 공간 지각 현상과 비정상적인 공간 지각 현상을 같은 판면에 놓고서 거기에서 파악할 수 있는 차이와 공통점이 무엇이며, 그에 따라 공간 지각 일반에 대해 언명할 수 있는 근본 사태가 무엇인가를 알고자 하는 것이다.

지각하는 한 사람에게서도 공간이 다질적으로 그리고 역동적으로 나타나지만, 서로의 삶의 방식이 다르면 지각의 방식이 달라지면서 공간도 색다르게 나타난다는 것이다. 한 마디로, 공간을 일의적으로 정의하는 것은 근본적으로 불가능하다는 것이다. 그래서 메를로퐁티는 이렇게 말한다.

꿈, 광기 또는 지각을 적어도 반성의 부재들로서 인정하는 한, 그 모든 경험을 단 하나의 세계로 평준화할 권리, 그리고 모든 현존의 양상들을 단 하나의 의식으로 평준화할 권리는 그 누구도 가질 수 없다.[34]

---

34   Ibid., p. 335.

메를로퐁티는 밤의 공간성, 꿈의 공간성, 신화의 공간성, 원시인의 신비적 공간성, 시적 공간성 등을 논의하면서 여러 다양한 공간들을 제시한다. 그것은 공간이란 근본적으로 그 속에 뿌리를 내린 주체가 어떤 방식으로 살고자 하는가, 또는 어떤 방식으로 살 수밖에 없는가에 따라 그 구조와 성격이 크게 달라진다는 것을 보이고자 한 것이다. 이를 통해 우리는 몸-장소의 역동적인 개방성을 통해 경험적 장소들이 다양한 방식으로 구성된다는 것을 알게 된다. 그것은 공간성이 근본적으로 장소성에 입각해서 성립할 수밖에 없기 때문이다.

중요한 점은 이 모든 공간성이 몸의 현존과 직결되어 있다는 사실이다. 몸은 항상 지금 여기에서 자신의 현존을 설립하고 발휘한다. 몸은 항상 특정한 누군가의 몸이고, 그래서 몸의 현존은 곧 그 특정한 누군가의 현존이다. 현존은 타인들과의 관계에서 주어진 과제를 해결하기 위해, 그럼으로써 의미와 가치를 지향하고 실현하는 데서 성립한다. 즉 현존은 항상 상황과 결합해 있다. 이에 지각 공간은 이미 늘 상황적인 공간이다. 그 바탕에 상황을 일구어내는 몸-장소가 작동하고 있고, 그에 따라 상황에 따른 체험적인 장소가 작동하는 것은 물론이다.

4. 마무리. 상황을 매개로 한 공간과 장소

메를로퐁티는 몸 자체가 모든 지각과 경험 및 그에 따른 의미와 표현뿐만 아니라 사유와 판단 및 그에 따른 의미와 표현 등을 가능케 하는 기초로 작동한다고 여긴다. 말하자면, 몸 자체가 경험적인 활동 및 그 결과물들에 대해 초월성을 발휘한다고 여긴다.

우리는 메를로퐁티가 바로 이러한 초월성을 발휘하는 몸을 몸-장소로 보고, 이 몸-장소를 근거로 뭇 인간적인 시공간이 경험적인 장소로서 성립하는 것으로 본다는 것을 그의 저작들을 통해 파악했다. 이에 우리는 몸-장소를 초월적 장소 내지는 근본 장소라 달리 일컫게 된다.

하지만 몸-장소를 근거로 경험적인 장소가 성립한다고 해서 경험적인 장소가 메를로퐁티가 말하듯이[35] 자연에서부터 주어지는 "자연적-원초적인 공간"이 없이 성립할 수 있는 것은 아니다. 한쪽에서 초월적 근본 장소인 몸-장소가 작동하고 다른 쪽에서 근본 공간이라 할 수 있는 자연적-원초적인 공간이 작동하여 그 종합의 결과로서 경험적인 장소가 성립하는 것이다. 흔히 우리가 장소라고 말하는 그 장소들은 경험적인 장소들이다. 그리고 그것들을 경험하는 주체는 활동하는 몸이다.

몸의 활동은 한편으로 현존적인 상황을 구성하는 계기가 되면서, 다른 한편으로 현존적인 상황을 향해 그 상황에 맞추어 이루어진다. 그러니까 경험적인 장소는 현존적인 상황이 전개되는 곳이다. 몸을 바탕으로 한 인간 현존은 우리가 목도하는 온갖 종류의 온갖 방식의 온갖 의미와 가치들을 생산하고 향유한다. 그 모든 생산과 향유는 장소를 초월적 기반으로 해서 이루어지는 것이다.

---

35   Ibid., p. 335 참조.

장소의 윤리:
정주와 이주

9

사라지는 도시 주거지

1. 기억 - 다른

베니스의 골목은 특이하다. 지금 무너져도
이상하지 않을 것 같은 건물들이 허리 굽은
노인마냥 힘겹게 서 있는 그 사이로 미로처
럼 골목길은 끝없이 이어져 있다. 수로를 따
라가기도 하고, 가로지르기도 하며 수로와
상관없이 이어진 골목길은 혹은 계획적으로
혹은 자연적으로 형성되었다. 땅인지 바다
인지 구분되지 않는 곳에 나무 말뚝들을 박
아 지반을 개량하고 매립하여 만들어진 도
시라 애초에 도시 확장이 불가하여 밀도 높
은 개발이 될 수밖에 없었다. 차도를 낼 형
편이 되지 않아 교통수단은 배들이 대신한

골목길풍경 Venezia ⓒ 전병권

골목길의 풍경 Vienna. ⓒ 전병권

다. 수로는 골목으로 이어져 베니스 전체를 아우른다. 극단적인 암스
테르담이다. 구불구불 이어지는 골목의 곳곳에는 예기치 않는 카페들
이 불을 밝히므로 흥겨운 안도를 준다. 너무 좁아 겨우 통로로만 역할
을 할 뿐인 그곳들을 베니스인들은 불평하지 않고 정성을 다해 가꾼
다. 헤매다 보면 미술관이 나오고, 예쁜 가게들이 있는 듯 없는 듯 자
리한다. 건물의 위층은 주택들이 있어 역시 좁은 계단을 통해 올라가
면 그곳에 사는 것만으로도 감사해하며 욕심 부리지 않는 공간들이 긴
세월을 견뎌내며 빼곡히 들어서 있다.

　그만큼 극적이지는 않지만 유럽의 도시들에서도 골목길은 남아 있
다. 동화의 배경 같은 체스키크룸로프의 골목길은 어디에서나 빈 하늘
로 솟은 아름다운 크룸로프의 성탑을 볼 수 있다. 비엔나의 좁지 않은
골목길에도 카페가 있지만, 이곳은 오래전부터 사는 사람들이 함께 사
용하던 여유로운 공동체의 장이었음이 느껴진다. 잘츠부르크의 어느

골목에서는 어린 모차르트가 뛰어놀았을 것이라 상상하며 역시 좁지 않은 골목길에 사람들이 넘쳐난다. 북경의 격자형 가로 체계 속에 주민들의 삶을 담은 장소로 들어서면 역시 도로변의 정돈된 기하학과 다른 자유롭고 자연스런 그곳에 사는 사람들만 집을 찾아갈 수 있는 편안한 골목길이 있다. 넓은 도쿄 긴자 거리 옆 어느 골목에는 개방 후 형성된 주거지가 좁은 골목을 끼고 겨우 몇 필지 그대로 아슬아슬 남아 있다. 라멘집의 불빛이 어둑하다. 하노이의 골목은 건물 속 통로를 지나 접근하여 쉽게 들어갈 수 없으므로 그 속에 사는 사람들만의 지극히 사적인 장소이다. 미국? 그들의 도시에 골목은 없다.

2. 기억 - 오랜

초등학생 어린아이는 골목을 주름잡으며 다녔다. 학교를 마치고 집에 가방을 던진 후 골목을 나오면 동네 아이들이 두런두런 보인다. 아무리 추운 날이라도 갈라져 아리는 손등을 호호 불면서 조금 넓은 흙바닥 위에 구멍을 뚫고 구슬을 던져 넣는 놀이를 함께 하느라 손톱 밑이 까맣다. 자전거가 지나가면 비켜서서 길을 터주고 술 드신 옆집 아저씨가 머리를 쓰다듬으셔도 건성으로 인사하며 놀이에 집중했다. 큰 비가 내려 개울처럼 골목을 타고 물이 흘러도 새로운 모습이 재미있어 대문 앞 계단에 앉아 빗소리보다 크게

아이의 골목길 ⓒ 전병권

사라질 장소 ⓒ 전병권

흥얼거린다. 저 옆에는 여자아이들이 크게 노래 부르며 고무줄을 넘고, 다른 무리의 친구들은 축구공으로 골목을 누빈다. 축구공은 담을 넘어가 뭔가 깨지는 소리가 들리고, 화가 난 아주머니는 공을 돌려주며 엉덩이를 두드려 팬다. 잠깐 두려움에 울다가 그친 아이는 하지만 다시 소심히 공을 찬다. 골목길의 한쪽에 놓인 계단 길은 경사를 이길 수 없어 만들어진 길이지만 아이들에게는 휴식처이다. 계단에 앉으면 골목에 들지 않는 햇빛에 닿을 수 있으므로 아이들은 운동장의 스탠드처럼 계단에서 쉬면서 수다를 떤다. 4번째 계단 귀퉁이 큰 돌덩이는 내 자리이므로 습관처럼 주인처럼 기대어 앉아 친구들을 바라본다. 차가운 돌덩이는 소파의 팔걸이처럼 내 손길에 반들거린다. 꼬박꼬박 잠이 온다. 해가 지고 서늘해지면 어머니가 부르시고 집으로 돌아간다. 따뜻한 식사와 몇 마디 대화를 나누다 보면 다시 친구들의 목소리가 골목에서 들려오며 자석에 끌리듯 뛰어나가 이제 밤의 골목은 새로운 놀

이터가 된다. 전봇대에 눈을 가리고 숨바꼭질을 하며, 서로 술래가 되
어 쫓고 쫓기는 놀이를 하며 밤길 구불구불 실핏줄처럼 좁은 골목길을
쏜살같이 달려갔었다. 포장도 제대로 되지 않은 어둠 속 질척이는 골
목길이지만, 길바닥의 굴곡을 꿰고 있었으므로 넘어지지 않고 얼마든
지 내달릴 수 있다. 그러다 퍽 하고 술 취한 아저씨와 어느 모퉁이에
서 부딪쳐 야단을 듣는 것도 잠시 숨이 가쁘도록 그저 뛰어다녔다. 자
로 그어 퍼진 길이 아니므로 눈에 닿는 골목은 빨리 달리면 필름도 빨
리 돌아간다. 어둑한 가로등 뒤 누가 사는지 알 수 없는 늘 불 꺼진 어
느 집은 밤길에 지나치면 좀 무서워 또 아는 노래를 흥얼거린다.

　그 아이에게 골목길은 세상에서 가장 안전한, 편안한 놀이터였다.
열심히 일하신 아버지 덕분에 좀 형편이 나아져 골목을 떠나는 날, 담
벽에 손을 대고 아이는 골목을 걷고 또 걸었다. 골목 계단에 앉아 친구
들과 서먹한 시간들을 보냈다. 아이는 그의 세계를 떠난 것이다.

　그 골목을 들어간 적이 있다. 재건축이 논의되고 있어서 그런지 동
네가 흉흉했다. 을씨년스럽다. 영영 사라지기 전에 아이의 흔적을 좇
아 지금은 한없이 좁아져 버린 그 골목이 궁금하여 찾아간 것이다. 빈
집이 더러 있는 가운데 사람들도 여전히 살고 있지만, 초등학생의 먼
기억 속에 있었던 골목은 그대로인데 마음이 불안하고 불편하다. 이제
곧 기억 속의 큰 장소가 사라질 것이기 때문이다. 멀리 높이 당당한 새
로 들어선 아파트 단지가 햇빛 속에 밝게 빛난다. 그렇게 바뀌어갈 것
이다. 이제 늙어가는 아이의 기억 속 공간은 사라지고, 종이 위에 낯선
이들의 상상으로 점령군처럼 선은 다시 그어져 길이 되고, 새것의 질
서로 그 자리를 차지할 것이다. 누군가가 죽어가듯이 어딘가도 그렇게
변해가는 것이지만, 그 변화를 받아들이기에는 새삼스레 시간과 준비

가 필요하다. 마음 한 편을 차지하는 또 다른 불편함은 골목길이 낡고 늙어 방치되어 있음에 드는 미안함이다. 사는 이들은 모두 그들의 집 문을 굳게 닫고 꼭꼭 동여맨 채 들어 앉았다. 내 집 밖 골목길의 환경을 돌아볼 여유가 없는 것은 이곳이 그들에게 정주지가 아니어서이다. 어쩔 수 없이 골목 안 어느 한 공간에 거주하지만, 그들도 벗어나고 싶은 곳이므로 애정은 없다. 이제 이 골목길은 그저 도시의 애물단지이다.

아이의 세계는 사라질 것이다.

아이조차 늙어가면서 겨우 찾아올 정도니 이제 그 골목은 기억 속에서만 존재할 운명이다.

빗금의 온도[1]

심재휘

버스를 타고 지나가다 바라보는

아현동 기슭은 봄비 오는 밤이었다

인도 옆으로 오르막 축대가 있어서

누군가가 제 집에 이르는 가파른 시멘트 길이

높은 어둠 속으로 스며드는 밤이었다

가로등의 젖은 불빛을 몸에 쓰며

벚꽃들이 지척으로 헤프게 흩날리면

내리막으로 비스듬히 흘러내리는 것이 벚꽃인지

봄비인지 아니면 또 하루였는지 알 수 없어서

---

1   심재휘, 『문학동네시인선108 심재휘시집 용서를 배울 만한 시간』, 문학동네, 2018, 14쪽

미끄러운 빗금을 몸을 곧게 세워 오르던 사람

가파른 축대의 길을 따라 사실은 엎어질 듯 오르던 사람

빗물도 옛날 같은 아현동이었다

비 묻은 차창에 가슴이 높게 고인 아현동을,

없어지는 동네인 듯 아현동을 빗속에 두고

버스는 곧 비 그칠 것 같은 광화문으로 향하는데

우산도 없이 언덕을 올라가던 사람은

이내 집에 들었으리라만

빗금의 풍경은 번지고 번져서

한동안 지워지지 않을 봄비 오는 밤이었다

빗금에도 슬픔의 온도가 서리던 아현동이었다

3. 골목길

우리의 생활은 안방에서 주로 이루어졌다. 가족이 안방에서 함께 식사
하며, 어머니가 바느질하는 한쪽에서는 아이가 공부도 하고, 저녁이면
다시 가족이 모여 TV를 보며 대화를 나누었다. 우리는 주택을 기능적
으로 구분하여 분리하기보다는 다용도를 수용하는 공간으로 사용하기
에 더 익숙한 것이다. 근대 시대를 거치면서 자연적으로 형성된 주거
지든지, 계획적 고려하에 조성된 주택단지이든지 이런 골목길들은 사
실 집안의 안방 같은 역할을 한 곳이다. 전통의 주택과는 달리 빽빽이
들어선 도시의 주택들은 외부 공간이 협소하였다. 집안에 외부 활동의
장소가 미비하였으므로 골목은 마당의 역할, 안방의 역할을 대신하였
다. 이것은 우리나라에만 국한된 성격이 아니라 고밀도의 도시 주거가

골목길의 일상 Seoul ⓒ 전병권

형성된 지역에서는 어쩔 수 없이 보여지는 일반적인 현상이다. 골목은 주택의 확장이며 구분되지 않는 주거 영역이다.

거미줄처럼 얽힌 단독주택지 속의 골목길은 해가 지면 어둠 속에 움츠리며 집을 찾아 헤매야 하는 어릴적 무서운 장소이기도 하고, 이웃한 아이들이 함께 어울리는 광장이기도 하며, 해가 지는 여름날 동네 어른들이 길가 한 편에 평상을 펴고 둘러앉아 화투장을 돌리며, 좁은 골목길로 울려 퍼지는 길 옆 방의 라디오 소리가 친숙한 곳이며, 어느 어머니의 밥 짓고, 반찬 마련하는 냄새와 속삭이는 두런거림들이 가득 찬 곳, 그런 곳이었다. 팔을 벌리면 닿을 듯한 좁은 골목길에 들어서면 그 냄새, 그 전봇대, 그 길가의 작은 풀잎들, 담벼락의 낙서… 골목길은 이제 낡고 늙어 스러져가지만, 그 속 곳곳에 밴 흔적들은 그저 공간이 아니라 그곳을 거쳐 간 이들의 기억 속에 제각각의 인상으로 각인된 장소이다.

이제는 대부분의 골목길은 직선으로 펼쳐지고 4m 이상의 폭을 확보하여 화재에 대비하고, 긴급한 구호를 위한 접근로로 역할하기를 바라며 개량되었다. 하지만 이런 골목길들에는 주차된 차들이 들어차 있으며, 항상 자동차들이 통행하므로 오히려 일상생활 속에서는 위험한 장소이다. 주민들이 이웃의 안녕을 확인하고 아이들의 놀이터였던 골목길은 이제 자동차에 내어주게 되고 사람들은 담 안으로 들어가야 한다.

4. 근대 시대의 서울

해방과 한국전쟁 이후 서울로의 인구 집중은 급속한 속도로 이루어졌다. 교통망이 그나마 갖춰진 4대문 안 밖의 지역에서 도시 계획적 접근은 엄두도 내지 못한 채 난개발이 진행되었고 익숙하지 않은 도시에서의 모여 살기가 시작되었다. 전쟁 후 주거 상황은 너무나 심각하였지만, 이를 해결할 경제적 여건이 되지를 않아 외국으로부터의 차관과 원조를 통해 국민주택, 부흥주택, 재건주택 등의 이름으로 최소한의 주거 환경을 갖춘 주택단지들의 공급이 이루어졌다. 그나마 교통망이 갖춰진 4대문의 외부 지역 곳곳에서 이런 주택단지들은 조성되었고, 증가하는 인구를 수용하기 위하여 서울의 도시 확장에 대한 필요성이 제기되자 주택단지들은 점

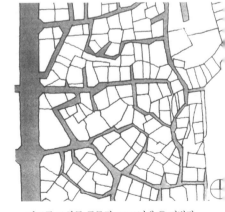

마포구 도화동 골목길. 1960년대 ⓒ 전병권

차 도시의 외곽부로 확산되어 갔다. 1950년대에는 9개 구 25개 지역에서 개발이 진행되었으나 이중 서대문구 7개 지역, 동대문구 5개 지역이 개발되어 중요한 주거지역으로 등장하였고, 1960년대도 10개 구 29개 지역에서 개발이 이루어졌으며, 이 중 서대문구, 도봉구 지역이 5개 지역씩 위치하였다. 그 밖에 마포구, 성북구도 중요한 주거지로서 역할을 하게 된다. 행정구역상 서대문구에서는 1950년대, 1960년대를 통틀어 가장 많은 12개 지역에서 주거 단지 조성을 위한 택지 개발이 진행되었고 그 다음 성북구가 7개 지역, 그리고 동대문구와 도봉구에서 각각 5개 지역씩 진행되었다.[2] 이런 주택단지가 들어서자면 상하수 설비, 도로 등 기반 시설 정비가 따라야 하므로 주변 지역의 개발도 용이하여 민간의 개발이 이어지고, 주거지가 확장되며 결국 도시의 확산이 이루어지는 계기가 되었다. 정부와 지자체는 도시 내 생활의 편리와 안전을 위하여 도로망 등 도시계획 시설들을 마련하여야 한다. 하지만 1950년대 우리나라는 재정 여건이 미비하고, 제도적 정비가 이루어지지 않았으며, 도시개발의 역사가 전무한 상태에서 도시 및 건축 관련 전문가들도 양성되지 못하였으므로 근대적 삶을 유지하기 위한 최소한의 도시 구조를 마련하기에도 요원하였다. 그저 공지에 주택들은 무질서하게 자리 잡고 이웃하여 필지들이 개발되면서 사람들이 지나다니는 접근로는 도로로 역할하기에 부족한 폭과, 선형, 그리고 경사를 지닌 채 겨우 생겨났다. 전쟁의 피해를 어느 정도 복구하고 경제가 성장의 기반을 마련하면서 이런 도시의 물리적 구조를 돌아보게 되고 이는 해결해야 할 중요한 과제로 조금씩 인식하게 되었다.

---

2   전병권, 「서울시 단독주택지의 변화와 주거건축유형의 적용에 관한 연구」, 홍익대 박사논문, 2004, 42쪽

한편 부족한 주거 공간의 확보는 1990년대까지도 여전히 중요한 국가사업이었으며, 이를 가장 효과적으로 달성하기 위한 수단으로 '아파트'가 받아들여졌다. 근대 시대 서구의 아파트는 사실 가장 기능적인 주거 공간이며, 많은 이들에게 일정한 수준의 동등한 주거 여건을 조성해주므로 근대화 초기 산업화시대 건축가들에 의해 고안되고 채택되었다. 또한 아파트는 기술력이 확보된다면 가장 빠른 시간 내에 가장 효율적인 예산으로 가장 많은 주택을 공급할 수 있는 주거 형식이다. 이런 장점으로 인하여 인민의 '평등'을 지향하던 공산주의 국가 혹은 체제에서 부족한 노동자의 주택을 공급하는 데 더 적극적으로 활용되었다. 우리나라에서 국가 차원의 택지 개발과 아파트의 공급은 재정적 이유로 한계가 있었으나, 1960년대 마포아파트 단지와 동부 이촌동의 한강맨션, 1970년대 반포아파트 단지, 1970년대 후반부터의 잠실아파트 단지, 1980년대 상계아파트 단지 등을 조성하게 된다. 이후 1980년대 후반에는 분당, 일산, 평촌, 산본 등 신도시의 건설에 이르기까지 택지 개발과 아파트의 공급 사업은 규모를 키워갔다.

2000년대에 들어서는 전체 가구의 주택 형식 중 아파트의 비율이 50%를 넘어서면서 단독주택을 비롯한 다른 주택의 형식을 압도하게 된다. 세계에 유례 없이 이제 우리의 가장 일반적인 주거 형식은 '아파트'이며 다른 주거 형식은 오히려 낯선 시대가 되었다. 2010년경부터는 기존의 도심에 위치한 단독주택지들을 전면적으로 개편하는 '뉴타운' 사업이 곳곳에서 시행되어 새로운 택지 개발로 인한 '아파트'의 공급 방식을 확대시키고 있는 한편 획일적인 주택 공급 방식에 대한 반론들도 대두되고 있다.

5. 수유동 어느 아파트

1960년에 우이동국민주택 단지가 개발되었고 주변 지역의 개발도 활발히 이루어졌다. 당시에는 행정구역이 우이동이었으나 현재는 수유동으로 편제되어 있다. 옛날부터 우이천변을 따라 소규모의 마을들은 있었지만, '국민주택 단지'가 조성되고, 필지와 도로가 정비되면서 우이동 일대의 개발도 가속화되어 현재와 같은 도시 단독주택지의 전형적인 모습이 이루어졌다. 사실 '우이동국민주택 단지'는 당시로서는 대규모의 개발 사업이었으나 국민주택 단지의 주변은 그저 들판으로 남아 있었다. 1980년대에까지 도심과 의정부를 잇는 간선도로망의 확충이 이루어지고 지하철 4호선도 개통되면서 접근이 더 양호해지게 되자 주변의 개발도 가속화되어 고밀도의 주거지역이 형성되었다. 이제 지역은 기반시설을 갖춘 안정적인 주거지로 역할을 수행하였으나, 도로로 구획된 블록 내 필지로의 접근로는 여전히 취약하여 좁은 골목길들이 주를 이루며, 신축이 진행되는 필지에 접한 도로를 중심으로 겨우 4m 정도의 폭을 확보하고 있을 뿐이다. 당시까지도 자동차의 보급이 극히 제한적이어서 차량의 진·출입을 염두에 둔 도로망의 계획보다는 그저 자연적으로 형성된 주거지 내에 좁은 골목길들이 다수였던 것이다. 많은 주거지들이 경사지에 생겨났지만, 도로는 경사로와 함께 계단이 설치되어야 하는 경우도 많아 차량의 통행에는 구조적으로 지장이 있었다. 규모에 따라 놀이터 경로당을 비롯하여 최소한의 복리시

우이동국민주택 단지-1960
출처: 대한주택공사, 대한주택공사주택단
총람 1954-1970, 대한주택공사, 1979, p.1

설을 제공하면서 조성되는 국민주택 단지
와는 필지의 구성이나 가로 체계, 공지의
확보 등에서 주변의 주거지는 크게 차이가
나며, 이는 우리나라 도시 단독주택지의
일반적인 현상이었다. 즉 어느 지역이 개
발되더라도 계획적 접근을 시도할 여지도
없이 주거지의 생성은 개인이 주체가 되어
개별 필지별로 빠르게 진행되었으므로 필
지나 도로 체계, 그리고 공동시설의 설치
에 대한 보편적인 기준을 확립, 적용할 수
없었던 것이다. 우리나라의 건축법이 1962
년 제정되었으니 현재 서울의 단독주택지
의 모습은 근본적으로 관련법이 확립되지
못한 가운데 이루어진 특징적인 현상이다.

　1993년 우이동국민주택 단지 인근의 단
독주택지에서는 불량한 주거지를 개선하
고자 하는 명목으로 일부 지역을 대상으로
한 재건축이 시도되었고 아파트 단지가 들
어섰다. 300여 필지가 빽빽하게 들어선 지
역은 약 1,450세대를 수용하는 단지로 개
발된 것이다. 기능적인 측면에서 이런 개
발은 절대적으로 옳은 것이었다. 1990년대
에 우리나라의 주택 보급률은 크게 부족하
였으므로 당시 분당, 일산 등의 신도시 건
설이 한창 진행 중이었고 주택 2백만 호 건

수유동 전경-1981년
출처: 국토지리정보원

수유동 전경-2019년
출처: 국토지리정보원

아파트 단지와 주변 주거지역 ⓒ 전병권

설이 실현되고 있을 때였으니. 300필지 600여 가구가 생활했을 토지에 개발을 통하여 2.5배에 이르는 주택을 제공할 수 있다는 것은 분명히 합리적인 선택이었다. 새로 지어진 잘 조성된 아파트 단지 내부에는 차량의 진입이 원만하고, 계획적으로 식재된 넓은 외부 공간들에 여유로운 이동이 가능하다. 주택도 방이 기능적으로 배치되었으며 더위와 추위를 그다지 염려하지 않아도 되고 안전한 프라이버시가 마련되었다. 이렇게 신규 주택의 증가를 이루었을 뿐 아니라 낙후된 주거 환경을 개선하는 효과도 덤으로 거둘 수 있었다. 이 단지의 개발 후 바로 인근에 2001년 약 100여 필지를 대상으로 재건축이 일어나 690세대를 수용하는 아파트 단지가 다시 들어섰다. 수치로 보여지는 경제성의 분석을 통한 이러한 개발 사업의 평가는 가장 높은 점수를 받을 것이다.

아파트가 완공되고 새로운 주민이 입주하면서 다른 양상들이 생긴다.

새로 이사 온 아파트 주민들은 그들만의 성을 섬처럼 짓고 점령자처럼 뿌듯하게 새 집으로 들어와 주변과 유리된 단지 안의 새로운 커뮤니티를 갖는다. 대부분의 아파트 주민들은 어떤 정서적 동질성도 갖지 않은 채 낯선 지역에서 이주해온 이들이므로 주변의 환경이나 아파트 담 밖의 공동체와는 무관하다. 내부의 커뮤니티도 사실은 문서화된 계약 관계로 서로 피해를 입히지 않는 선에서 또는 서로 존중하며 소극적으로 이루어진다. 단지 규모가 커지면 주민 수가 급격히 증가하므로 공통의 정체성을 갖추기는 더 어렵다. 아파트 생활에 익숙해진 사람들은 프라이버시의 만족스러운 보장에 익숙해져 있으므로 이웃 간의 관계에 일정한 경계를 가진다. 함께 엘리베이터를 이용하는 윗집, 아랫집 사람들과 의례적인 인사를 나눌 뿐이다. 아파트가 들어서기 전부터 늘 다니던 길이었기에 단지를 가로질러가는 주변의 주민들을 거북해하며, 주변을 통제하고 통행을 차단하면서 내가 사는 아파트 단지를 이곳에 뿌리내리고 살았던 하지만 낯선 이웃으로부터 안전하게 지키고 유지하고자 한다.

　2층 규모의 주택들이 빽빽이 들어섰던 동네에 15층 높이의 아파트는 당시로서는 압도적이었다. 길이 연결되어 서로 긴밀히 통하였던 국민주택 단지와 달리 아파트는 단지를 둘러싼 조경과 담으로 경계를 더욱 분명히 하며 이웃이 아님을 드러낸다. 상대적으로 좁은 골목길을 지나 더 낡은 집에 사는 주변의 주민들은 눈을 뜨면 어디에서건 내려다보는 아파트에 주눅이 든다. 함께 골목을 공유하던 이웃 중에 누군가는 이 아파트에 입주하여 살지만 서먹하고, 더 많은 주민들은 재건축으로 동네를 떠나갔다. 이렇게 수십 년 동안 정주지였던 마을의 익숙한 골목을 공유하던 커뮤니티는 깨어지게 된다. 주민들은 시장을 다니던 본래 길이 사라졌으므로 아파트 담벼락을 돌아가며 작은 불편을 느끼기도 하지만, 다닐 때마다 사라진 길 어느 지점에 위치한 기억 속의 내밀한 흔적이 담긴 어느 장소를 다시 되돌릴 수 없음은 더 아리다. 골목 끝에 지는 해를 바라보며 하교를 했었는데 이제 그 자리를 차지한 장벽 같은 아파트에 가리어 해는 더 이상 없다. 반짝이며 변화하는 북한산의 계절들을 무표정한 콘크리트 담벼락이 막았다. 저 위 높이 위치한 수많은 창들은 부릅뜨고 골목을 내려다보고 있으므로 동네 사람들은 이제 평상으로 나오지 않는다. 사실 넓어진 골목에 차들이 다니므로 더 이상 사적 장소가 아니라 평상을 내어 놓을 수도 없었다. 낮은 더 짧아지고 그늘은 더 깊어 골목은 을씨년스럽고 풍경은 어두워진다. 어쩔 수 없다. 골목을 끼고 살수록 아쉬움만 쌓이므로 불편한 핑계가 커져 이제는 문을 닫고 살거나, 아파트 없는 동네로 이사하거나, 아파트로 들어간다.

　개발은 수혜를 입은 이들에게는 축복이 되었지만 그에 배제된 주변의 주민들에게는 측정할 수 없는 불편을 강요한다. 이렇게 개발은 불친절하였고, 이제 도시 주거지의 커뮤니티는 분리되고 해체된다.

6. 욕망, 모색 - 들뢰즈에 기대어

들뢰즈와 가타리의 '안티 오이디푸스'와 '천개의 고원'은 만족을 모르는 자본의 욕망과 그것에 호락호락 호명당하는 인간의 욕망을 문제삼는다.[3]

　자본주의 사회체제로의 발전을 수십 년간 견인하며 묵도한 우리는 또한 그 속에서 '부자'로의 욕망을 배웠다. 집은 좋은 거주 공간이기보다는 좋은 '부동산'으로 평가받기를 원하고, 오랜 시간 동안 구축된 정서를 공유하는 마을, 동네보다는 비싼 '아파트 단지'로 바뀌어지기를 원한다. 들뢰즈와 가타리의 말처럼 자본의 욕망은 진정한 욕망을 억압하고 헛된 욕망만을 부추긴다. 어디에도 속하지 않고 격하게 흘러가는 유목적 성향을 지닌 '욕망의 본성'에 따라 한국전쟁 이후 서울은 느닷없는 속도로 도시화가 진행되고, 통제할 수 없는 인구 증가와 시급한 주택의 공급이 제멋대로 이루어졌다.
　매끄러운 유리판 위 쏟아진 물이 어느 쪽으로 흘러갈지 모르듯이 서울은 아무렇게나 어디에서건 사람들이 몰려들고 예상할 수 없는 가운데 선뜻 도시화가 이루어진 것이다. 애초에 거기에는 '욕망'이 있었다. 계획을 세우고 대안을 마련하여 체계적인 도시환경의 조성이라는 '욕

3　전경갑,『욕망의 통제와 탈주-스피노자에서 들뢰즈까지』, 한길사, 1999, 226쪽

망'을 통제하고 조절하는 과정이 필요했지만, 그저 가족이나 개인이 먹고 잘 수 있는 단칸방이라도 필요했던 시대에 이런 요구는 지나치게 이상적이었다. 최소한의 길만 남기고 밀도 높은 주거지가 서울에, 도시에 살아야 하는 사람들의 '욕망'과 이를 충족하면서 부자가 되고자 하는 사람들의 '욕망' 앞에서 순식간에 이루어졌다. 주택, 마을, 근린, 지역, 도시의 개발이 순식간에 진행되었지만, 이는 온전히 '욕망'에 의한 것이었다. 즉 자본의 욕망과 이에 휘둘리는 개인의 욕망이 우리 도시의 물리적 구조를 생성한 것이다. 하지만 한번 구축된 도시 공간은 어떻게든 인간의 삶을 담아내면서 손때가 묻으면서, 냄새가 배이면서, 불편함에 길들여지면서, 주민의 정착과 함께 장소가 되고 애정이 생기고 도시 속에 안정적인 정주지로 뿌리내리게 된다. 사실 모든 도시는 인간의 '욕망'이 개입되어 생성된 물리적 구조이다. 아름다운 도시는 인간의 오랜 '욕망'이 축적되어 보여지는 곳이고, 우리는 그런 곳에서 이질적일 수도 있지만 감동을 받는다.

쉽게 이루어졌던 우리 도시는 다시 한번 자본의 '욕망'에 지배당하여 쉽게 휘둘리고 있다. 처음 근대도시의 서울이 형성되던 시기에는 모여든 사람들의 개인적 '욕망'이 동인이 되었다면 자본주의 사회가 자리 잡으면서 인격 주체로서 어느 개인이나 집단의 의지보다 자본에 의해 유도된 '욕망'을 나의 '욕망'으로 인식하게 된다. 사회 구성원 대개가 여전히 시장경제 체제 속에 경쟁하면서 '부자'를 쫓으므로 내가 오랜 시간 살아온 집, 동네의 불편한 현재 가치보다 새 집을 지을 때 늘어날 편리함과 부의 가치에 더 신경이 곤두선다. 이는 끊임없는 가치 증식을 추구하며 만족을 모르는 자본의 욕망과 그것에 호명당하는 인간의 욕망으로 설명한 들뢰즈의 사고를 빌려 이해할 수 있다. 그는 욕망은 기계적이며 유목민적인데, 그 흐름이 긍정적일 수도 있지만, 잘못된 힘으로 증폭되어 가차 없는 파괴와 죽음의 흐름으로 전환시킨다고도 하였다. 이제 자본의 욕망에 휘둘리는 인간의 욕망은 부동산으로 상징하는 '아파트'로 충족될 수 있다고 여기며 수십 년간 개인의 희노애락이 담겨 있으며, 도시의 산 역사로 역할할 수 있었던 많은 주거지들이 아무렇지도 않게 파괴되어 지워지고 손쉽게 아파트로 채워져 갔다. 그야말로 격하게 흘러가는 '욕망'의 부정적인 본성이 가장 잘 드러나는 곳이다. 개인의 욕망이 모여서 아파트 단위로 집단화되고 들뢰즈가 비판하던 미시적 파시즘이 공명하며 몰적 재영토화를 달성한다. 뉴스를 통해 지켜본 부자로의 욕망을 가장 손쉽게 채워주는 우상 같은 아파트를 바라보면서 스며드는 맹목적인 생각과 의지로 형성되는 자본주의 파시즘이 왜곡된 욕망의 실체인 것이다. '아파트'로 인한 나의 '욕망'의 충족은 어느 순간에는 누군가의 파멸을 불러일으킬 수도 있을 것이다. 어쩌면 알려지지 않은 채 누군가는 이미 파멸해갔을 수도 있다.

우리보다 앞서 산업화와 도시화, 그리고 주거 문제를 경험한 서구 사회에서는 산업혁명 후 당면한 새로운 사회의 열악한 환경에 대한 해결책이 절실했다. 1920년대 이후 근대건축국제회의(C.I.A.M.-Congres Internationaux d'Architecture moderne)에 참여한 건축가들은 당시의 시대정신으로서 노동자를 위한 공동주택의 전면적인 보급에 동의하며, 이의 적극적 제안을 시도하여, 아파트 형식의 공동주택의 확산에 기여하였다. 하지만 이런 시도는 겨우 30여 년 이어졌을 뿐 근대건축국제회의 10차 회의에서 공식적인 종말을 맞았다. 이 회의에서 건축학자들은 몰개성적, 비인간적인 거대한 공동주택들을 비판하며 근대시대 주거 건축의 전면적인 전환을 이루어 갔다. 거대한 공동주택들은 "전통적 정주지의 상실"과 그에 따른 "장소의 상실(loss of place)"

을 낳았다.[4]

이제 이 자본의 욕망을 벗어날 수 있는 가능성은 무엇인가? 프로이트를 앞세워 설명하는 기존의 정신분석학에서는 욕망을 억제하고 승화하여 영토화를 유도하는 반면 들뢰즈는 욕망은 그 자체로 생산적이며 그 자체로 흘러가는 능동성으로 인하여 '탈영토화'의 경향도 지니고 있다는 것이다. 그러므로 '욕망'으로 생겨난 문제의 해결도 역시 '욕망'에 의해 이루어질 수 있다. 즉 들뢰즈는 욕망이 인격적인 것이 아니라 기계적인 에너지의 역동적 흐름이므로 자유로운 것이라고 본다.[5]

오직 유일한 주거지 개발의 대안이 아파트 단지 개발이라는 경직된 구조에서 탈주하는 탈영토화의 시도는 이미 여러 장소들에서 일어났다. '홍대 앞'이 그러하고, '가로수길'이 그러하다. '삼청동길'이 그러하고 '경리단길'이 그러하였다. 삼청동길은 곁에 둔 골목들과 함께 문화를 소화하는 내장처럼 할거리, 볼거리, 느낄거리들이 다양하므로 다른 곳들에 비해 안정적이다. 젊은 음악가, 예술가들이 모여들어 새로운 문화를 만들어내는 곳이기에 홍대 앞은 새로운 세대의 탈출구로 부각되었다. 가로수길은 강남이라는 거대도시에서 휴먼 스케일을 느낄 수 있는 장소로 압도적이지 않는 규모의 건물들과 열린 가로의 모습이 젊은이들을 이끈다. 남산을 오르는 옛길에 가득 찬 해방촌의 기억도 함께 가지므로 경리단길은 근대 모습을 볼 수 있는 장소이다. 서울에는 이미 낡음과 다름을 겨냥하여 많은 길들이 있다. 낡음은 추한 것이 아

---

4   C. N. Schulz, 『거주의 개념 *the Concept of Dwelling*』, 이재훈 옮김, 태림문화사, 1991, 51쪽

5   전경갑, 『욕망의 통제와 탈주−스피노자에서 들뢰즈까지』, 한길사, 1999, 236쪽

니다. 오히려 자본의 욕망은 이런 낡음을 포장하려 눈을 부릅뜨고 찾아낸다. 이것은 내가 사는 아파트에서는 접근하기 힘든 '장소성'의 부여로 개인의 삶에 내재된 새로운 '욕망'을 자극하고 동원한다. '장소'로 '자본의 욕망'을 설득한 것이다. 들뢰즈의 언급과 같이 자본의 욕망을 끝까지 밀어붙이고 나면 탈영토화가 일어나며 이로써 혁명/변화가 시작된다. 가장 자본주의적인 욕망의 관점에서 '개발'이 아니라 '유지' 혹은 '보존'이 드러난 것이다. 이렇게 탈영토화의 시도가 우리의 도시에도 시작되었다. 하지만 결국 이런 장소들은 카페와 상가로 가득 찬 무대 세트처럼 이벤트화된 가로(街路)들로 포장되어 문제와 한계를 드러낸다. '익선동'을 포함한 곳곳의 낡은 장소들이 다시 태어나고 있지만 한편으로는 새로운 '장소성'이 안착하기도 전에 더 큰 수익을 갈망하는 코드화된 욕망의 그물에 갇혀 옴짝하지 못하고 스러질 위기에 처한 곳들도 있다. 사실 이런 유의 미시적 개발은 보편성을 획득하기에 본질적 한계가 있다. 잘 남아 있던 오랫동안 인간이 거주하던 장소를 '드러냄'으로써 골목-길을 살리고자 하는 시도는, 눈에 띄지 않는 대부분의 도시 주거지를 오히려 재생할 수 없는 장소들로 구분하게 한다. 비록 지금은 집이 자본의 '욕망'에 호명되어 부의 증식 수단으로 더 평가받고 있지만, 도시 안에 있더라도 주거지는 주택의 확장으로 안전하고 평안하며 슐츠의 말과 같이 '도착'하는 곳이라야 한다. 사실 자본주의 사회가 안정적으로 운영되기 위해서는 아파트로 일확천금을 노리는 왜곡된 욕망을 탈주하여 주택은 주거가 되어야 하는 것이다.

상해에서 리농이라 불리는 근대 주거지의 골목으로 들어서기 위해서는 (공안이 지키는) 문을 지나야 한다. 베트남이나 대만 등의 도시들에서도 골목의 입구에 문을 세워서 경계를 짓는 곳들이 있다. 즉 골목은 가로와 구분되어 들어오는 곳이다. 골목에 들어서면 아파트 단지에 들어서는 것과 같이 '도착'의 정동을 가지며, 소음, 속도, 시선 등으로부터 벗어나 작은 스케일의 공간 속에 보호받음을 느낀다. 그 속에 살지 않는 이는 그 문을 지나 들어가기가 주저스럽다. 들뢰즈는 안식처-집이 집 밖을 떠도는 카오스의 힘들을 막고 임무를 수행하는 힘들을 보호한다고 보았다.[6]

르 꼬르뷔지에는 그의 새로운 건축의 5원칙에서 근대시대 주택의 구조를 설명하였다. 1. 필로티, 2. 수평창, 3. 자유로운 평면, 4. 자유로운 입면, 5 옥상정원이 그것이다. 여기서 필로티가 제시된 것은 토지는 어느 개인이 소유하기보다는 사회적 공공재로서 도시를 이루는 공적 자산임을 천명한 것이다. 지상에 사적 공간을 배제하여 누구든 이용할 수 있도록 하는 것이 그 의도이다. 사실 주택을 포함한 건축도 어느 개인의 재산 이상의 가치가 있다. 즉 건축은 집적되어 마을과 도시의 경관을 이루고 그 속에 인간 삶의 양태들을 포함한다. 오랜 시간의 축 위에 도시의 물리적 이미지를 구성하는 건축형태와 특정 장소의 보존과 유지는 그 도시민 공동의 자산인 것이다. 그러므로 서구사회에서는 도시의 어느 장소에 대한 대규모의 전면 재개발을 극도로 우려한다. 또한 여러 도시들에서는 이런 낡은 장소의 가치를 자본의 욕망이라는 관점에서 바라보며 새로운 기능을 세밀하게 부여하고 조절하여 오히려 더 크게 드러낸다. '욕망'을 벗어나기 위해서는 오히려 '욕망'의 극단으로 치닫게 해야 한다는 들뢰즈의 역설이 구현되는 것이다.

들뢰즈는 자본의 욕망뿐 아니라 자본의 욕망에 호락호락 호명당하

---

6   G. Deleuze, F. Guattari, 『천개의 고원』, 새물결, 김재인 역, 2001, 590쪽

는 인간의 욕망도 의식적, 인격적 주체의 욕망이라고 볼 수 없기 때문
에 기계적 흐름이라고 말한다.[7] 이런 기계적 흐름이 어디로 향하는지
를 주시하면서 자본주의의 파시즘이 우리의 내면에 '욕망'으로 자리잡
는 것을 경계하고 새로운 '욕망'으로 '탈영토'를 시도해야 할 것이다.
도시를 향한 인간의 '욕망'은 경직되어 '부동산'이라는 방향으로만 향
하지 않을 것이기 때문에 변화와 발전의 가능성도 여전히 남아 있다.
앞서 언급한 극단의 욕망으로 인한 변화와 함께 도시와 인간의 삶을
보는 관점의 전환을 통하여 관성적으로 내면에 영토화한 자본의 파시
즘을 극복하고 탈영토화할 수 있을 것이다. 한 시대를 살아가는 사람
들의 온갖 경험과 기억들이 맺혀 이루어진 '장소성'은 그대로 사라질
수 없는 것이기 때문이다. 로마를 비롯한 많은 오래된 도시들이 선조
들이 살아왔던 장소들을 잘 유지하는 것만으로도 현재의, 미래의 풍족
한 생활을 보장받을 수 있다는 것이야말로 가장 본질적인 '자본의 욕
망'을 실현하는 것이 아닌가. 이제 '욕망'으로 그 장소가 온전히 유지되
며 안정적인 도시 정주지로서 역할할 것이다. "주택은 환경을 '주거하
는 장소'로 변환하는 고정점"이라는 슐츠의 정의처럼 파는 집이 아니라
주거하는 장소로 정착할 것이다.[8]

　1928년 이후 C.I.A.M.의 대부분의 주제는 도시와 주거에 관한 것
이었지만, 특히 C.I.A.M. 해체의 직접적 계기가 되고, 나아가 근대건
축의 종말을 고한 1956년 10차 회의에서 주제는 '거주지 Habitat'였다.

7　전경갑, 『욕망의 통제와 탈주-스피노자에서 들뢰즈까지』, 한길사, 1999, 229~
230쪽

8　C. N. Schulz, 『거주의 개념 *the Concept of Dwelling*』, 이재훈 옮김, 태림문화사,
1995, 100쪽

이 자리에서 'Team 10'으로 명명되는 젊은 건축가 그룹들은 근대건축 기간 동안 이룩한 거장들의 업적에 대해 획일적 건축양식, 지역성의 상실, 인간의 소외, 건축의 의미와 상징성의 결여 등을 비판하며 '클러스터', '모빌리티', '성장과 변화', '도시와 건축'을 제창하였다. 이제 지구상 어디에서나 동일한 형상으로 적용할 수 있는 건축의 양적 확보의 시대를 걷고 개별성, 인간성, 상징성, 다양성 등에 주의를 기울이기를 주장한 것이다. 아파트 단지들은 슬럼화되어갔고, 당시로서는 가장 큰 규모의 아파트 단지 중 하나였던 'Pruit Igoe'는 1954년 완공 후 세인트루이스의 가장 무서운 우범지역으로 남아 있다가 겨우 20년도 되지 않아 1972년 폭파, 철거당하였다. 찰스 잽크스는 이를 '모더니즘이 끝난 순간'으로 평가하며 이후 대규모의 아파트 단지 계획은 서구 사회에서 사라진다.

긴 역사 동안 익숙한 주거 문화를 아파트는 일순간에 바꾸었고 우리는 이를 받아들였다. 우리는 자본주의 체제에 동의하여 산업화 근대화의 과정을 거치면서 그 기능적 편리함과 안전함을 확보해주는 아파트의 매력에 근대시대 건축가들처럼 빠져들었다. 비록 우리나라에서는 아파트에 몰입시키는 '자본의 욕망'이 더 본질적으로 우리의 눈을 가리므로, 주택의 선호도에서 아파트가 절대적인 파시즘적 추종을 거두지 않고 있지만, 욕망의 극단에서 변화/혁명을 일으킨다는 들뢰즈의 주장처럼 지금 아파트에 대한 우리의 완고한 인식이 그대로라면, 우리 도시에, 사회에, 문화에, 경제에 큰 부담이 될 것이다. Team 10의 주장과 같이 다양성, 개별성이 드러나는 미시적 단위의 개발로 지역의, 동네의 물리적 구조와 정체성을 흩트리지 않은 채 섬세한 배려가 있어야겠다.

10

로커보어와 지속 가능 식생활 윤리

1. 로컬푸드, 로커보어

세계 식량 체계가 대량 생산, 유통, 소비로 변화하며 생산자와 소비자 간의 거리를 멀어지게 하였다. 또한 경제발전을 위하여 산업 중심의 경제정책으로 농업은 소외되었고, 저렴한 수입 농산물의 국내 유통 증가는 국내산 농산물의 가격 파괴로 이어져 생산 포기 농가가 증가하고 있다.[1]

현대의 대규모 산업형 농업 방식은 농작물을 단일화시키게 되어 농토의 변질을 초래한다. 변질된 농토를 회복하는 데에는 시간이 많이 걸리고, 먹거리 농업의 효율을 크게 떨어트린다. 케이티 마멘(Katy Mamen)은 '작물 다양성은 식단을 다양하게 할 뿐 아니라 지역 농민과

---

[1] Sa DC(2011), "The legislation on the stability of supply and reform of circulation structure on agricultural products", *Law Res Inst Hongik Univ* 12(2), pp. 1~2.

다양한 먹거리 산업의 생존을 보장해준다'고 했다.[2] 지역의 작물 다양
성을 보전하는 것은 값비싼 농화학 자재와 다른 투입 자재에 대한 의
존을 줄여주는 데 도움을 주는데, 오히려 비용이 많이 들지 않을까 하
는 선입견을 가지게 되는 생태적이고 다각적인 유기농이 화학물질 집
약적인 단작보다 유지 비용이 덜 들고 농지, 영양분, 에너지 사용이 더
효율적이다. 그럼에도 불구하고 현대의 대규모로 기업화되는 농작 방
식은 생산 효율성이 있어 보이지만, 장기적으로 볼 때 농토의 자생력
회복이 힘든 농업법이라고 할 수 있다.

　기업화된 농축 산업으로 생산된 식품은 도시로, 세계로 유통되어 소
비자를 만나게 된다. 식품이 생산지를 떠나 소비자를 만나러 가는 경
로에 드는 비용이 만만치 않다. 이제는 세계인의 입맛을 사로잡는 히
트과자가 있는 우리나라에도 세계의 과자가 다양하게 들어와 입맛이
글로벌화되어가는 소비자를 만나고 있다. 밀의 생산이 힘든 우리나라
에 캐나다의 유기농 밀가루가 들어와 유기농 식빵이라는 것을 만들어
낸다. 이 유기농 밀가루는 배를 타고 들어왔을까? 비행기를 타고 들
어와서 5,000원짜리 식빵의 재료가 될까? 방부제 처리가 안 되었다는
유기농 밀가루가 배를 타고 오는 긴 유통경로에서 질의 보존은 가능
한 것인지 소비자들은 알기 어렵다. 비싼 음식의 재료도 아닌 식자재
까지 유통 경비가 많이 들고 배출 가스의 배출 거리가 길어져 지구환
경을 해치고 있다. 이처럼 자본주의적 이윤 창출을 위한 식품 체계는
생산자와 소비자를 멀어지게 하였고, 소농업인들의 삶의 터전인 농지
장소를 잃게 만들었고, 농업인과 소비자가 만나는 장소를 상실하게 하
였다.

2　B. Halweil, 『로컬푸드』, 김종덕 외 옮김, 시울, 2006, 113쪽.

농업인과 소비자 간의 장소상실 문제가 야기하는 건강, 사회, 환경
적 문제에 대한 대안으로 시작된 로컬푸드에 대한 논의는 1990년대부
터 유럽과 북미를 중심으로 구체적으로 논의되기 시작하여 기존의 세
계화를 바탕으로 한 식량 체계(Global Food System)에서 어려웠던 가
족농들의 생존 전략으로, 새롭고 더 건강한 농산품의 생산과 마케팅에
관심을 기울였으며, 지역 소비자들에게 더 안전한 먹거리를 제공하는
중요한 관점에서 시작되었다. 즉, 세계화된 식량 체계의 문제를 해결
하는 대안적 식품 체계의 중심에 있는 것이 로컬푸드이다.[3] 로컬푸드
는 전 세계적으로 지속 가능한 먹거리 정책으로 각광 받으면서, 농가
의 소득을 보장해주고 농업인과 농토를 지키며 식품 안전과 지역경제
를 활성화시키는 데 도움을 주는 것으로 지역 식량 체계(Local Food
System)로 자리 잡고 있다.[4]

1.1 로컬푸드의 개념

로컬푸드는 푸드마일리지(food mileage)가 짧은 지역에서 생산되는
제철 식품으로 소비자에게 장거리 운송으로 유통되지 않고 일정 지역
에서 생산·가공되어 유통 단계의 단축과 직거래 방식을 통해 그 지역
주민에게 유통되는 농산물 및 식품을 의미한다.[5] 즉, 로컬푸드는 소규
모 농가가 다품종 소량 생산 방식을 통해 그 지역에서 생산한 먹거리
를 지역 내 소비자에게 유통하고, 생산자와 소비자 사이의 물리적 또

---

3 김종덕, 「식량 체계 전환의 필요성과 과제」, 농정연구 14, 2005, 101~139쪽
4 홍경완 등, 「로컬푸드의 개념적 이해 연구」, 대한경영학회지 22(3), 2009, 1630쪽
5 오지현, 홍은실(2017), 「로컬푸드의 소비자 지식과 태도가 구매의도에 미치는 효
과」, 한국지역사회생활과학회지 28(4), 2017, 581~597쪽.

는 사회적 거리를 최소화하여 공동체 의식을 높일 수 있고, 지역사회에 경제적인 발전을 가져와 생산자와 소비자 모두에게 이익이 될 수 있으며, 반드시 환경적으로 유익한 상태에서 생산되어야 하며 짧은 유통 거리로 이산화탄소의 배출량을 감소시키고, 과도하지 않은 포장으로 쓰레기 배출량도 최소화시키며, 농약 및 비료 사용의 감소로 생태계의 악영향도 감소시켜, 지구 전체 환경까지 고려하는 것이어야 한다.[6]

로컬푸드는 제고장 먹거리, 지역 먹거리 등의 표현을 쓰기도 하는데, 영국은 거리의 개념으로 정의하고, 미국은 넓은 국토 때문에 거리적 개념보다는 마을 중심의 공동체(community)적 개념으로 구분하는 경향이 강하며 하루 내에 운전해서 갈 수 있는 거리 등의 운송 시간의 개념도 있다.[7] 우리나라에서는 짧은 유통과 일정 거리 이내의 것을 의미하여, '반경 50km 이내'를 일반화하는 경향도 있고,[8] 이동 거리가 1시간 이내의 지역이 바람직하다는 주장도 있다.[9] 로컬푸드의 개념에 대한 인식이 지역적 개념, 공동체적 개념, 관계적 개념 등으로 다양하게 인식되고 있다.[10]

미국, 캐나다 등의 다국적 농기업들이 독점하고 있는 글로벌화된 현대 먹거리 체제하에서 각 나라의 소농업인들의 쇠퇴와 식품 안전성의 문제들을 경험하게 되는 현대사회에서, 이를 해결하기 위한 방안으로

---

6   홍경완 등, 「로컬푸드의 개념적 이해 연구」, 대한경영학회지 22(3), 2009, 1631쪽.

7   같은 책, 1631~6쪽.

8   같은 책, 1641쪽.

9   허남혁, 「21세기 신토불이, 로컬푸드」, 경향잡지 1671, 2007, 20~3쪽.

10   정재란 등, 「로컬푸드와 친환경식품에 대한 인식과 소비행태에 대한 연구」, 한국조리학회지 23(2), 2017, 105쪽.

자국의 소농업인들의 발전을 통한 지역경제 활성화와 안전한 먹거리 공급을 통한 소비자 건강 증진과 질병 예방, 그리고 먹거리 이동 거리(food mile) 단축을 통한 지구환경 개선을 목적으로 하는 지역공동체 식품 체계(Local/Community Food System)가 대안이라는 주장을 하게 된다. 이를 위해 민간에서뿐만 아니라 정부와 지자체를 중심으로 하는 공적 영역이 적극적으로 나서서 이를 지원해야 한다는 '제고장 먹거리'(local food) 담론으로 정리되고 있다.[11]

　선진국 대도시 지역에서 food라는 소재를 통해 지역경제의 활성화, 교육적 효과, 도시의 환경적 개선, 사회복지 개선, 건강 증진 효과 등을 추구하기 위해 지역 food 정책들을 제도화하고 있다. 우리나라에서도 정부와 지자체 차원에서 먹거리정책협의체 설치, 지역농산물 학교급식 지원, 농민 장터 개설, 공공 부문에서의 정부 조달, 지역 내 안정적인 식품 공급과 먹거리 불평등을 해소할 수 있는 통합적인 food 정책을 제도화하고 있다.[12] 이러한 로컬푸드 정책은 지역 농민들의 안정적인 생계유지와 농촌 지역경제 활성화뿐만 아니라 도시 소비자들에게 안정적인 식품 가격과 품질 보장, 건강 증진 및 미래 세대에게 food 교육을 통한 생태, 사회교육을 추구하고 있어, 사회적으로 food에 대해 새로운 가치를 부여하여 농업 분야뿐만 아니라 환경, 보건 의료, 지역경제, 교육 등의 측면에서 중요한 역할을 한다.

　마크 비트먼(Mark Bittman)은 어떻게 하면 영양소가 풍부한 농산물을 재배하고 땅을 보존하며, 많은 이에게 좋은 일자리를 제공할 수 있을까를 고민했다면 우리는 지금과는 다른, 훨씬 더 나은 세상에 살

11　허남혁, 「글로벌 푸드, 내셔널 푸드, 로컬 푸드」, 『대한지리학회 학술대회논문집』, 2006, 47~8쪽.

12　같은 곳.

고 있을 것이라고 말하며, 우리가 땅에서 돈을 많이 벌기 위하여 농업
이 고농축 질소와 수입 물질로 토양에 양분을 보충하며 산업형 농업으
로 전환되면서 소농의 몰락과 공동체적이고 인간적이며 건강한 삶이
함께 사라지고 있다고 강조했다.[13]

1.2 로커보어(Locavores, 근거리 소비주의)의 선택

현대사회에서 로컬푸드의 선택은 결국 개인의 결정이 되었다. 글로벌
화된 현대 먹거리 체제하에서 지역경제 활성화와 지역의 안전한 먹거
리 공급을 통한 소비자 건강 문제 해결 및 질병 예방, 건강한 먹거리의
생산을 유지하기 위하여 지구환경을 개선해야 한다고 생각하는 소비
자들은 지역 식품 체계를 지원하게 되었다.

꼭 로컬푸드에 대한 의식이 있고 로컬푸드를 선택하여야 좋은 식생
활을 하는 것은 아니다. 개인이 선택하게 되는 식생활은 인체 생리적,
유전, 사회적, 교육적, 역학적, 생태학적 측면의 너무나 많은 결정 요
인이 있기 때문에 각자가 가진 식생활의 가치관과 환경적 요인으로 선
택하게 된다.

로컬푸드 등 식품 선택의 가치 측면에서 소비자들의 가치 유형을 본
다면, 지역에서 생산된 농산물인 로컬푸드의 소비를 추구하는 근거리
소비주의인 로커보어(locavores)가 있고, 또한 로커보어가 지향하는
가치와 오버랩되는 부분이 있지만 육류를 먹지 않으려 하는 채식주의
자, 생산 지역이나 식품의 종류보다 친환경 농산물이나 유기농산물을
골라 선택하는 소비자들이 있다.

---

13   SBS 스페셜, 창사 30주년 특집, 2020.

　　로커보어는 근거리 지역농산물을 먹으려고 하며 꼭 채식이나 친환경 농산물로 제한하지는 않을 수 있으며, 채식주의자는 로커보어를 추구하기도 하지만 육류의 사육 방식 등에 반감을 가지고 채식을 추구하는 사람을 말한다. 친환경 농산물과 유기농산물은 단순히 식품 자체를 말하는 것이며, 로컬푸드일 수도 있고 아닐 수도 있다.

　　즉 로커보어는 슬로푸드 운동이나 유기농산물 가치에 비해 단순한 식품 자체가 아닌 전세계적인 환경, 경제, 사회적 영향 등을 아우르면서도 한 단계 더 발전한 개념의 로컬푸드를 지향하는 식생활 가치를 가지고 실천하는 사람을 말한다. 따라서 로커보어는 근거리 농산물을 선택 소비하려고 하며 해외 수입식품이나 원거리 식품을 선택하지 않으려는 식생활의 가치관을 가진 사람들로 정의한다.

　　우리는 식품 선택에서 지역, 근거리의 장소성을 추구하는 로커보어의 식생활이 지속 가능한 식생활에서 가지게 되는 윤리적 측면을 정리해보고, 로커보어의 음식 시민(food citizen)으로서의 식생활 의식과 책임의 윤리적 가치에 대해 성찰해보고자 한다.

2. 로커보어와 지속 가능 식생활 윤리

2.1 로커보어와 건강·영양적 지속성

마크 비트먼(Mark Bittman)은 2020년 현재의 COVID-19의 팬데믹 상황보다 만성질환의 위험이 더 높다고 강조한다.[14] COVID-19의 사

---

[14]　같은 곳.

망자 수보다 만성질환, 즉 현명하지 않은 식생활이 부르는 심장질환, 당뇨병, 고혈압, 여러 가지 암 등으로 인한 사망률이 더 높음을 경고한다.

로커보어가 선택하는 대부분의 로컬푸드는 가공 정도가 낮다. 식품의 첨가물이 적고 신선한 것들이 많아 첨가물이 미치는 건강의 악영향을 줄일 수 있다. 육가공에 쓰이는 발색제, 보존성을 높이는 방부제, 소금, 설탕 등을 적게 섭취하게 되어 이런 첨가물로 인한 암 등의 발병률을 낮출 수 있다. 자연식품으로 조리해 먹는 사람들은 또한 미각이 예민하여 가공식품에 대하여 천연의 맛이 아님을 판단하고 적게 먹게 된다. 미각이 우리에게 많은 쾌락을 주는 감각이지만, 사람들에게 미각을 예민하게, 건강한 미각으로 유지하게 하는 것은 건강을 위한 중요한 지침이다. 유아들은 식사 선택을 스스로 하지 못하므로 유아에게 식습관을 교육할 때, 순수 식품의 맛과 그 맛을 내는 가공의 가짜 맛을 구분하게 하거나 쓴맛의 채소를 단맛이 있는 채소와 함께 먹으며 맛에 대한 감각을 증진시키게 하는 미각 훈련 방법을 사용한다.[15] 로커보어는 가공식품을 적게 먹고 자연식품을 즐기므로 미각 기능을 순수하게 유지할 가능성이 매우 높으며, 이들의 미각은 계속해서 건강한 식재료의 음식을 선택하는 선순환의 건강한 식생활을 하게 될 것이다.

---

15   서울특별시·대한지역사회영양학회(2010)는 2010 서울시민 건강 증진을 위한 「식생활 환경 및 영양개선 사업」 중 유아 대상 미각교육프로그램을 개발하여 유아의 맛감각을 증진시키고 미각훈련을 실시하여 유아의 자연식품 섭취 식행동을 증진시키는 식생활 교육프로그램을 실시하였고, 개발된 유아 미각교육프로그램은 이후 여러 지자체 보건소와 어린이집에서 진행됨.

2.2 로커보어와 사회 경제적 지속성

로컬푸드는 생산자와 소비자가 중간 상인을 거치지 않고 접근할 수 있어 생산하고 소비하는 사람들이 공동체의 특성을 가지게 한다. 로컬푸드 매장이나 농민시장을 통해 직접적인 사회적 만남의 장소를 가지게 되고, 이를 통해 서로 의사소통이 가능하여 소비자들의 식품에 대한 요구를 농업인들에게 전할 수 있고, 농업인들은 이러한 요구를 생산에 반영하는 협력적인 공동체로 발전한다. 이러한 관계는 로커보어에게 더욱 안전한 식품을 제공할 수 있고, 지역의 특별한 생산방식과 농작물의 지역 고유성을 보전하고 개선시킨다. 또한 로커보어 개인뿐만 아니라 병원, 학교, 식품 회사 등의 기관의 공공구매 계약이 이루어지면 사회적인 연대와 윤리 의식이 고취되어 공공기관의 사회적 책임 수행이 증진된다.[16]

식품산업은 식품의 생산에서부터 소비까지의 식품 체계 속에서 지역 및 국가 경제에서 중요한 역할을 한다. 로컬푸드는 대부분의 관련 산업이 지역 내에서 일어나기 때문에 그 지역에 많은 경제적 이익을 주게 된다.[17] 로커보어들은 지역 식량 체계의 생산자에게 경제적 안정성을 보장해주고, 지역 농업이 활성화되면서 지역의 고용 수준이 증가하는 데 일조하게 된다. 그리고 로컬푸드의 판매금이 외부 지역으로 나가지 않아 지역경제에 긍정적인 순환을 이루게 한다.

세계적으로 비만 때문에 치르는 비용이 매년 2조 달러 정도로 추산

---

16   홍경완 등, 「로컬푸드의 개념적 이해 연구」, 대한경영학회지, 22(3), 2009, 1637~8쪽.

17   김종덕, 『먹을거리 위기와 로컬푸드』, 이후, 2009, 309쪽.

되어, 전 세계의 모든 가정이 연간 1,000달러를 지불하며,[18] 미국에서는 연간 300,000명이 비만으로 사망한다는 보고가 있다.[19] 비만 때문에 개인은 노동 시간이 감소하여 수입이 줄고, 정부는 건강 보험료 지급액이 증가하기 때문에 막대한 사회적 비용을 치르며 국가 및 개인의 예산을 삶의 질 증진에 쓰지 못하는 생산성이 낮은 사회가 되게 된다. 로커보어가 모든 식자재를 지역 먹거리로 먹을 수는 없고 로커보어들의 건강 수준을 평가한 보고는 없지만, 가공식품의 섭취가 비만을 많이 유도하고 이러한 식습관을 가진 사람들은 전반적인 식생활의 건전성이 떨어지는 경향을 볼 때, 주요 식품을 로컬푸드로 구입하고 식생활을 운영하는 로커보어는 건강체중의 유지뿐만 아니라 비만으로 유발되는 만성질환의 가능성이 낮아 전반적인 건강상태가 좋을 것으로 예상된다.

2.3 로커보어와 먹거리 생산의 생태적 지속성

식품 생산, 가공, 유통, 소비의 식품 체계에서 생산-가공-유통 단계의 획기적인 발전은 우리들에게 풍요로운 먹을거리를 제공하고, 식품산업의 발전이 국가 근간의 산업으로 경제를 발전시킨 점에서는 매우 긍정적이다. 대륙을 넘나드는 상추[20]와 비행 시차를 겪는 과일[21]은 대형 마트에서 소비자들을 감탄하게 한다. 그러나 대규모로 재배된 먹거리

18   M. Cohen(2018), 『음식에 대한 거의 모든 생각』, 안진이 옮김, 부키, 2020, 29쪽.

19   T. Lang, M. Heasman, 『식품전쟁』, 박종곤 역, 아리, 2007, 58쪽.

20   B. Halweil, 『로컬푸드』, 김종덕 등 옮김, 시울, 2006, 45쪽.

21   같은 책, 59쪽.

의 장거리 운송은 더 많은 포장과 냉장, 유통 중 발생하는 스모그와 지구온난화 효과로 환경 유지에 대한 효율성은 사라지게 된다. 로커보어는 장거리 식품유통으로 인한 지구환경의 파괴를 우려한다. 로커보어는 질 좋은 식품이 오래 생산될 수 있는 자연환경의 지속성을 희망한다.

로커보어 중에, 또는 로커보어를 추구하는 사람 중에는 육식을 줄이려는 사람들의 목소리가 있다. 이들의 행동 근거는 공장식 축산의 비윤리성에 저항하는 것이다. 현대의 육류 생산체계에 의해 발생하는 동물들의 막대한 고통이 공장식 농장에서 생산된 육류가 사라질 경우 느끼게 될 식욕의 불만보다 훨씬 크다고 한다.[22] 실제 채식주의자들은 이러한 이유보다 공장식 농장에서 동물이 사육되는 환경을 우려하는 경우가 많다. 즉 초식동물의 사료가 풀이 아니라 옥수수와 영양보충제와 성장호르몬과 항생제인 점, 그리고 사육 시설의 비위생성, 비자연성과 사육 행위의 잔인함을 우려한다. 또한 육류식품의 생산과 소비에 드는 비용과 에너지의 비효율성을 보면, 1파운드의 닭고기를 위해서는 3파운드의 곡물이, 1파운드의 돼지고기를 위해서는 6파운드의 곡물이, 1파운드의 소고기를 위해서는 13파운드의 곡물이 필요하다고 보고되어,[23] 이러한 사실에 거부감을 느끼는 사람들은 육류에서 먹어야 하는 영양소를 콩 등의 식물성식품에서 대체하며 채식을 선택한다. 채식주의를 추구하면서 공장식 동물사육 농장으로 인하여 지구환경이 파괴되지 않고 생태적 지속성을 유지하는 데 기여하려고 하는 것이다.

또한 로커보어는 대규모 기업형 농업으로 인한 농토의 변질과 농업

22　변순용, 「먹을거리의 인간학적, 윤리적 의미에 대한 연구」, 『범한철학』 53(2), 2009, 348쪽.

23　P. Singer, J. Mason(2007), 『죽음의 밥상』, 함규진 역, 산책자, 2008, 326쪽.

인의 감소를 우려한다. 대규모 기업형 농업에서 농작업의 비용 증대와
농기계 사용으로 인한 지구환경의 파괴 및 작물 다양성의 감소로 농토
가 변질되면 농토의 회복을 위해서는 많은 시간이 걸린다. 매년 똑같
은 작물을 재배하면 그 작물이 필요로 하는 영양분이 신속하게 고갈되
므로 비료를 보충해야 하고, 단일 작물을 재배하는 밭은 특정 잡초와
병충해에 취약하여 살충제를 뿌려야 하기 때문이다.[24] 기업형 농업에
밀려 발생하는 소농업인의 감소와 농토의 감소 및 변질을 방치하게 되
면 이는 결국 식량안보의 문제를 초래한다. 특히 쌀의 생산이 안정적
이지 못하면 식량 위기를 포함한 위기 시에 국가의 안보가 위태로울
수 있다.

로커보어의 식생활은 건전한 식품이 생산될 수 있는 자연이라는 인
류 공동의 장소의 생태적 지속성과 육류식품을 만들어내는 동물의 사
육 환경, 동물의 사육으로 인한 자연 환경의 파괴를 우려하며 식생활
의 지속 가능 윤리를 실천해가는 사람들이다.

3. 로컬푸드에 대한 소비자의 인식과 태도 및 소비 행태

우리나라 소비자들은 자신이 무엇을 먹고, 이것들이 어디에서 오고,
어떻게 생산되었는가에 대하여 높은 관심을 가지고 있으며, 지역경제
에 도움이 되고 식품으로 인한 환경 비용을 줄이고자 로컬푸드를 선택
하는 소비자가 증가하고 있는 것으로 나타났다.[25] 소비자들은 로컬푸

---

24   M. Cohen(2018), 『음식에 대한 거의 모든 생각』, 안진이 옮김, 부키, 2020,
296~7쪽.

25   장현욱 등, 「로컬푸드에 대한 소비자 인식 조사연구」, 농업경영정책연구 40(2),

드를 지역농산물이라고 인식하는 경향이 높았고, 농약의 사용 유무에 상관없이 지역에서 생산되는 식품을 모두 포함하고 있으나, 유기농과 친환경 식품을 함께 떠올리는 것으로 나타나,[26] 로컬푸드와 친환경 식품이 분명히 다름에도 불구하고 두 식품을 명확히 구분하지 못하고 있는 것으로 보인다. 이와 같은 인식으로 소비자들은 로컬푸드보다 친환경 식품에 대한 구매 욕구가 더 높은 것으로 나타났다.[27] 이는 소비자들이 식품 안전의 중요성에 대한 인식이 높고, 도시인에게는 로컬푸드 매장의 접근성보다는 친환경 매장과 마트 등에서 친환경 식품의 구매가 수월하기 때문이라고 하겠다.

로컬푸드의 구입 종류는 과일, 채소의 순으로 많이 구입하고, 지역의 브랜드 홍보를 통해 특산물 인지도가 높은 과일, 채소, 곡류, 축산물 등을 구입하는 것으로 나타났다. 로컬푸드를 구입하는 이유는 '신선하고 품질이 우수할 것 같아서', '농약이나 첨가제로부터 안전할 것 같아서' 등이 중요한 이유로 나타나,[28] 소비자들이 지역에서 생산되는 지역 먹거리에 대하여 긍정적인 이미지를 가지고 있는 것을 알 수 있다.

소비자들의 로컬푸드에 대한 구매 의도는 로컬푸드에 대한 소비자 지식이 높을수록 태도가 긍정적이며, 태도가 긍정적일 때 지식의 영향력이 구매 의도로 이끄는 매개 역할을 하는 것으로 보고되어[29] 로컬푸드의 지속 가능 식생활 윤리의 실천 확산을 위해서는 로컬푸드의 건강

2013, 250쪽.

26　정재란 등, 「로컬푸드와 친환경식품에 대한 인식과 소비행태에 대한 연구」, 한국조리학회지 23(2), 2017, 113쪽.

27　같은 곳.

28　같은 책, 113~4쪽.

29　오지현, 홍은실, 「로컬푸드의 소비자 지식과 태도가 구매의도에 미치는 효과」, 한국지역사회생활과학회지, 28(4), 2017, 595쪽.

과 사회 경제적, 생태적 지속성의 역할에 대한 지식을 교육하여 로컬
푸드에 대한 긍정적인 태도를 형성하도록 하는 것이 중요하겠다.

4. 지역 먹거리가 개인에게 보편화되기 위하여[30]

'로커보어'라고 선언하고 살아갈 필요는 없다. 내가 식사에서 어떤 가
치를 중요하게 추구하는지를 네이밍하며 분류하는 것은 잡식동물인
인간 개개인의 다양한 식사의 가치관과 환경, 생애 주기적 특성을 볼
때 어느 한 분류로 카테고리화하여 지내는 것은 영양 관리면에서 균형
과 다양성을 만족시키기에 어려운 점이 많다. 또한 가장 바람직한 식
생활을 어느 한 가지 특성으로 말하는 것은 부적절하며, 식생활의 여
러 조건을 상황에 맞춰 최선의 식생활을 영양적으로 운영하는 것이 가
장 좋다. 즉, 우리가 시간도 없고 먹을 것이 준비가 안 된 상황에서는
편의점의 컵라면 하나를 먹어도 괜찮다. 제대로 된 식사를 하지 못하
고 굶게 되는 상황에서는 가공식품도 필요충분조건을 만족한다. 그러
나 건강 유지를 위하여 우리가 식생활에 의식을 가진다면 식사가 불균
형해지는 상황에서 좀 더 영양적인 조합을 만들어가자. 컵라면을 먹고
습관적으로 단 커피를 먹지 말고 우유나 쥬스 등 건강한 음료를 먹고,
나중에 집에서나 시간이 될 때 채소와 과일을 더 챙겨 먹으면 좋다.
    그러나 우리는 적어도 로커보어들이 지역 먹거리를 선택하는 것의
핵심 가치인, 나, 우리, 지구의 공간을 인류에게 건강함이 지속되는 장
소로 만들어가고자 하는 트리플 윈의 윤리적 가치를 함께하는 것이 좋

---

30   제목을 B. Halweil, 『로컬푸드』, 김종덕 등 옮김, 시울, 2006, 201쪽에서 응용함.

겠다.

　지역 먹거리를 재건할 열쇠는 먹거리 소비자가 쥐고 있다. 소비자와 지자체가 나서서 지역 먹거리 소비 운동을 잘하고 있는 완주시 '건강밥상 꾸러미',[31] 세종시 '싱싱장터'[32] 등의 사례가 있다. 지역 로컬푸드 매장에는 지역 농민들의 아기자기한, 어설퍼 보이기도 하는 농산물들이 소비자들을 반긴다. 로컬푸드 매장에서는 농산물이 상처가 없고 매끈하고 예쁜지, 크기가 큰지 등을 따지는 소비자보다는 식품 재료 표시의 생산자 정보의 정겨움을 선호하는 소비자가 많다.[33] 우리나라의 거의 모든 학교급식에서도 중요 식품은 지역 먹거리를 사용하고 있으며, 지역의 식품 회사들은 주요 식품 재료 계약 재배를 통해 지역 농업인을 지원하고 있다. 살고 있는 지자체의 특별 프로그램이 없더라도 우리는 농민장터에서 장을 보고, 제철에 나오는 먹거리로 밥상을 차리며, 사회적, 생태적으로 건전한 식습관을 의식하며 사는 것만으로도 지역 먹거리를 더 많이 먹게 될 것이다.

　육류 섭취에서 동물 사육의 문제는 인도적인 사육, 지속 가능한 사육으로 완화시켜야 하겠다.[34] 그리고 개인은 동물성 단백질을 건강에 필요한 양 이상으로 즐기며 육류를 과잉 섭취하지 않도록 해야겠다. 우리의 식생활에서 육류를 필요량만 먹고, 육류가 공급하는 영양소를 우유 및 유제품, 달걀류를 통하여 섭취하거나, 콩 등의 식물성 식품에

31　http://m.hilocalfood.com/index.do [2020.11.13.]

32　https://www.sejong.go.kr/localfood/sub01_02.do [2020.11.13.]

33　로컬푸드 매장에 나온 식품들은 포장에서의 순박함, 신선한 식품, 생산자의 이름 등이 있어 정겨운 선택을 할 수 있으며, 농업인의 이름을 외워 계속해서 구매하고 싶어지게 만든다.

34　변순용, 「먹을거리의 인간학적, 윤리적 의미에 대한 연구」, 『범한철학』 53(2), 2009, 358쪽.

서 챙겨 먹으면 된다. 육류가 조리하기 편하다고 자주 선택하거나 육류를 가장 좋은 식품군으로 생각하며 많이 먹게 되는 풍조는 좀 바뀌어야 하겠다. 육류가 사육되는 환경과 이로 인한 자연환경의 파괴를 늦추는 것이 시급한 시점이기 때문이다. 그러나 생애 주기 중 유아 및 성장기에는 이유를 막론하고 채식주의 식사를 하지 않기를 권하며, 본인의 건강 상태를 확인하지 않고 영양 관리 방법을 모르는 상태의 무조건적인 채식주의 식사는 조심해야 한다.

5. 마무리; 도시인이 로커보어로 살아가기

당신이 먹는 음식이 당신을 만든다, 하지만 당신의 음식이 먹는 여러 가지가 당신을 만든다.[35]

우리는 특정 먹을거리가 문제점이 있다고 알려지기 전까지는 시장이나 마트에서 먹을거리를 살 때 별로 의심하지 않는다. 먹을거리의 안전성에 대한 검사 기준이나 인증 제도의 객관성과 실효성에 대해 자세히 알지 못한다. 가공식품의 이면에 변형된 식품과 숨어 있는 첨가물의 존재를 일일이 생각하지 못하고 겉의 화려함과 편리함으로 먹게 된다. 물론 시간이 부족하거나 조리 시설이 없는 경우, 먹을 것이 부족한 사람에게 가공식품은 참 중요한 식품이다. 그리고 식품 산업은 국가 경제력의 주요 근간이다.

---

35   M. Cohen(2018), 『음식에 대한 거의 모든 생각』, 안진이 옮김, 부키, 2020, 120~1쪽의 '당신이 먹는 음식이 당신을 만든다, 하지만 음식이 먹는 음식도 당신을 만든다'를 이해하기 쉽게 변형함.

그러나 이제 우리는, 우리의 건강을 유지하여 삶의 질을 높이려는 노력에 더하여 우리의 먹을거리를 만들어내는 지구의 건강을 유지해주는 윤리를 지켜야 한다. 앞으로 지구에서 생산되는 먹을거리가 우리에게 식사를 지속 가능하게 해주지 않는다면 인간의 지속 가능성도 보장받기 어려울 것이라고 판단되기 때문이다.

헨리 데이비드 소로(Henry David Thoreau)는 건강해지기 위해 아주 다양한 음식을 먹을 필요는 없다고 했지만, 니체는 육류 위주로 하루에 네 번 가볍게 식사하고, 아침에 일어나서는 발포 비타민을 먹고 잠자기 전에는 적포도주를 한잔 마시는 다양한 식단을 시도했다고 한다.[36] 인류의 건강에도 식단의 다양성을 증진시키는 것이 중요하다. 좀더 다양한 식단이 영양상의 교란이 가져오는 나쁜 영향에 대해 완충 작용을 한다. 우리는 건강한 지역 먹거리를 다양하게 선택하면서 신체의 영양 균형을 지켜야 한다. 우리가 건강한 지역 먹거리를 다양하게 선택하려면 작물의 다양성으로 농토를 회복하여야 한다.

인간의 몸은 복잡하고, 건강한 식생활은 단 하나의 단순하고 선형적인 규칙을 따르지 않는다. 생활의 방식을 잘 잡아야 한다. 즉, 건강 지향적인 생활 습관을 가져야 한다. 아직도 세계와 우리 주변에는 굶주림의 문제가 남아 있지만, 이제 우리는 식생활에서 굶주림보다는 과잉을 걱정한다. 건강을 위해 인간이 필요한 식품과 영양소들의 섭취, 각 영양소 간의 균형과 조절 등을 구체적으로 설명하고 실천할 수 있는 편리한 식품 영양적 지침들이 많이 개발되어 있다. 이러한 정보를 이해하고 스스로 균형 있게 실천하면 건강을 잘 유지하여 질병을 예방하

---

36   M. Cohen (2018), 『음식에 대한 거의 모든 생각』, 안진이 옮김, 부키, 2020, 120~1쪽.

고 삶의 활력도 높이며 개인의 생산성도 증진 시킬 수 있다.

이제, 우리는 이에 더하여 안전한 식품의 생산을 위한 지속 가능한 장소의 환경을 유지하도록 식품 생산과 지구환경에 대한 식생활 윤리를 지키는 노력을 우리가 속한 환경 속에서 각자의 방식, 방편으로 해 나가자. 그 방식, 방편은 다를 수 있지만, 도시 속에서도 지역 먹거리를 의식하며 선택하는 식생활은 분명 더 건강한 식생활을 하게 할 것이다. 멀어져 가려고 하는 인간과 자연, 환경, 동식물과의 공동체를 다시 연결하여 인류 건강과 자연 건강의 선순환을 이루자. 그동안 발전해온 세계화된 식품 생산 체계가 식품과 인간이 공유하는 장소를 빼앗아갔다. 또한 자본주의적 이윤 창출에만 목표를 두는 식량 체계가 생산자와 소비자의 장소를 상실하게 하였다.

꼭 로커보어라고 지칭하지 않아도 된다. 꼭 농촌에서 사는 사람만 지역 먹거리가 있는 것은 아니다. 가까운 지역에서 수송된, 가공식품이 아닌 먹거리는 지역 먹거리이다. 가공식품을 자주 먹을 경우는 가공 정도가 낮은 것을 선택하고 지역 먹거리를 식단에 넣어보자. 우리나라에서 생산하기 어려운 커피나 설탕 등의 기호식품이나 조미료 류, 열대 과일 등은 지역 먹거리에서 대체품을 찾아보거나 지역에서 생산되는 과일로 바꾸어보자. 인간과 식품, 자연환경의 공동 장소의 지속을 염려하는, 식품 생산과 소비 간의 장소의 지속 윤리를 지키고자 하는 의식을 갖춘 식생활(conscious diet)을 추구하자. 이러한 의식을 가지고 있는 우리는, 이미 로커보어(locavore)였던 것이다.

11

디아스포라와
북경에서의 경험

1. 막을 열며

교통과 통신의 발달로 인류가 점유하는 공간은 확대되었다. 자연스레 특정 민족의 이동 현상을 의미하는 디아스포라(Diaspora)의 대상과 범위는 넓어졌다. 덩달아 디아스포라는 우리 곳곳에 새로운 형태와 의미로 진화하고 있다.

일반적으로 디아스포라는 본토를 떠나 다른 곳에서 자신들의 규범과 관습을 지키며 사는 사람들이나 그들이 머물고 있는 거주지를 말한다. 원래는 팔레스타인을 떠난 유대인들이 유대교의 규범이나 관습을 유지하던 것을 가리켰다. 'dia'는 고대 그리스어로 '~너머'를 'spero'는 '씨를 뿌리다'를 뜻한다. 이는 한자의 이산(離散), 혹은 파종(播種)과도 통한다. 화교처럼 교역을 목적으로 만들어진 '교역 디아스포라'가 있는가 하면 인도 계약 노동자가 만든 '노동 디아스포라'도 있다. 또한 '아르메니아 디아스포라', '우크라이나 디아스포라', '아이리시 디아스포라'처럼 특정 지역이나 민족을 지칭하는 형태도 있다.

자신들의 삶의 터전을 떠나 다른 공간에서 거주하면서 자신들의 공동체를 만들고 지킨 소수민족, 이민자, 정치적 난민, 소수의 집단 공동체, 심지어 인도인처럼 타국으로 이동한 계약 노동자까지, 이들에게 장소는 무엇일까? 현대의 디아스포라를 구성하는 이동(movement), 관계(connectivity), 귀환(return)과 장소는 어떤 식으로 이들과 연결되어 해석될까?

디아스포라는 현대의 세계화와 연결되어 문화의 이동과 접변(accul-turation)을 일으키며 새로운 문화를 만드는 촉매제로 작용하고 있다. 상품만이 아닌 사람의 이동을 통해 이중국적이나 시민권제도를 포함하여 다양한 제도와 양식을 만들고 있다. 그러면서 동시에 생각할 것은 '공간'의 이동을 통한 '장소'의 재조명과 가치의 문제이다.

디아스포라는 이동이다. 비록 그 의미가 넓고 다양하게 사용되어도, 그 중심에는 이동이 있다. 사람들은 이동을 통해 자신에게 적합한, 자신을 핍박하지 않을, 자신의 이로움을 얻으려 한다. 이동은 공간을 전제로 한다. 이 공간에서 저 공간으로 움직이기 때문이다. 이때 공간은 장소와 다르다. 나는 공간에 경험, 감정이 더하여진 것을 장소로 보았다. 그러기에 디아스포라의 이동에서, 각각의 공간에는 저마다의 장소가 가지는 가치의 충돌과 대립이 상존한다. 각자의 좋고 나쁨이 수시로 상충한다.

장소와 관련한 가치의 문제는 정치, 권력, 경제, 사회와 연계되어 다양하게 다루어지고 있다. 마르쿠스 슈뢰르, 르페브르, 데이비드 하비 등이 논했고, 심지어 죽어가는 장소로서 농촌의 실태를 다룬 논의도 가능하다.[1] 나는 이 문제를 더 구체적으로 살펴보기 위해, 중국 북경에서의 경험을 옴니버스 형식으로 재구성하여 디아스포라와 장소에 투영하며 성찰해보았다.

2. 호랑이 후예의 이산

더 이상 그녀와 함께할 수 없었다. 쑥과 마늘만의 채식주의 식사는 굶주림을 넘어 영양실조를 일으켰다. 그렇다고 그녀, 곰을 잡아먹을 수도 없다. 여우 같은 아내와는 살아도 곰 같은 아내하곤 못산다는 말도 뼈저리게 깨달았다. 곰은 재주만 부리다 끝날 것이다.

나를 변명하자는 것은 아니다. 당신도 양심이 있으면 생각해봐라. 눈앞에 먹잇감을 두고 100일이나 채식을 강요하다니, 정말 성불(成佛)하겠다. 억울하다. 애초 이 게임은 기울어진 운동장에서 진행되었다. 게다가 100일의 약속과 달리 21일밖에 안 된 그녀의 소원을 들어주는 편파 판정까지.

동굴을 뛰쳐나온 나를, 두고두고 욕할 것이다. 참을성 없는 놈이라고. 하지만 생각해봐라. 내가 나쁜 놈인지, 그 장소와 그 상황이 나빴는지.

나쁜 장소, 나는 여기서 탈출했다. 중이 절이 싫으면 떠나야지. 이제 나는 나의 길을 갈 거다. 누가 뭐라 해도, 내 친구 '낭만 고양이'처럼 "두 번 다신 생선 가게 털지 않아…바다로 떠날 거예요. 거미로 그물 쳐서 물고기 잡으러." 나도 나의 본성, 나의 야수성을 찾아 나의 장소, 나의 밀림으로 떠날 거다. 홀로 다니지만 외로워 보이지 않고, 조용히 다니지만 숨어 다니지 않으며, 사슴이나 멧돼지를 먹을지언정 이제 곰

1　김덕삼, 「장소화의 양상과 의미 탐구」, 『로컬리티 인문학』 22, 2019, 51~2쪽.

은 먹지 않을 거다. 최소한의 예의와 의리를 지키며 품위 있게 살겠다.

이후, 동굴을 뛰쳐나온 호랑이는 어디로 가서 무엇이 되었을까? 중국 산동성 지방에 퍼진 비주류의 단군 설화는 환웅이 백호와 결혼해 단군을 낳았다고 전한다. 그들로서는 아쉬움이 컸을 게다. 호랑이는 밀림 속을 거닐며 살다가, 만주 벌판을 누비는 기마민족의 핏속으로 흘러 들어갔을 수도 있겠다. 오랜 세월을 거치며 그 후손은 곰의 후손과 만나 결혼도 하고, 또 다른 핏줄을 만들었을 수도 있겠다. 그리고 어쩌면 그들은 한곳에 모여 아웅다웅 살고 있을 수도 있겠다.

실제로 백두산호랑이, 한국호랑이, 아무르호랑이, 동북아시아호랑이는 시베리아호랑이의 일부를 지칭하는 말에 불과하다. 이들은 유전적으로 교류가 가능하기에 종으로 별도의 특질을 갖고 있지 않다. 호랑이는 시베리아로 가서 소련이 되었고, 요녕성(遼寧省)으로 가서 중국이 되었으며, 한반도로 와선 한국이 되었다. 물론 백두산이니 금강산호랑이는 북한 호랑이, 인왕산이나 지리산 호랑이는 남한 호랑이가 되었지만, 이들은 모두 시베리아호랑이다.

1990년대의 끝 언저리 어느 겨울날, 나는 북한의 피바다 극단이 공연하는 '꽃 파는 처녀'를 북경 전람관에서 보았다. 전람관은 중국과 소련의 관계가 좋았던 1950년대 무렵, 소련의 도움으로 지어졌다. 중국 수도 북경에서, 소련의 손이 닿은 건물 안에 앉아, 북한의 공연을 한국인인 내가 중국인, 조선족, 북한 사람 틈에서 보고 있었다. 물론 소련 친구들도 듬성듬성 앉아 구경했을 것이다. 동일한 공간에 다양한 경험과 기억의 장소가 중첩됐다. 이런 일은 중국 북경에서 어렵지 않게 접할 수 있었다. 북한 식당을 가거나, 학교 기숙사에서도.

　북경에는 한국 사람, 북한 사람, 중국 조선족이 공존하고 있다. 나아가 만주 벌판을 달리던 고구려의 후예인 여진족, 만주족의 후예인 몽고족, 다른 유목민족의 후예들도 공존하고 있다.

　그 겨울 북경, 나는 한국, 북한, 중국 호랑이의 후예가 하나의 공간에 함께하는 것을 경험했다. 옛날 아주 먼 옛날 할아버지 호랑이가 동굴에서 뛰쳐나온 뒤, 다시 까마득한 시간이 흘러 각자의 방식대로 각자의 장소에서 살던 호랑이들이 한데 모였다. 어디 이런 만남이 한 번뿐일까. 야릇한 긴장과 말 못할 비애를 가슴에 품고, 종종걸음을 놓은 거리 위로, 차가운 시베리아 바람에 눈보라가 흩날렸다. 북경의 밤은 그렇게 깊어갔다.

　북경은 그들의 공간이 아니었다. 각자 자신들의 공간으로 돌아가야 했다. 그 공간도 언제 어떻게 변할지, 어느 힘이 와서 어떻게 선을 긋고, 자기의 땅이라 포효할지 모른다. 하지만 다시 곰곰이 생각해보면, 본시 북경은 그 누구의 공간도 아니다. 북경은 처음부터 다양한 양식의 디아스포라를 품을 그릇으로 탄생했다.

　역사에 두각을 나타낸 북경은 주로 유목민족이 세운 왕조에서 도읍지가 되었다. 거란족의 요(遼)는 남경(南京)으로 삼아 부도(副都)로 활용했고, 여진족의 금(金)은 중도(中都), 몽고족의 원(元)은 대도(大都)로 칭하면서 자신들의 수도로 삼았다. 이곳에 한족의 깃발을 꽂은 이는 명(明)의 영락제(永樂帝)이다. 이후 200여 년을 버틴 한족의 수도 북경은 다시 이민족에게 공간을 넘겨야 했다. 여기에 이민족인 만주족은 북경이 지닌 장소성을 계승하여 청 왕조를 세웠다. 1636년 대청(大淸)으로 국호를 바꾸고, 황태극(皇太極)은 청태종이 되었다. 대청의 깃발 아래 만주족, 몽골족, 한족이 합쳐졌다. 그리고 1644년 북경에 들어

온 뒤 1924년까지 대청이란 국호를 대략 280여 년간 유지하며 북경을 점유했다.

북경은 태생적으로 남과 북이 교차하고, 한족과 다른 민족이 통합하며, 유목민과 정주민을 연결한다. 북경이 지닌 중층적 성격이나 다양한 이종성(異種性, heterogeneity)은 이러한 배경 속에 만들어졌다. 그러기에 그 그릇 속에 지금 얘기하는 다양한 호랑이의 후예도, 다음에 말할 유목민과 정주민도, 중국 벽지의 농민공도 담을 수 있다. 북경은 이들의 이산을 품을 수 있어야 한다.

지금 호랑이는 어디서 어떻게 살고 있을까? 2010년 겨울 종로거리에서 따스한 밥 한 끼를 나눈 친구는, 출판사로 데려가 방금 나온 책을 건넸다. 묘족(苗族)의 뿌리가 고구려 유민이라며, 1300년 고구려의 디아스포라를 담은 책이었다. 묘족의 역사는 위로는 치우(蚩尤)가 이끌던 동이족에 닿아 있고, 아래로는 동남아와 유럽 미주에 걸쳐 있다. 현재 미국에만 20만이 살고 있다. 하루 행동반경만 20km가 넘는 호랑이, 오랜 세월 속에 여기저기 이산되어 살고 있음은 어쩌면 당연한 귀결이다.

타고난 멍에일까? 한계일까? 호랑이의 후예는 얼마나 더 오래 떠돌아야 할지 모른다. 디아스포라는 이방인이고 주변인이다. 그래서 이곳과 저곳의 비어 있는 사이[공간(空間)]에 존재한다. 정주하지 않는 지식인의 삶과 사유를 이야기한 니콜 라피에르(Nicole Lapierre)는 이방인은 안에 있는 동시에 밖에 있다. 그러니까 중간에, 문턱에 있는 것이라고 말했다. 문턱은 오래 머물 곳이 못 된다. 또 이쪽저쪽의 이동에 걸리적거리기에 곧 비켜서야 한다. 그럼, 호랑이들을 따르던 무리의 디아스포라는 언제쯤 멈출까? 아니 멈추는 것이 가능할까? 별과 바람이 멈추지 않는 한, 이들의 이동도 이들의 이야기도 멈추지 않을 것 같다.

3. 유목민과 정주민의 디아스포라

1997년, 회족, 몽고족, 위구르족 친구들과 찾아간 낯선 공간은 따스한 봄날의 햇살처럼 다가왔다. 북경 우가(牛街)에 자리한 회교도 사원은 기와집에 중국 전통 양식으로 지어졌다. 난생 처음 참관한 무슬림 의식도 불교의 사찰이나 도교의 도관에서 경험한 의식과 별다르지 않게 느껴졌다. 장소의 공감일까, 문화적 할인율이 적었다.

사원 한쪽 귀퉁이에서는 의식에 사용할 희생양을 잡는지, 사람들이 분주하게 움직였다. 이내 앞뒤로 발이 묶인 양은 땅에 눕혀졌고, 사람은 머신처럼 양의 목 핏줄을 가볍게 갈랐다. 땅에 파둔 조그만 웅덩이에 목을 기댄 채, 잠들 듯 조용히 사그라지는 생명, 끊임없이 흘러나오는 피는 젖과 꿀이 흐르는 대지 위에 고였다. 뉴 트롤즈(New Trolls)가 부른 아디지오(Adagio)에서 반복적으로 읊조리는 "to die to sleep maybe to dream(죽는다는 것은 잠자는 것, 어쩌면 꿈꾸는 것일지도 몰라)"이 귓전에 머문다.

친구들이 싱싱하다고 내게 건네준 양고기 탕은 먹기 미안했다. 평소에 즐겨먹던 양꼬치의 그 고기임에도, 이 장소에서는 선한 눈빛의 기억이, 맥없이 졸며 생을 마감하는 모습이, 너무도 무정한 그의 의식(儀式)이 나의 목구멍을 막았다.

우가의 청진사(淸眞寺)를 둘러싼 거리는 넓지 않은 골목과 다닥다닥 붙은 건물, 그 사이사이로 경험과 추억이 잘 저며 있는, 세월이 숙성되며 깊은 맛을 담은 장소였다. "비가 새는 작은 방에 새우잠을 잔대도"

내 집이 제일 편하고 좋은 이유는 타자의 공간이 아닌 나의 장소이기 때문임은 여기 사는 이들도 매한가지일 것이다.

이들은 오래전 자신들의 둥지를 등지고, 서역에서 이동해 이곳에 정착했다. 우가에 터를 잡은 지 최소 600여 년, 청진사는 요나라 통화(統和) 14년(996년)에 지어져 이미 천 년을 훌쩍 넘어섰다. 회족은 지금도 대부분이 영하(寧夏) 회족자치구에 살고 있지만, '대분산 소집중'의 방식으로 중국 전역에 자신들의 터전을 만들었다.

정주민인 내가 나의 관점으로 그들의 이동을 디아스포라로 엮어 말하지만, 어쩌면 그들에게 이동은 자연스러운 일인지 모른다. 하지만 그들은 정착했다. 언제 떠날지 혹은 언제 쫓겨날지 모르지만, 이미 몇 대를 거쳐 이동식 게르(Ger)가 아닌 정착의 집을 짓고 살고 있다. 그럼 그들에게 유목민의 DNA는 사라졌을까?

유목민에게 영원한 정착지는 없다. 이를 바라는 것은 온전히 정주민의 시각이다. 디아스포라는 유목민에게 주어진 태생적 굴레인지 모른다. 정주민이 땅에 코 박고 아침부터 저녁까지 일하다 쓰러져 땅에 묻혀 죽는다면, 유목민은 여기저기 떠돌며 이동하다가 죽어, 바람이 되어 떠돈다.

유목민과 정주민은 땅에 대한 생각이 서로 달랐다. 유목민은 농경민의 경작지를 목초지로 바꿔 말과 양을 키웠고, 반대로 농경민은 유목민의 목초지를 경작지로 바꿔 농작물을 재배했다. 자신이 기르는 개도 유목민은 앞다리를 포개 묶어 개의 이동을 제한하여 통제했다면, 정주민은 땅에 말뚝을 박아 목줄을 묶어 개의 활동 공간을 제어했다.

생명에 대한 태도도, 가을 천고마비에 대한 생각도, 집에 대한 생각도, 공간에 대한 생각처럼 유목민과 농경민은 달라도 너무 달랐다. 양고기를 맛있다며 먹는 나의 친구 유목민과 이를 물끄러미 바라보는 정

주민인 나, 그들과 내가 서 있는 지금의 공간은 같지만, 살아온 흔적이
서로의 장소를 갈랐다.

회족, 몽고족, 위구르족 친구들은 참 순수하고, 친절했다. 역사적으
로 호전적이고 거친 이들의 유전자 혹은 나의 선입견과 다르게, 유순
하고 겸손했다. 나는 지금껏 내 생각으로 이들을 재단했다. 노란 머리,
파란 눈, 눈의 색깔이 다른 색목인(色目人)이다. 까만 머리에 검은 눈동
자를 가진 나는 우락부락한 이들의 모습이 두려웠다. 세상은 이런 두
려움을 교묘히 형상화했다. 사찰의 초입을 지키는 사천왕. 동방 지국
천왕(持國天王), 서방 광목천왕(廣目天王), 남방 증장천왕(增長天王), 북
방 다문천왕(多聞天王)도 그렇다. 여기에 색목인의 모습이 담긴다. 귀
신아 게 섰거라! 잡것들아 꼼짝 마라! 유목민의 호전적 이미지를 품는
다. 그래서 적병을 물리치는 진병도량(鎭兵道場)도 사천왕도량이다.

적어도 이들 유목 민족들에게 있어서 디아스포라는 끝나지 않았다.
그리고 앞으로도 끝나지 않을 것이다. 말에서 태어나 말에서 죽는, 움
직이는 대상을 움직이는 말에서 제거하는 이들, 만약 오랫동안 익숙해
진 말이 아닌 다른 무언가를 이용하고, 초원이 아닌 우주 공간을 다닌
다면, 이들의 제국은 부활할 것이다. 지금 우리는 또 다른 노마드(No-
mad), 디지털 노마드의 시대를 살고 있지 않은가.

현대인들은 디지털 노마드가 되어 떠돈다. 그리고 그 속에서 많은
일을 이루고, 즐긴다. 영토의 권위는 약해질 수밖에 없다. 인류의 역사
는 공간 확장과 비례하여 진행되었다. 여기에 과학기술의 발전은 편리
성을 더하여 공간의 확장을 도왔다. 자연스레 세계화가 진행되고, 그
속에서 장소의 권위는 약해질 수밖에 없다. 세계화 속에 국경은 허물
어지고, 세계화가 모든 사람에게 똑같이 작용하지 않듯이 도시의 개발

도 모든 사람에게 공평하게 작용할 수 없었다.

디지털 노마드의 시대, 우리는 장소에 구애받음 없이 떠돈다. 심지어 미지의 공간인 우주에서의 생활도 20년이 넘었다. 아직 우리는 내가 서 있는 이 땅에서만 생각하기에 그 변화를 가늠할 수 없지만, 천하를 호령하던 이들의 DNA에서 변화된 상황에 맞는 새로운 무언가가 더해진다면, 불가능한 일도 아니다.

우가에서 가까운 위공촌(魏公村) 거리는 나와 친구들에게 우가보다 훨씬 친근한 장소였다. 여기엔 위구르족을 중심으로 신강(新疆) 지역 소수민족들이 살고 있었다. 길게 늘어선 골목길은 식당과 가게와 집을 빼곡히 머금고 있었다. 다른 곳과 다르게 엄지손가락보다 크고 길게 만든 양 꼬치, 둥그런 방석처럼 부풀어 오른 빵, 노란 머리에 하얀 모자를 걸쳐 쓴 퉁퉁한 사람들, 내겐 너무나 낯선 풍경이었다.

당시 이들의 속사정까지 인지하지 못하던 내겐, 으레 그런 곳, 낯선 중국 속에 또 다른 낯선 곳으로 여겨졌고, 보이는 겉모습 딱 그 지점에서 나의 인식과 판단은 멈춰 섰다. 나는 그때, 그 깊은 내면까지 읽을 여유도 의식도 공부도 갖추지 못했다.

신강 지역 소수민족들이 모여 살던 위공촌은 2000년대 초 도시개발의 미명 아래 하루아침에 사라졌다. 공간은 그대로지만, 위구르족이 모여 양고기를 먹고, 왁자지껄 떠들며 만든 추억과 경험은 그들의 장소와 함께 삽시간 사라졌다. 회족이 모여 지내는 우가는 7,8미터 폭의 중앙 도로가 40미터로 넓어지고, 낡은 집이 현대식으로 정리되면서 새로운 변화를 맞이했다. 중앙 도로의 확장은 보이지 않는 만리장성이 되었다.

나는 위공촌과 우가를 거닐며, 동네와 거리가 가지는 공간과 시간의 참된 본질이 무엇이냐가 아니라 우리가 얼마만큼 그 둘을 고찰하는가에 따라 공간이 장소라는 이름으로 유의미해질 수 있는지 확인할 수 있었다.[2]

공간의 변화는 새로운 장소를 만든다. 때로는 그 땅에 사는 사람의 생사존몰을 불러오기도 한다. 중국 인구의 8.5%에 불과한 소수민족이지만, 소수민족이 점유하는 공간은 중국 영토의 60%를 차지한다. 소수민족은 중국 정부의 통제에 따라 5개구, 30개 주, 120개 현에서 자치를 보장받고 있지만, 이러한 물리적 공간도 언제 무너질지 모른다. 새로운 이민족의 유입, 원주민의 이동, 발전이란 미명하에 전개될 파괴와 개발 등, 소수민족 자치 지역은 존재의 위협을 겪고 있다.

장소가 사람을 만든다. 새로운 장소는 새로운 경험을 선사하며 오랫동안 유지되어 왔던 사람들의 인식에 변화를 불러일으킨다. 적은 것은 많은 것에 희석되어 사라지고, 새로움은 낡은 것을 덮는다. 전통을 스스로 팽개치며 하이브리드를 만들고, 이는 새로운 변종을 만든다. 여기에 힘 가진 자가 자신을 합리화하기 위해 좋고 나쁨의 가치를 전염시키고, 우리는 오염된다.

4. 농민공의 디아스포라

북경에는 농민공(農民工)이 있다. 농민공은 농민의 신분으로 공인의 일을 하는 사람을 가리킨다. 1980년 대, 농민은 고향을 떠나지 않았다. 좋아서가 아니라 호구(戶口)제 등으로 발이 묶여 떠날 수 없었다. 1949

---

2   J. Doring, T. Tristan, 『공간적 전회』, 이기숙 옮김, 심산, 2015, 476쪽.

년 건국 이후 중국은 빠른 성장을 이뤄야 했다. 그래서 전략적으로 도시 지역에 중화학 공업단지를 먼저 발전시켰다. 자연스레 도시와 도시에 살고 있는 노동자는 발전했지만, 농촌과 농민은 희생되었다.

바보가 아닌 이상, 먹고 살기 위해 상경을 계획하는 것은 당연했다. 뉴턴의 운동 제3법칙은 물리학에만 적용되지 않는다. 작용 반작용의 법칙은 사람과 사회에도 유효하다. 농민의 이동을 예상한 중국 정부는 선제적 조치를 취했다. 중국 인구의 90%에 해당하는 농민이 도시로 이동하면, 그 파장은 예상치 못한 데까지 퍼질 게 뻔했다. 그래서 이들의 유입을 막고 통제할 호구제를 만들었다.

하지만 일방적 희생을 강요당한 농촌에도 출로는 필요했다. 중화인민공화국이 누구의 손에 의해, 누구를 위해 세워진 나라인가? 붉은 색 바탕에 노란 다섯 개의 별이 반짝이는 오성홍기(五星紅旗), 혁명을 상징하는 붉은 바탕 위에, 공산당을 상징하는 큰 별과 노동자, 농민, 소자산계급, 민족자산계급을 상징하는 네 개의 작은 별이 중심의 큰 별로부터 같은 거리에 떨어져 조화와 단결을 상징하고 있지 않은가.

중국의 기둥인 농민을 무시할 수 없다. 이에 농촌에 향진(鄕鎭)기업을 세워 농촌의 잉여 노동력을 활용하며 농촌의 발전을 도모했다. '이토불리향(離土不離鄕)', 땅을 떠나지만 고향을 떠나지 않게 농민을 유도했다.

그러나 1990년대 들어서 상황은 또 바뀌었다. 개혁을 거친 도시의 국유 기업은 경쟁력 향상과 발전을 위해 저렴한 노동력이 필요했다. 이때부터 본격적으로 농민의 도시 이주는 시작되었다. 이제 농민공은 '이토우리향(離土又離鄕)', 땅도 떠나고 고향도 떠나 표류하는 새로운 디아스포라를 탄생시켰다.

1990년대 중반의 북경은 도시 전체가 건설 중이었다. 시내도 캠퍼스도 예외가 없었다. 북경대나 청화대 곳곳에 솟은 타워크레인 밑 공사 담장, 무리 지어 햇빛을 탐하고 있던 농민공들의 모습은 이해하기, 아니 어쩌면 나의 이해라는 영역에 들어오지 않은, 저 너머의 딴 세계였다. 당시 사회의 역학적 관계를 파악하지도 못한 상황에서, 나는 그저 도시와 어울리지 않은 가난한 농민 혹은 무능하고 게을러서 가난할 수밖에 없는 그들이라고 몹시도 '가벼운' '나쁜 생각'을 했다.

농민공의 존재는 1989년 춘절(春節)에 전국의 기차역에서 확인되었다. 기차역은 몰려드는 인파를 감당할 수 없었다. 도시 곳곳에 숨겨져 있던 농민공이 귀향하러 기차역에 몰려들며, 이들의 존재가 표면 위로 떠올랐다. 2014년 기준으로 약 2억 7,395만 명인 이들의 존재는 가볍지 않다.

내가 스쳐 지나듯 만난 이들 가운데 누구는 안휘성(安徽省) 사람일 수도 있다. 혹은 안휘성 노영촌(路營村)의 농민 정작명(丁作明)을 아는 사람일 수도 있다. 2004년 인민문학출판사에서 출간한 『중국 농민 르포(中國農民調查)』 첫 장은 그의 비참하고 안타까운 죽음으로 시작해, 농촌이 처해 있는 비현실적 상황을 고발했다. 때문에 이 책은 출간된 지 한 달도 안 되어 판매 금지되었다. 하지만 소문은 꼬리에 꼬리를 물며 확산되었고, 1,000만 부 이상의 해적판이 복사되어 중국의 농촌과 농민의 비참한 실상을 알렸다.

그 즈음 나도 그 공간에 있었다. 하지만 나의 장소와 그들의 장소는 너무 달랐다. 시간이 어느 정도 지난 뒤, 나는 그들과 같은 공간에 있었지만, 다른 장소에 있었다는 사실을 깨달았다. 나의 장소는 그들의 장소에 대해 보이지 않는 철벽을 치고 있었다. 미안함과 부끄러움이 길게 드리워졌다.

북경에는 성중촌(城中村)이 있다. 성중촌은 글자 그대로 '도시 안의 농촌'을 의미한다. 개혁기 중국의 도시화 과정 속에 탄생했다. 성중촌이 발전한 것이 동향촌(同鄉村)이다. 1990년대 북경에 있는 대표적 성중촌으로는 하남(河南)촌, 안휘(安徽)촌, 절강(浙江)촌이 있다. 북경으로 몰려드는 수많은 유민이 여기 머문다.

농민공은 계속 떠돌 것이다. 이들은 유동하는 존재가 되었다. 그래서 북경의 외래 인구를 지칭하는 '북표(北漂)', 즉 북경에 떠도는 유동하는 사람은 또 하나의 디아스포라가 된다. 이들은 많은 디아스포라가 겪었던 것처럼 환대보다는 괄시를, 축복보다는 비난을 받는다.

농민공이 주축을 이루는 북표는 도시의 '투명인간', '낯선 사람들', 이등 시민, 더 심하게는 저단인구(低端人口, low-end population)로 지칭되었다. 저단은 고단(高端)과 짝을 이룬다. 저급한 계층을 인정하고, 이를 사람에 직접 적용한 용어다. 원래 저단인구는 저단 산업에 종사하는 인구를 말했다. 산업을 구분하며 사용하던 말이 계층을 구분하는 말로 공공 기관의 문건에서도 사용되었다.

이들이 주목을 끌게 된 것은 북경에서 일어난 화재 사건 때문이다. 2017년 11월 18일 외래 인구 밀집 주거지인 대흥구(大興區) 신건촌(新建村)에서 화재가 발생했다. 참화로 19명이 죽고 8명이 다쳤다. 이후 안전을 이유로 북경 시내 135개 지역의 쪽방촌 철거 작업이 진행되었고, 이 과정 속에 저단인구로 불리는 이들이 사회 문제의 발원지인 '문제 인구'로 몰렸다.[3] 90년대 북경에서 경험한 철거 현장처럼 이번에도 신속하고 과감하게 진행했다.

이들 대부분은 도시의 어두운 곳에서 일하며, 도시의 화려함을 지탱

[3] 저단인구로 부를 수는 없고, 마땅한 칭호도 떠오르지 않는다. 미안하지만 아직은

한다. 이들이 탄압받자 이들이 맡고 있던 물류나 택배, 음식료업 서비스, 건설 현장 등에 문제가 생겼다. 조사에 따르면 북경 유동 인구의 54.5%가 상업·음식서비스업에 종사하고, 건축업에 29%, 공업에 6.8%가 종사한다. 또한 다른 조사에 따르면 2005년 외래 인구 355만 중 농민공은 310만 명(87%)에 달하며, 농민공은 북경 건축 노동자의 73%, 제조업의 10%를 차지한다.[4] 중국 전자 상거래 그룹 경동(京東)의 유강동(劉強東) 회장, 그도 창업 초기에 저단인구가 몰려 사는 농촌의 비닐하우스에서 6년을 살았다. 땅 속 어둠을 뚫고 뻗어가는 뿌리, 그 뿌리 없이 하늘의 초록 잎사귀나 향기로운 꽃은 기대하기 힘들다.

노영촌의 농민 정작명은 명을 달리했지만, 그 곁에 있던 누군가는 농민공이 되어 대도시 어딘가를 떠돌고 있을지 모른다. 이들은 이동성(mobilities)이 비약적으로 발전한 현대사회의 산물이다. 그리고 이들이 사회와 도시에 기여하는 바는 눈물겹다.

자본이 전통적 가치를 해체하지만, 별다른 방법이 없다. 자본을 따라 이동하는 사람들, 그리고 이것의 결과의 결과로 나타나는 엑소더스(Exodus)는 떠난 장소와 정착한 장소 모두에게 커다란 충격을 일으킨다.

누구도 유대인과 사마리아 여인을 차별할 수 없고, 간음한 여인에게 돌을 던질 수 없다. 같은 이유로 동정녀 마리아는 신성하고, 원시 부락의 동정녀 신화는 미개하다고 할 수 없다. 누가 감히 이들에게 돌을 던지랴.

'이들'로 이들을 부를 수밖에 없을 것 같다.

4   윤종석, 「베이징은 어떤 시민을 원하는가?-외래인구 사회관리와 2017년 '저단인구' 퇴거 사건」, 『사회와 역사』, 한국사회사학회 116권, 2017, 55-76쪽.

호랑이가 뛰쳐나왔다. 졸지에 인내심 없는 놈이 되었다.

척박한 땅이 싫어 고향을 떠나 우가에 자리를 잡았다. 유목민이 정주민이 되었다는 빈정거림을 받았다.

먹고 살길이 막막해 고향을 떠났다. 도시에선 그들에게 농민공이란 이름을 붙이고 백안시했다.

호랑이는 뛰쳐나온 것이 아니다. 호랑이가 있을 곳은 거기가 아니라 여기다. 그래서 뛰쳐나온 것이다.

12

기계와 뇌 그리고 장소
―들뢰즈·가타리의 '탈영토화'와
'욕망하는 기계'에 빗대

I. 영토, 지층, 주름 그리고 장소

1.1 장소를 통한 탈영토화

장소를 탐구하는 데 우선 공간과 장소를 구분하는 것은 필수적이다. 이는 이-푸 투안이 아예 '공간과 장소'라는 제목의 책을 쓴 데서도 알 수 있다.[1] 그는 "공간을 더 잘 알게 되고 공간에 가치를 부여하게 됨에 따라 공간은 장소가 된다."라고[2] 말한다. 이는 공간과 장소에 대한 일종의 실용주의적 분석이다. 철학적인 인식론의 관점을 도입하면 공간과 장소에 대해 다른 측면을 파악하게 된다. 공간은 연장(延長)되어 있다. 비록 그 경계를 획정할 수는 없지만, 장소도 연장되어 있다. 하지

---

1 Y.-F. Tuan,『공간과 장소』, 윤영호·김미선 옮김, 사이, 2020.
2 Y.-F. Tuan,『토포필리아』, 이옥진 옮김, 에코리브르, 2011, 19쪽.

만, 공간의 연장성과 장소의 연장성은 그 성격이 다르다.

공간의 연장성은 무차별적이고 중립적이다. 그만큼 추상적인 방식으로 양적이다. 그래서 한 공간의 연장성은 측정의 단위에 따라 다른 공간의 연장성으로 대체될 수 있다. 그만큼 보편적이다. 이와 달리, 장소의 연장성은 단독적(singular)이다. 장소를 만들고 활용하는 사람들의 목적에 따라 그 성격이 결정되기 때문이다. 사람들의 목적은 시간의 경과에 따라 달라진다. 그에 따라 장소의 성격도 달라진다. 장소의 성격이 달라지면 장소의 연장성의 성격도 달라진다. 그래서 장소의 연장성은 단독적이고, 그에 따라 장소의 연장성은 측정의 단위가 있을 수 없을뿐더러 다른 장소의 연장성으로 대체될 수 없다.

여기에서 묘한 역전 한 가지가 일어난다. 공간은 추상적이고 장소는 구체적이다. 그런데 공간의 연장성은 구체적이고, 장소의 연장성이 오히려 추상적이다. 본래 연장은 측정 단위라는 말에서 알 수 있듯이 일정한 경계를 갖는다. 그래서 이른바 공간의 연장은 공간 지각을 통해 확인된다. 하지만, 장소에서의 연장은 지각을 통해 확인되지 않는다. 경계가 불분명하기 때문이다. 대통령이 통치 행위를 하는 장소는 청와대라고 하는 담으로 둘러쳐진 곳이 아니다. 대한민국 전체일 수도 있고, 지구촌 전체로 확장될 수도 있다. 그래서 장소가 연장을 갖는다고 말하기가 어색하다. 차라리 장소에 대해서는 범위를 갖는다고 해야 한다. 범위는 연장에 비해 경계의 불분명함을 충분히 함축하기 때문이다.

공간의 연장 그리고 장소의 범위를 운위하는 까닭은 이 글이 들뢰즈·가타리[3]가 제시하는 장소 개념을 다루고자 하기 때문이다. 이들은

---

3   질 들뢰즈와 펠릭스 가타리는 둘이 한 몸의 저자가 되어 적어도 세 권의 책, 『철학이란 무엇인가』, 『안티 오이디푸스』, 『천개의 고원』을 썼다. 이하, 편의상 '들뢰즈·가타리'라 지칭하지 않고 그 대표로 '들뢰즈'로 지칭한다. 참고문헌의 표기 역시 'Deleuze,

'영토화(territorialisation)', '탈영토화(deterritorialisation)', 그리고 '재영토화(reterritorialisation)' 등 장소와 관련한 개념들을 제시한다. 이 개념들은 특히 『천개의 고원』[4]에서 주조되어 활용된다. 영토는 장소와 직결된다. 들뢰즈는 이 개념들을 활용하여 물리적 입자들, 화학적 실체들, 유기체, 언어, 기호, 사회 등을 매우 난해하게 서술한다.

> 물리적 입자들은 탈영토화의 속도들에 따라 그 특성들을 갖는다. ― 조이스와 같은 사람에게 비록 "수프"라는 근본 관념을 떠오르게 하기 위한 것이긴 하지만, 타키온, 입자-구멍들, 쿼크 ― 그뿐만 아니라 황이나 탄소 같은 화학적인 실체조차 다소간 탈영토화된 상태들을 갖는다. 자기 나름의 고유한 지층 위에서 하나의 유기체는 내부의 환경이 자신의 자율성을 보장하는 만큼, 그리고 내부의 환경이 자신을 외부와의 모험적인 관계들에 내놓는 만큼 탈영토화된다.[5]

양자역학에 의하면, 미시세계에서 전자와 같은 입자는 관측하기 전에는 위치가 확정되지 않고 요동친다.[6] 들뢰즈가 물리적 입자들이 탈영토화된다고 말할 때, 이 같은 양자역학적인 사실을 떠올리지 않을 수 없다. 물리적 입자들의 경우, 그 공간적인 위치는 확정되지 않더라도 그 장소마저 벗어나는 것은 아니다. 이를 곧이곧대로 적용하면, 들뢰즈가 말하는 탈영토화는 공간을 벗어나 장소를 갖는 데서 성립하는

G.(1980)'처럼 약칭한다.

4   Deleuze, G., *Mille Plateaux: Capitalisme et Schizophrénie*, Les Éditions de Minuit, 1980. / Deleuze, G., 『천개의 고원』, 김재인 옮김, 새물결, 2001.

5   Deleuze, G.(1980), p. 70.

6   아이뉴턴 편집부 엮음, 『현대물리학 3대 이론: 상대성 이론, 양자론, 초끈이론』, 아이뉴턴, 2013, 88쪽 참조.

것으로 해석된다. 만약 이러한 우리의 해석이 정당하거나 가능하다면,
들뢰즈의 탈영토화 개념을 이른바 장소론적인 방식으로 쉽게 풀이되
는 셈이다. 들뢰즈가 유기체에 관해 제시하는 내용도 이렇게 풀 수 있
다. 들뢰즈는 위 인용문에 앞서 이렇게 말한다.

> 연합된 환경들은 유기체적인 형태들과 밀접한 관계에 놓인다. 그런 유기체
> 적인 형태는 단순한 구조가 아니다. 연합된 환경의 구조화(structuration)
> 이고 구성(constitution)이다. (…) 형태를 결정하는 것은 환경이라고 분명
> 하게 말할 수 없다. 더 확정해서 말하자면, 결정적인 것은 바로 형태와 환
> 경과의 관계다.[7]

유기체는 세포들이 함께 결합해 하나를 이룬 세포 집합으로 볼 수
있다. 그럴 때, 세포 집합 내부는 유기체의 내부다. 그 바깥은 유기체
의 외부인 환경이다. 세포 집합의 내부는 세포들이 배치되는 질서에
의해 각종 형태를 형성한다. 그런데 유기체의 형태와 유기체가 살아가
는 환경은 상호 피드백의 관계에 놓이고 그에 따라 구조화하고 구조화
된다. 여기에서 내부와 외부의 구분은 공간적인 연장과 경계에 따른
것이다. 하지만 장소를 중심으로 해서 보면, 내부와 외부는 구분되지
않는다. 환경의 구조는 유기체의 형태를 장소로 해서 이루어지고, 유
기체의 형태는 환경의 구조를 장소로 해서 이루어지기 때문이다. 이를

---

7   Deleuze, G., *Mille Plateaux: Capitalisme et Schizophrenie*, 1980, p. 69. 유기체
에 관한 들뢰즈의 이러한 이야기는 인지 생물학자인 마투라나와 바렐라의 구조 접속
개념으로 이어진다. 구조 접속은 개체와 환경이 상호 작용하면서 구조 변화를 주고받
는 것을 의미한다. H. Maturana, F. Varela, 『앎의 나무』, 최호영 옮김, 갈무리, 2007,
91쪽.

두고 들뢰즈는 유기체가 탈영토화된다고 말한다.

이러한 장소론적인 우리의 해석에 따르면, 논리적으로 보아 탈영토화의 원천이라 할 수 있는 영토화는 영토화의 주체―물질적인 입자나 유기체 등―가 양적인 공간에서 구획을 짓고 그 구획 내의 공간을 배타적으로 지배하는 쪽으로 이루어진다. 이러한 양적인 공간의 구획된 경계를 무너뜨리고 공간적인 방식으로 규정된 상태에서 벗어나 장소에 따른 활동의 상태로 나아가는 것이 탈영토화다. 하지만, 오해해서는 안 된다. 양자역학적인 물질적 입자의 탈영토화는 영토화되어 있다가 탈영토화되는 것이 아니라, 본래 탈영토화된 것이다. 유기체 경우도 마찬가지다.

들뢰즈는 "탈영토화를 하나의 완전히 긍정적인 역량으로 생각해야 한다."라고[8] 말한다. 이 말을 장소론적으로 번역하면 '장소 활동적인 상태를 하나의 완전히 긍정적인 역량으로 생각해야 한다.'로 된다. 그러면서 들뢰즈는 곧이어 "탈영토화는 그 정도들과 역치들(겉지층들)을 소유하고 있고 항상 상대적이어서 하나의 내부를 가지면서 재영토화를 통해 보완된다."라고[9] 말한다. 여기에서 말하는 유기체의 재영토화는 유기체 내부의 영역이 다른 내부 영역들의 형태 변화를 환경으로 삼아 새로운 운동을 일으키는 것을 말한다. 이 재영토화의 과정은 장소론에 입각해서 다음과 같이 번안할 수 있다.

하나의 장소 안에서 하나의 장소 활동적인 상태가 이루어진다. 하나의 장소 활동적인 상태는 서로 다른 여러 장소 활동적인 상태들로 분화된다. 이때 하나의 장소 활동적인 상태는 상위의 것이고, 분화되어

---

8   Deleuze, G., *Mille Plateaux: Capitalisme et Schizophrénie*, 1980, p. 71.

9   같은 곳.

나타난 서로 다른 장소 활동적인 상태들은 하위의 것들이다. 상위의 것은 하위의 것들에 대해 환경으로 작동한다. 장소 관계도 마찬가지다. 상위에 있는 하나의 장소는 하위의 여러 장소로 분화된다. 이때 상위에 있는 하나의 장소는 하위의 장소들에 대해 환경이 된다. 환경 역할을 하는 상위의 질서는 하위의 질서들과 구조 변화의 상호작용을 주고받는다.

이에 따라 들뢰즈가 말하는 유기체의 재영토화를 이해할 수 있다. 예를 들어, 몸이 상위 질서에 따른 하나의 장소라면, 위와 허파 그리고 신장 등의 기관들은 하위 질서에 해당하는 장소들이다. 몸은 위와 허파와 신장 등에 대해 환경 역할을 하면서 이것들과 형태를 재형성하는 구조화 작용을 주고받는다. 신장 하나를 떼 낸 몸은 그렇지 않은 몸과 전체적으로 다르게 구조화된다. 그리고 새롭게 구조화된 몸은 자신 속의 위와 허파의 구조를 다르게 만들고, 그에 따라 각 기관이 수행하는 장소 활동적인 기능이 달라진다. 이는 몸에서 일어나는 재영토화의 과정이라 할 수 있다.

장소론에 입각해 간단히 말하면, 재영토화는 하나의 장소 속에 여러 장소를 만들고, 그 하나의 장소와 여러 장소가 서로 작용하여 양쪽 모두 구조의 변화가 일어나는 것을 지칭한다. 하위의 장소들은 각기 또 그 아래에 여러 장소를 만들어 그것들과 구조 변화를 일으키는 상호작용을 할 것이다. 이 과정에서 각 장소의 성격은 역치를 넘어 크게 변할 수 있다. 이런 관계를 나타내기 위한 들뢰즈의 개념이 지층이고 주름이다.

생화학에서 유기체적 지층(strate)의 통일된 조성은 물질들과 에너지의 수준에서, 실체적 요소나 기(基)의 수준에서, 연결과 반응의 수준에서 정의

된다. (…) 조프루아는 19세기에 성층화(成層化, stratification)라는 웅장한 개념을 창안해낼 줄 알았다. 그는 물질이 계속해서 더 나누어질 수 있는 방향으로 점점 크기가 더 작아지는 입자들, 공간 속에 방사되면서 "전개되는" 유연한 흐름 또는 유체로 되어 있다고 말했다.[10]

물리학에서 물질들과 에너지의 수준은 가장 하위의 지층에 해당한다. 그리고 실체적 요소와 기(원자단)는 그 위의 지층에 해당한다. 그리고 연결과 반응은 또 더 위의 지층에 해당한다.

들뢰즈가 말하는 유기체적인 성층은 뇌에 빗대어 보면 좀 더 쉽게 이해된다. 예를 들어, 우리가 뱀을 보고 놀라 피했을 때 그렇게 보고 놀라는 데 작동하는 신경 회로 시스템들이 있다. 이 신경 회로 시스템들은 서로 연결해서 작동한다. 이는 뇌의 상위 지층에 해당한다 할 수 있다. 상위 지층에서 이루어지는 연결과 상호작용이 이루어지려면 신경세포들 사이에 있는 무수한 시냅스에서 각종 분자 내지는 이온 물질들 사이에서 전기화학적인 작용이 일어나야 한다.[11] 이는 뇌의 중간 지층에 해당한다고 할 수 있다. 그 아래의 지층으로 내려가면 분자를 이루는 미시 입자들의 물리적인 에너지 역학 작용들이 일어나고 있다. 이는 뇌의 맨 아래의 하위 지층이라 할 수 있다. 이중 가장 중요한 지층은 시냅스들과 거기에서 일어나는 전기화학적인 작용들의 지층이다.

---

10   Ibid., p. 60.
11   J. LeDoux, 『느끼는 뇌』, 최준식 옮김, 학지사, 2006, 3장 참조.

1.2 지층과 주름으로 된 장소

탈영토화와 재영토화에 있어서 지층은 영토에 관련한 작용들이 일어
나고 그에 따라 구조 변화가 일어나고 구조 변화에 따라 새로운 상태
들이 일어나는 장소다. 맨 아래의 지층 즉 맨 아래의 장소에는 공간 속
으로 방사되는 흐름 또는 유체로서의 물질들이 존재한다. 그 위 지층
즉 그 위 장소에는 분자적인 화학적 작용들과 상태들이 존재하고, 또
그 더 위의 지층 즉 그 더 위의 장소에는 유기체 전체를 구성하는 부분
들이 연결해서 반응함으로써 생겨나는 상태와 행동이 존재한다.

일반화해서 말하면, 존재하는 일체의 것들에는 지층 즉 장소의 위계
가 성립하고, 그 위계에 따라 존재하는 것의 상태들 및 성격들이 역치
를 넘어 새롭게 되는 것이다. 지층 개념은 들뢰즈가 1988년에 출간한
『주름, 라이프니츠와 바로크』에서 '주름'으로 달리 재가공되면서 특히
유기체에 관련하여 더 섬세하게 논의된다.

동굴 안에 하나의 동굴처럼 주름 안에 항상 하나의 주름이 있다. 미로의
가장 작은 요소인 물질의 단위는 주름이다. 결코, 하나의 부분이 될 수 없
고 선의 단순한 극단인 점이 아니다.[12]

유기체는 내생적(內生的, endogènes) 주름들에 의해 정의되고, 반면 비유
기체적인 물질은 항상 바깥 또는 주위에 의해 규정되는 외생적(外生的,
exogènes) 주름들을 지닌다. (…) 그러나 유기체적 물질은 비유기체에 다
름 아니다.[13]

---

12   Deleuze, G., *Le Pli: Leibniz et le Baroque*, Les Éditions de Minuit, 1988, p. 9.

유기체는 자신의 고유한 부분들을 무한히 주름으로 접고 그 주름들을 무한하지 않게 펼치는 역량에 의해 정의된다. 하지만 그 역량은 그 종(種)에 할당된 발달의 정도만큼이다.[14]

'우글거림.' 환경의 비유기체적 주름들은 유기체적인 두 주름 사이를 통과한다.[15]

들뢰즈가 말하는 주름은 최종 항이 없다. 하나의 주름 속에 반드시 다른 주름들이 들어 있다. 주름 속에 주름들, 그 주름들 속의 주름들이 연속해서 자리를 잡고서 접힘과 펼침을 반복한다. 말하자면, 주름과 주름들은 무한 분화와 포섭의 프랙털 구조의 형태를 띠고서 접힘과 펼침의 작용을 다양하게 반복한다.

이를 이해하는 데 가장 유력한 구조물은 뇌다. 뇌 피질들의 주름들은 대뇌를 형성하는 것으로서 전두엽, 두정엽, 후두엽, 측두엽 등으로 나뉜다. 대뇌 외에 간뇌, 중뇌, 소뇌, 뇌간 등이 있다. 간뇌에는 시상과 시상하부가 있고, 중뇌에는 해마와 편도체가 있다. 편도체 안에는 외측핵, 기저핵, 중심핵 그리고 부기저핵이 있다. 편도체의 중심핵에는 여러 공포 반응을 일으키는 데 작동하는 하위의 부위들이 있다. 주름 속의 주름, 그 주름 속의 주름 등의 구조로 되어 있는 것이 뇌다. 이 모든 영역은 그 나름 각기 할당된 기능적인 작용을 하는 이른바 장소들이다.

그런데 이런 뇌의 영역들은 다른 모든 영역과 직, 간접적으로 시냅

---

13   Ibid., p. 11.
14   Ibid., p. 13.
15   Ibid., p. 14.

스 연결을 통해 회로들을 형성하고, 이를 통해 복합 피드백의 방식으로 다양한 전기화학적 정보를 주고받는다. 다들 알다시피, 뇌는 뉴런들과 혈관들 그리고 그 외부 공간의 액체들로 구성되어 있다. 하나의 뉴런은 적어도 수천 개의 입력 통로와 출력 통로들을 갖추고 있다. 한 뉴런에 속한 하나의 입력 통로와 다른 뉴런에 속한 하나의 출력 통로가 단절되어 있으면서 연결되는 미세한 장소가 시냅스다. 하나의 시냅스만 하더라도 시냅스 전(前) 뉴런 쪽에는 다양한 성격의 신경전달 물질들을 분비하는 소포체가 있고 시냅스 후(後) 뉴런 쪽에는 이 신경 물질들을 받아들이는 다양한 수용체들이 있다. 이같이 주름 속의 주름들, 그 주름들 속의 주름들을 실감케 하는 것이 바로 뇌의 조직이다.

이런 뇌에 다른 신체 기관들까지 합하면 몸속 주름의 다층복합적인 위계적 또는 병렬 순환적인 구조의 복잡성은 이루 말할 수 없다. 그리하여 몸은 결국 감정, 기억, 지각, 지성적 추론, 의식, 무의식 등을 생산해내고 이것들을 결합 또는 분리하여 다각적으로 작동하게 만들어 매 순간 저 자신의 통일된 행동을 수행한다.

뇌를 비롯한 유기체의 몸 내부의 주름들이 내생적이라면, 바깥 환경의 비유기체적인 물질의 주름들은 외생적이다. 내생적인 주름은 자기 내부의 작용들에 따라 만들어지는 것이고, 외생적인 주름은 자기 바깥에서 힘을 받아 만들어지는 주름이다. 외생적인 비유기체적인 주름이라고 해서 전혀 단순하지 않다. 단백질의 구조, 유전자 염기서열들의 구조, 분자와 원자, 원자의 내부 구조, 원자핵의 내부 구조, 양자의 내부 구조, 쿼크, 초끈 등만 생각해도 이를 알 수 있다.

중요한 것은 장소다. 장소는 근본적으로 어떻게 되어 있기에 그 속에 있는 것들을 공간을 넘어 방사되도록 하고 또 거꾸로 수렴되도록 하는 것일까? 들뢰즈에 따르면, 주름들은 파동의 형태로 접히기도 하고 퍼지기도 하면서 탄성력(forces élastiques)과 조형력(forces plastiques)을 발휘한다.[16] 장소가 공간 규정을 넘어 방사 및 수렴을 하는 것은 장소 역시 이러한 탄성력과 조형력을 지니기 때문이다. 특이한 주름의 형태를 띤 용수철처럼 탄성력을 발휘하는 것이 장소다. 하나의 같은 장소가 누구에게는 긴장된 장소고, 다른 누구에게는 느긋한 장소다. 장소가 탄성력을 발휘할 때, 그 장소에서 접혀 응축되는 주름에 놓여 있는 자는 자기 몸 내부의 주름들을 끌어 모아 함께 응축하면서 긴장하게 된다. 또 그 장소에서 펼쳐져 이완되는 주름에 놓여 있는 자는 자기 몸 내부의 주름들을 펼쳐 함께 이완되어 느긋해진다. 완전히 풀려 무한히 이완되면 죽음이다.

2. 욕망하는 기계와 장소

2.1 뇌는 공장이다.

히틀러 치하에서 600만 명에 달하는 유대인들이 학살되었다는 역사적 사실을 모르는 사람은 거의 없다. 학살은 아우슈비츠를 비롯한 여러 장소에서 자행되었다. 유대인들, 특히 그곳에서 기적처럼 살아남은 유대인들에게 이 장소는 그네들의 잔인하고 섬뜩했던 기억을 확실하게 재생산할 것이다. 제품만 생산되는 것이 아니다. 이같이 기억도 생산/재생산되고 그에 따른 불안과 공포도 생산/재생산된다.

경험은 기억 중추인 뇌의 여러 영역에 흔적을 남긴다. 아우슈비츠에

---

16   Ibid., p. 14 참조.

서 살아난 사람의 경우, 특별한 일이 없는 한 그 흔적은 죽을 때까지 유지될 것이다. 그것은 해마를 중심으로 한 뇌의 측두엽 시스템과 신피질의 상호 교류에 의한 것으로 알려져 있다.[17] 뇌의 이 영역들은 계속 주어지는 동일한 패턴의 섬뜩한 경험을 재료로 투입해서 평생 남을 수 있는 기억들을 생산해내는 공장이다. 가장 먼저 시상과 편도체 간의 회로를 통해 신체의 여러 곳에서 공포 반응이 조건화되어 생산/재생산된다. 그와 동시에 시상에서 피질들을 거쳐 편도체에 이르는 회로를 통해 섬뜩하다는 불안과 공포의 감정적 의식이 조건화되어 생산/재생산된다.[18] 그리고 해마는 그렇게 공포가 조건화될 때 공포를 일으킨 주된 자극 외에 그 자극과 함께 주어지는 주변의 여건들을 하나로 통합된 맥락으로 만들어 그 맥락만으로도 공포가 조건화되도록 한다.[19] 한때 아우슈비츠에서 극단적인 경험을 한 뒤 살아남은 사람은 그 장소를 다시 찾는다거나 심지어 잠시 떠올리는 것만으로도 그때 거기에서 느꼈던 신체적인 공포 반응을 일으킬 것인데, 그것은 해마에 의한 '맥락 공포 조건화'에 따른 것이다. 그리고 그 공포를 일으키는 맥락에 대한 기억은 해마와 신피질 간의 상호 교류에 의한 것이다. 이때 맥락에 대한 기억은 장소에 대한 의식을 일으키는 기초가 된다. 그러니까 장소 의식은 기본적으로 해마와 신피질의 공동 작업에 의한 생산/재생산

---

17   J. LeDoux, 『느끼는 뇌』, 최준식 옮김, 학지사, 2006, 261~3쪽 참조. 뇌에서 이루어지는 흔적의 저장과 기억 형성의 과정은 이렇다. 외부로부터 감각 피질에 자극이 주어진다. 감각 피질은 자극을 받아 지각의 표상을 생산해낸다. 그 표상들이 주변의 피질 영역으로 전달된다. 주변의 피질에서 지각 표상을 재가공하여 정보를 생산한다. 생산된 정보가 해마로 전달된다. 해마는 정보를 맥락을 중심으로 재가공한다. 해마에서 재가공된 정보는 다시 주변 피질들에 전달된다. 이러한 측두엽 시스템에 의해 지나간 흔적을 저장한다.

18   Ibid., pp. 220~3 참조. 이를 일컬어 공포 조건화라고 한다.

19   Ibid., pp. 229~230 참조. 이를 일컬어 맥락 공포 조건화라고 한다.

된다고 보아야 한다.

뇌는 공장이다. 뇌-공장 속에 들어 있는 기계들인 피질을 비롯한 각 영역과 그 기계들 사이에서 작동하는바 컨베이어 벨트에 해당하는 신경 회로와 신경섬유들은 복잡한 되먹임의 연결망의 방식으로 짜여 있다. 뇌-공장은 욕망을 생산한다. 생산된 욕망을 재료로 해서 뇌-공장은 인지와 행동과 기억을 생산한다. 생산된 인지와 행동 그리고 기억을 재료로 해서 뇌-공장은 바깥으로는 외부 세계의 현실을 생산하고, 안으로는 생산된 욕망을 재가공·재생산한다. 뇌-공장에서 이루어지는 생산과 재생산의 기계 장치들의 현란한 속도와 가속도에 따른 복잡한 운동을 전반적으로 능가할 수 있는 시스템은 아직 없다.

하이데거가 근본적인 장소를 인간이라고 했을 때, 그는 전혀 염두에 두지 않았지만 기실 그 실체적인 기반은 다름 아니라 뇌-공장이다. 그가 인간을 "현존재(Dasein)"―'거기-임' 또는 '거기에-있음'―이라는 말로 규정했을 때, 그리고 '거기(da)'라는 자리(Stelle)가 바로 존재의 진리가 드러나는 "현존재적인 장소성(daseinsmäßige Örtlichkeit)"이라는 취지의 말을 했을 때,[20] "거기"도 그러하거니와 그 "존재의 진리" 역시 뇌-공장이 주조해서 생산해내는 것들이다.

이러한 하이데거의 말을 빌려 다시 말하면, 뇌-공장은 존재의 진리를 생산해내고 그 진리를 저장하고 유지하여 복합 다층적인 기억으로 만든다. 그리고 그 기억을 뇌의 물질적 기계와 다른 성격을 띤 2차의 기계 즉 정신적 기계로 만들어 활용한다. 뇌-공장은 스스로가 만든 정신적 기계를 활용하여 자신에게 속한 물질적 기계들 사이의 연결 방식

---

20   Heidegger, M., *Sein und Zeit*, Max Niemeyer Verlag, Tübingen,, 1972, p. 424.

을 바꾸기도 한다. 실제로는 뇌-공장은 결국 물질적 기계들일 뿐이다. 다만, 그 물질적 기계들이 저 자신의 작업 방식을 바꾸어나간다는 점에서 여느 물질적 기계들과 다르다.[21] 말하자면, 물질적 기계들의 상호 되먹임의 작동과 그 결과물에 의해 그 물질적 기계들 자신의 연결 방식 즉 그 조직의 형태가 바뀐다. 또 그리하여 정신적 기계 특히 기억이 생산·저장·유지·재생된다. 기억과 지각 그리고 행동과 사유 등의 활동은 물질적 기계들의 작동해 의해 이루어지지만, 그 활동들에 따라 물질적 기계들의 연결 방식들이 미세하게 바뀌는 것이다.[22] 결국, 뇌-공장은 자기 생산적인 물질적 기계의 총합이다.

하지만 개념적인 의미에 있어서, 뇌-공장의 정신적 기계들을 그 물질적 기계들과 별개인 것으로 구분할 수 있다. 정신적 기계로 자리 잡은 복합 다층적인 기억은 뇌-공장의 물질적 기계와 연결된 가상적인 되먹임 컨베이어 벨트를 통해 먼저 시간을 생산해낸다. 그럼으로써 주체를 생산해낸다. 인간이 인간인 것은 이렇게 뇌-공장을 통해 시간을 생산해내고 아울러 주체를 생산해내는 데서 성립한다. 결국, 인간이 저 자신을 생산해낸다는 것은 현재의 자신을 이용하여 미래의 자신을 만드는 것이다. 이때 현재에는 과거가 축적되어 있다. 현재와 그리고 과거를 종합해서 주체인 저 자신을 축적하고 유지하고 재생하는 과정을 통해 시간이 생산된다. 뇌-공장에서 생산되는 정신적 기계인 기억

---

21   A.I.를 구현하는 컴퓨터 물질적인 기계는 '뇌=물질적 기계'의 기능적 속성을 모방한다.

22   뇌를 컴퓨터와 비교하여, 뇌-공장의 물질적인 기계를 하드웨어로 여기고 뇌-공장의 정신적인 기계를 소프트웨어로 여기는 것은 사유를 간략히 하는 데 편리할지 모르지만, 원리적으로 불가능하다. 신경학자 에델만에 따르면 정신적 과정을 만들어내는 것은 물질들의 역동적 배열 그 자체다. G. Edelman, 『신경과학과 마음의 세계』, 황희숙 옮김, 범양사, 2006, 55쪽.

들은 시간과 주체를 동시에 생산해낸다. 기억이 2차의 기계라면, 시간과 주체는 3차의 기계다.

마투라나와 바렐라는 생명체를 '자기생성 조직(autopoietische Organisation)'으로 정의했다.[23] 모든 생물체가 각기 저 자신을 생산해낸다는 것을 지적한 셈이다. 생물학적인 차원에서 자기생성 또는 자기생산은 기본적으로 세포의 분열과 결합 및 재구성을 바탕으로 한다.

하지만, 인간의 자기생산 또는 자기생성은 이러한 생물학적인 자기생성뿐만 아니라 이를 넘어서서 사회역사적인 차원에서 문화적인 방식으로 이루어진다. 문화적인 자기생성이라고 해서 생물학적인 자기생성의 기반을 벗어날 수는 없다. 기반으로 하면서 넘어설 뿐이다. 인간이 문화적인 자기생성을 할 수 있는 생물학적인 근거는 뇌의 탁월한 가소성(plasticity)이다. 뇌의 탁월한 가소성은, 신경세포들을 연결하는 회로들이 태어나면서부터 결정되는 것이 아니라 몸 내외부의 자극에 따라 유연하게 재구성되는 것을 뜻한다. 노벨상을 받은 신경의학자 에델만은 "뇌는 자기 조직을 하는 self-organizing의 한 예다. 뇌에 정확히 부분들을 잇는 전기 장치에 배선과 같은 것은 없다. 변이는 너무나 대단하다."라고[24] 말한다.

일찍이 메를로퐁티는 인간 몸 전체가 구조적인 가소성을 발휘한다고 생각했다. 그에 따르면, 몸은 경험을 새롭게 함에 따라 계속 새롭게 구조화된다. 그리고 새롭게 구조화된 몸은 지각과 행동을 새로운 패턴

---

23   H. Maturana, F. Varela, 『앎의 나무』, 최호영 옮김, 갈무리, 2007, 56쪽.

24   G. Edelman, 『신경과학과 마음의 세계』, 황희숙 옮김, 범양사, 2006, 48쪽. 신경심리학에서 뇌의 가소성을 처음으로 정식화한 인물은 헵(Donald Hebb)이다. 그래서 '헵 가소성' 또는 '헵 학습'이란 개념을 쓴다. (J. LeDoux, 『느끼는 뇌』, 최준식 옮김, 학지사, 2006, 236쪽 참조.)

의 방식으로 수행한다. 몸이 그렇게 새롭게 구조화되어 갖추는 도식(圖式 le schéma)을 "몸틀(身體圖式, le schéma corporel)"이라 부르면서 "습관의 획득은 몸틀을 개조하고 개선한다."라고[25] 말한다. 그리고 "상황 자체에 의해 규제되어 매번 새롭게 신경 지배가 이루어진다는 가설이 실제로 진행되는 현상에 훨씬 더 잘 들어맞는다."라고[26] 말한다. 지각과 행동을 규제하는 몸틀의 개조가 뇌에서 이루어지는 신경 지배의 변경에 기초해서 이루어진다는 이야기다.

　뇌는 전기화학적인 방식으로 작동하는 기계다. 뇌의 통제하에 작동하는 몸 역시 기계다. 로봇공학자 브룩스는 인간이 기계임을 여지없이 주장한다: "나는 나 자신과 내 자식들이 모두 기계에 불과하다고 믿는다. 내가 만나는 모든 사람 또한 기계다."[27] 그런데 기계인 인간이 로봇 즉 기계 인간을 만든다. 브룩스는 "결국에 가서 실리콘과 강철로부터, 기능적으로 여전히 인간과 똑같고 따라서 인간으로 받아들여질 어떤 것을 만들어낼 수 있다."라고[28] 말한다. 이에 따르면, 우리 인간은 기계인 자신의 뇌와 몸을 활용하여 자신의 뇌와 몸을 닮은 또 다른 기계 인간 즉 로봇을 생산한다. 뇌-공장이 자신에 외부에 자신을 확대 재생산해내는 길을 개척하고 실현하는 발달 과정을 밟는 것이다.

　위에서 지적한 하이데거의 말에 따르면, 인간은 진리의 장소다. 이는 인간이야말로 장소 중의 장소 즉 근본적인 장소임을 뜻한다. 그런데 인간은 저 자신을 계속 새롭게 생산하는 기계이고, 나아가 저 자신

25　Merleau-Ponty, M., *Phénoménologie de la Perception*, Librairie Gallimard, 1945, p 166.

26　Merleau-Ponty, M., *La Structure du Comportment*, Presses Universitaires de France, 1942, p. 40.

27　Brooks, R., *Flesh and Machines*, 2002, p. 308.

28　Ibid., p. 310.

을 닮은 다른 기계들을 생산하는 기계다. 저 자신을 통해 지속해서 자신을 생산하고 재생산해 확대해 나가는 동시에 생산되고 재생산되어 확대되어 나가는 것이 인간이다. 스피노자가 "생산되는 자연(natura naturata)"과 "생산하는 자연(natura naturance)"이 같다고 한 것[29]은 이렇게 자기를 생산하고 생산되면서 재생산하고 재생산되어 확대해 나가는 인간의 존재 방식을 자연 전체에 확장한 사유의 결과라 할 수 있다. 인간은 뇌-공장을 갖추고서 기계인 몸 자신을 모델로 온갖 다양한 기계들을 생산해내는 근본 장소다. 여기에서 우리는 '생산하는 장소' 또는 '공장으로서의 장소'라는 개념을 얻는다.

2.2 장소는 흔적의 공장이다.

정신분석학을 원용해서 말하면, 뇌-공장은 트라우마를 생산·유지하는 방식으로 주관적인 기억을 남겨 개인의 특정한 무의식을 지속해서 재생산해낸다. 그런데 아우슈비츠 대학살의 장소는 객관적인 흔적으로써 특정한 집단적 무의식을 재생산해낸다. 총성이 사라지고 오랜 세월이 지난 뒤 처절한 전투에서 죽어간 병사들의 유골이 발견되면 그 유골은 그곳 장소를 알리는 정확한 흔적(trace)이 된다. 기억(memory)이 주관적이라면, 흔적은 객관적이다. 달리 말하면, 기억은 주관적인 흔적이고, 흔적은 객관적인 기억이다.

---

29   Spinoza, B.(1677), *Die Ethik*, p. 47과 p. 14. 스피노자가 자연=신=실체로 본 것은 잘 알려져 있다. 스피노자는 '생산하는 자연'을 영원하고 무한한 본질을 표현하는 실체의 속성 즉 자유로운 원인으로 고찰되는 신으로 보고, '생산되는 자연'을 신의 각 속성의 필연성에 의해 생기는 모든 것 즉 신의 속성의 모든 양태로 이해한다고 말한다. 그런데, 양태를 실체의 변용으로 정의한다. 따라서 자연 자체에서 보면 '생산하는 자연'과 '생산되는 자연'은 동일한 것이다.

뇌-공장에서 생산/재생산되는 주관적인 기억이 없이는 바깥 장소에서의 객관적인 흔적이 성립할 수 없다. 바깥 흔적의 장소는 뇌 속 기억의 장소와 맞물려 생산/재생산한다. 무엇을 생산/재생산하는가? 시간이다. 장소는 시간, 그러니까 과거와 현재와 미래를 생산/재생산한다. 하지만, 장소에서 생산/재생산되는 시간은 뇌-공장에서 주체와 더불어 생산되는 주관적인 시간이 아니다. 객관적인 시간이다. 그때 거기에서 만나자는 약속을 할 때, '그때'는 객관적인 시간이다. 객관적인 시간인 '그때'는 '거기'라는 약속 장소를 통해 성립한다.

흔적은 장소를 가능케 한다. 흔적이 없이는 장소가 성립할 수 없다. 하지만 장소는 흔적을 보관함으로써 흔적을 실현한다. 장소가 없이는 그 어떤 흔적도 힘을 발휘할 수 없다. 우리 인간은 흔적을 욕망하고 흔적을 생산한다. 또 흔적의 생산을 욕망한다. 죽고 없는 베토벤의 〈합창〉을 들었으면 하고, 역시 죽고 없는 말라르메의 시 〈이지튀르〉를 읽었으면 한다. 동학혁명의 인내천 정신을 사회적으로 실현했으면 하고, 5.18 광주 민주화 투쟁의 위력을 실감했으면 하고 바란다.

우리는 그렇게 흔적을 욕망하기만 하지 않는다. 흔적을 생산한다. 촛불 시민혁명의 현장에 참여하고, 철학 공부를 하고, 시를 쓰고, 술을 마시며 노래를 부른다. 또 책을 출간한다. 그러면서 인생을 발버둥 친다. "아직 밟아보지 않은 천 개의 길이 있다."라는 니체의 말을[30] 읊조리면서까지 전혀 새로운 인생의 길을 모색하고 욕망한다. 인간의 삶은 흔적을 통해 이루어지고, 흔적을 향해 이루어지고, 흔적으로 마감된다. 그러니까, 인간을 일컬어 하이데거가 "세계-내-존재(In-der-Welt-sein)"라 하고, 또 메를로퐁티가 "세계에의-존재(être-au-

---

30   F. Nietzsche, 『차라투스트라는 이렇게 말했다』, 최승자 옮김, 청하, 1997, 117쪽.

monde)"를 이야기했을 때, 그때 그 세계는 흔적들의 세계라고 해야 한다. 그래서 굳이 덧붙이자면, 이제 인간을 '흔적-내-존재'로 달리 새겨야 한다.

모든 종류의 하나하나의 제품은 그것을 필요로 하는 욕망의 흔적이다. 법과 제도는 사회적으로 일어난 욕망들의 충돌이 어떻게 조절되었는가를 알리는 뚜렷한 흔적이다. 심지어 충돌하는 욕망들을 통해 일어나는 모든 사건 역시 흔적이다. 흔적이 존립하려면 매체가 있어야 한다. 그 매체가 바로 장소다. 묘한 일은 장소를 통해 흔적들이 생산/재생산된다는 사실이다. 장소는 흔적들, 즉 객관적인 기억들의 매체로서의 공장이다. 사람들이 장소를 애지중지하는 까닭은 거기에서 자신의 삶을 가능케 하는 흔적들이 보존·전달될 뿐만 아니라 생산/재생산되기 때문이다. 그래서 이제 또한 인간은 '흔적-내-존재'에서 '장소-내-존재'로 바뀐다.

지금 당장 지각되는 사물/사태의 외현(appearance)은 그 자체로 보면 기억에 의한 사물/사태의 흔적(trace)을 지운다. 하지만, 지각은 기억과 분리될 수 없다. 외현은 오히려 흔적을 불러일으킨다. 그리하여 외현과 흔적이 결합한다. 그런 가운데 오히려 외현은 흔적을 위해 순식간에 물러서면서 그 자신 흔적이 된다. 데리다가 절대적인 현전의 음성이란 항상 이미 흔적(trace)의 결과물이고, 심지어 흔적에 대한 흔적의 결과물임을 강조할[31] 수밖에 없었던 것은 이 때문이다. 내가 나에게 현전하는 장소에 들어가 있을 때, 나의 뇌-공장에서 생산되는 주관적인 흔적인 기억과 그 장소-공장에서 생산되는 객관적인 기억인 흔적은 되먹임의 상호작용을 한다. 그래서 나는 그 장소에 현존하고(ex-

---

31   조광제, 『현대철학의 광장』, 동녘, 2017, 554쪽 참고.

ist), 그 장소는 나에게 현전한다(is presented). 현전은 기억과 흔적의 결과물일 뿐이다. 현전은 일종의 속임수다. 순전히 말 그대로 현전하기만 하는, 기억과 흔적이 없는 현전은 아예 불가능하다. 그런데도 지각하는 지성은 자기기만에 빠져 사물/사태가 현전할 수 있을 뿐이고, 심지어 현전하기만 해야 하는 것처럼 여긴다. 그것은 지금 당장 수행해야 하는 행동의 시급함 때문이다. 하지만 그 행동은 철저하게 뇌-공장에서 생산되는 기억과 장소-공장에서 생산되는 흔적에 따라 이루어진다.

2.3 장소는 욕망하는 기계다.

2.3.1 욕망하는 기계, 시냅스 기계

들뢰즈는 정신분석의 공적을 인정하면서 공격한다.

정신분석의 위대한 발견은 욕망하는 생산(la production désirante), 무의식의 생산들을 발견한 것이었다. 하지만, 오이디푸스와 함께 이 발견은 새로운 관념론에 의해 재빨리 은폐되었다. 즉 공장인 무의식을 고대의 극장으로 대체했고, 무의식의 생산 단위들을 표상으로 대체했으며, 생산적 무의식을 표현될 수 있을 뿐인 무의식(신화, 비극, 꿈……)으로 대체했다.[32]

여기에서 가장 중요한 것은 정신분석이 "공장을 극장으로 대체했다"는 것이다. 공장은 근본적으로 욕망을 생산하고 생산된 욕망으로 굴러

---

32   Deleuze, G., *L'Anti-Oedipe*, Les Éditions de Minuit, 1972, p. 31.

간다. 제품을 생산하는 것은 한편으로는 욕망에 따른 것이지만, 그와 동시에 다른 한편으로 욕망을 생산해내는 것임을 누구나 안다. 자동차 공장에서 어떤 자동차를 생산하는가에 따라 자동차에 대한 소비자들의 욕망은 달라진다. 자동차 공장은 소비자의 욕망을 생산한다. 이에 자동차 공장이 소비자의 욕망을 생산한다고 말할 수밖에 없다. 그리고 자동차 공장은 자신이 생산한 소비자의 욕망에 따라 굴러간다. 모든 공장은 이러한 욕망의 되먹임에 의한 기계 시스템이다. 이에 '욕망을 욕망하는 공장'을 생각할 수 있다. 그 근본 모델은 뇌-공장이다. 뇌-공장은 욕망을 생산할 뿐만 아니라 욕망을 생산하고자 하는 욕망마저 생산한다.

저 앞에서 우리는 뇌가 다층복합의 주름들로 되어 있다고 했다. 그 주름들로 된 뇌-공장에 관련해서 보면, 그 주름들은 뇌-공장의 기계들이다. 뇌-공장의 기계들은 당연히 욕망하는 기계들이다. 들뢰즈가 "욕망하는 기계(machine désirante)"라는 핵심 개념을 조성하게 된 것도 이와 무관하지 않다. 들뢰즈는 이런 말을 한다.

> 모든 기계는 기계의 기계다. 기계는 흐름을 생산한다고 상정된 다른 기계에 연결되는 한에서 흐름의 절단을 생산한다. 물론 이 다른 기계도 그 나름 실제로는 절단이다.[33]

들뢰즈의 이 말은 다시 풀어쓸 필요가 있다. 모든 기계는 흐름을 생산하는 다른 기계들과 연결됨으로써 절단을 생산한다. 그리고 흐름을 생산하는 기계 역시 절단을 생산하는 다른 기계와 연결됨으로써 흐름

---

[33] Ibid., p. 44.

을 생산한다. 절단과 흐름의 생산은 기계의 근본 기능이다. 들뢰즈는 기계의 이러한 근본 기능을 설명하기 위해 항문 기계, 장 기계, 장 기계와 위 기계, 위 기계와 입 기계, 입 기계와 가축 떼의 흐름 등을 들먹인다. 유기체 몸 내부의 기계들이 절단되어 있으면서 연결되고, 그렇게 절단되면서 연결된 기계들은 결국 환경의 기계들에 연결된다. 환경의 기계들 역시 절단되어 있으면서 연결될 것이다. 하지만, 이러한 절단과 흐름을 상호 재귀의 순환을 통해 생산하는 기계적인 연결에 대한 근본모델은 뇌의 시냅스 구조다.

시냅스는 기계의 기계다. 뉴런이라는 기계를 기계이게끔 하는 원리적인 기계다. 저 앞 2장에서 말한 것처럼, 시냅스를 이루는 뉴런의 입출력 통로들은 서로 단절되어 있으면서 연결된다. 톱니처럼 맞물려 있는 기계가 아니라, 하나의 다른 기계와 연결된 어느 기계가 언제든지 또 다른 기계와 연결될 수 있도록 꾸며진 기계가 시냅스다. 시냅스 기계는 뉴런 기계들을 절단되어 있도록 하면서 그 뉴런 기계들을 연결하여 흐름을 생산한다.

몸과 뇌를 기계에 대한 기계 즉 연결 기계들로 파악하는 한, 기계는 근본적으로 욕망하는 기계일 수밖에 없다. 들뢰즈는 신경증자, 변태, 정신병자에 대해 충동들과의 관계를 통해서는 정의할 수 없다고 하면서 그 이유로 충동이 욕망 기계들 자체이기 때문이라고 말한다.[34] 이러한 증세들은 뇌의 시냅스 기계들이 흔히 드러나는 방식으로 작동하지 않고 얼마든지 다르게 작동할 수 있다는 것을 보여준다. 시냅스 기계들은 왜 그렇게 다르게 작동할까? 그것들이 평소 몸 기계들과 환경 기계들이 요구하는 바와 다르게 '비정상적으로' 연결되기 때문이다. 또

---

34 Ibid., p. 42.

그럼으로써 다른 방식의 절단과 흐름을 만들어내기 때문이다.

들뢰즈는 욕망하는 기계를 기술 기계(machine techniques)와 대비시킨다. 기술 기계들은 고장이 나지 않는다는 조건에서 기능하는데, 욕망 기계들은 작동하면서 끊임없이 고장 나고 고장 난 상태로만 작동한다는 점에서 다르다고 말한다.[35] 그러니 욕망하는 기계를 통해 드러나는 정신의학적 증세들은 어쩌면 당연한 셈이다. 거꾸로 말하면, 우리 누구나 고장 나 있고 그렇게 고장 나 있기에 작동하는 욕망하는 기계들이다. 반복해서 말하지만, 그 원천은 뇌의 시냅스 기계들이다.

2.3.2 욕망하는 장소

이제 우리로서는 들뢰즈가 말하는 '욕망하는 기계'를 장소에 적용함으로써 '욕망하는 장소'라는 개념을 제시하고자 한다.

어느 장소건 거기에 욕망이 빠질 수 없다. 공간과 장소의 근본적인 차이는 욕망이 있고 없고에 따라 이루어진다. 장소에는 욕망이 빠질 수 없고, 욕망에는 장소가 빠질 수 없다. 굳이 욕망과 관련하지 않고서도 공간은 성립한다.

장소가 욕망을 갖는다는 것은 장소 자체가 욕망을 발휘하여 성취하고자 한다는 것이다. 말하자면, 장소는 근본적으로 '욕망하는 장소'다. 어느 특정한 장소에서 활동하는 인간들이 거기에서 욕망을 발휘하여 성취하고자 하기에 장소가 욕망을 가지는 것이 아니다. 오히려 그 반대다. 장소가 욕망을 생산하여 분출하고 전달하기 때문에, 그 장소에서 활동하는 사람들이 그에 걸맞은 욕망을 일으켜 실현/좌절한다.

---

35   Ibid., pp. 38~9 참조.

현실적이고 구체적인 수준에서 말하면, 장소가 욕망을 발휘하여 성취하고자 하는 것은 장소의 역사성 때문이다. 엄격하게 말해, 처음으로 만들어지는 장소는 없다. 흔적을 통해 살펴보았듯이, 역사성 없는 장소는 불가능하다. 장소는 역사성을 통해 장소를 벗어날 수 없는 개인의 현존하는 활동에 대해 일종의 선험적(a priori) 틀로 작동한다. 시냅스 기계들은 진화의 과정을 통한 유전자적인 활동을 필수적인 조건으로 해서 작동한다. 이와 마찬가지로 욕망하는 장소는 역사 과정을 통해 생겨나 작동하는 흔적의 활동들을 필수적인 조건으로 해서 작동한다. 들뢰즈의 욕망하는 기계와 우리가 말하는 시냅스 기계에 빗대어 말하면, 장소는 흔적의 절단과 흐름을 생산하는 기계다. 오랜 역사를 지닌 불교의 사찰인 조계사에서 주식 투자의 행위를 할 수 없고, 비교적 덜 오래된 여의도의 증권회사에서 예배를 볼 수는 없다. 하지만, 주식 투자건 예배건 욕망의 생산 활동이라는 점에서는 같다.

앞서 말하는 '생산하는 장소'와 여기 '욕망하는 장소'는 서로 맞물려 돌아간다. 욕망하는 장소이기에 생산하는 장소가 되고, 생산하는 장소이기에 욕망하는 장소가 된다. 그래서 욕망을 생산하는 장소가 되고, 생산을 욕망하는 장소가 된다. 나아가 욕망을 욕망하는 장소가 된다. 결합해서 보면, 욕망을 욕망하면서 욕망의 생산을 일삼는 장소, 장소는 '욕망의 공장'이다. 위성에서 내려다본 지구의 인문지리적인 모습은 거대한 욕망의 공장인 지구촌의 현존을 압축해서 보여준다. 뇌 속의 뉴런들의 복잡한 연결망을 방불케 하는 세계 곳곳 도시들의 도로망과 그 사이사이에 빼곡 들어차 있는 건물들, 이를 벗어난 주변 자연경관들의 거대한 포진 등이 한눈에 들어올 때, 그때 지구촌은 그야말로 거대한 욕망의 공장이다.

지구라는 거대 장소를 벗어날 수 없는 인간은 이미 늘 욕망의 공장인 장소에 들어가 있다. 누구도 단 한 순간도 장소를 벗어날 수 없다. 장소는 한편으로 인간을 가두는 감옥이다. 다만, 거대한 욕망의 공장 즉 거대 장소 안에서 이곳저곳의 하위 장소들, 그 하위의 하위 장소들을 이동할 뿐이다. 이동하면서 인간들은 이전에 머물렀던 하위 장소의 흔적들을 이곳저곳에 전달하고 축적되도록 하여 거대 장소 즉 거대한 욕망의 공장이 굉음을 내면서 굴러가도록 한다. 만약 거대한 욕망의 공장인 이 거대 장소를 인간에 빗댄다면, 그 자체 하나의 거대한 몸이 될 것이다. 여기에서 우리는 들뢰즈가 말하는 "충만한 몸(le corps plein)" 또는 "기관들 없는 몸(le corps sans organes)"을 생각하게 된다.

2.4 충만한 장소, 기관들 없는 장소

기관들 없는 몸은 신이 아니다. 오히려 그 반대다. 그러나 기관들 없는 몸이 모든 생산을 끌어들이고 모든 생산에 대하여 기적을 행하는 마법의 표면으로서의 역할을 맡을 때, 그리고 자신인 그 마법의 표면에서 작동하는 모든 이접들(離接, disjonctions) 속에 그 모든 생산을 등기할 때, 이 기관들 없는 몸을 꿰뚫고 있는 에너지는 신적이다.[36]

들뢰즈는 여러 곳에서 여러모로 '기관들 없는 몸'을 묘사하고 설명한다. 이 인용문은 그중의 한 대목이다. 기관들 없는 몸 위에서 일체의 생산물들, 즉 물질적 형태를 띤 제품들, 그 제품들을 만드는 기계들, 사회 정치적인 법과 제도와 기구들, 문학과 예술 및 철학의 결과물들,

---

36   Ibid., p. 19.

종교적인 주술 의례들 및 신들이 생산된다. 이것들은 또 기관들 없는 몸에 절단과 흐름의 방식으로 등록된다. 하지만, 기관들 없는 몸을 헤집어 들여다본다고 해서 이 생산물들이 거기에 고스란히 질서를 갖추고서 발견되기를 기다리지 않는다. 뇌를 해부한다고 해서 거기에 기억과 개념과 예술적인 형상들을 발견할 수 없는 것과 마찬가지다. 기관들 없는 몸은 절단과 흐름의 방식으로 생산하고 생산되는 일체의 일들이 벌어지는 장소일 뿐이다.

온갖 종류의, 온갖 맥락의, 온갖 구조의, 온갖 기능을 하는 장소들이 있다. 장소들은 절단과 흐름을 통해 마치 불교에서 말하는 연기(緣起)처럼 상호 변형 생성하는 운동을 수행하는 중이다. 그리고 거기에서 뭇 욕망이 생산되고 충족/좌절된다. 이 모든 장소가 장소로서 존립하도록 하는 존재론적인 근본 토대를 생각할 수 있다. 그 토대로서의 장소는 물질이 물질로서 존재할 수 있도록 하는 장소이고, 정신이 정신으로서 존재할 수 있도록 하는 장소일 것이다. 그러면서 하나인 장소일 것이다. 구분/분절되는 일체의 본질 연관의 대상들과 그 대상들을 욕망하는 주체들을 동시에 생산하는 위력의 장소일 것이다.

토대-장소라 불러야 할 것 같은 이 장소는 장소들의 장소다. 장소들을 에워싸면서 관통하는 위력으로서의 장소다. 그래서 굳이 들뢰즈의 '기관들 없는 몸'이라는 개념에 빗대 이 토대-장소를 '기관들 없는 장소'라 불러 무방할 것이다. 이에 초점을 맞추어 분석하면, 장소의 존재론이 조성될 것이다.

[참고문헌]

『소크라테스 이전 철학자들의 단편 선집』, 김인곤 외 7인 옮김, 아카넷, 2005.

가토 요코, 『그럼에도 일본은 전쟁을 선택했다』, 윤현명·이승혁 옮김, 서해문집, 2018.

가토 요코, 『근대 일본의 전쟁 논리』, 박영준 옮김, 태학사, 2003.

가토 요코, 『왜 전쟁까지』, 양지연 옮김, 사계절, 2003.

경상북도독도사료연구회 편, 『『竹島問題100問100答』에 대한 비판』, 경상북도, 2014.

김덕삼, 「장소화의 양상과 의미 탐구」, 『로컬리티 인문학』 22, 2019.

김명기·이동원, 『일본 외무성 다케시마 문제의 개요 비판』, 책과사람들, 2010.

김신정, 「만주 이야기와 윤동주의 기억」, 돈암어문학회, 『돈암어문학』 30, 2016.

김용섭, 『언컨택트』, 퍼블리온, 2020.

김응교, 「윤동주와 걷는 새로운 길17」, 『기독교사상』, 대한기독교서회, 2016.

김자경, 「로컬푸드시스템 구축을 위한 제주도민의 식생활 현황과 먹을거리 의식에 관한 연구」, 農村社會 20.2, 2010, 117-161.

김종덕, 『먹을거리 위기와 로컬푸드』, 이후, 2009.

김종덕, 「식량체계 전환의 필요성과 과제」, 농정연구 14, 2005, 101-139.

나카미 다사오 외, 『만주란 무엇이었는가』, 박선영 옮김, 소명출판, 2013.

남기혁, 「윤동주 시에 나타난 윤리적 주체와 저항의 의미」, 『한국시학연구』 36, 한국시학회, 2013.

남송우, 「윤동주 시에 나타나는 만주, 한국, 일본에서의 공간인식의 양상 – 〈거리〉를 중심으로」, 『동북아문화연구』 53, 2017.

대한성서공회, 『성경전서, 표준새번역』, 1993.

동북아역사재단 편, 『고등학교 독도 바로알기』, 동북아역사재단, 2016.

동북아역사재단 편, 『동아시아사 관련 참고 자료집』 비매품, 동북아역사재단, 2010.

류양선, 「윤동주의 〈별 헤는 밤〉 분석」, 『한국현대문학연구』 29, 한국현대문학회, 2009.

변순용, 「먹을거리의 인간학적, 윤리적 의미에 대한 연구」, 『범한철학』 53(2), 2009, 339-361.

신강탁 외 편, 『사료로 보는 동아시아사』, 교육과학기술부, 2011.

신강탁 외 편, 『사료로 보는 세계사』, 교육과학기술부, 2011.

심승희, 「장소 개념의 스펙트럼과 잠재력」, 『현대문화지리의 이해』, 한국문화역사지리학회 편, 푸른길, 2013.

심재휘, 『용서를 배울 만한 시간』, 문학동네, 2018.

아이뉴턴 편집부 엮음, 『현대물리학 3대 이론: 상대성 이론, 양자론, 초끈이론』, 아이뉴턴, 2013.

오지현, 홍은실, 「로컬푸드의 소비자 지식과 태도가 구매의도에 미치는 효과」, 『한국지역사회생활과학회지』 28(4), 2017, 581~597.

유인선 외, 『사료로 보는 아시아사』, 위더스북, 2014.

윤동주, 권영민 편, 『하늘과 바람과 별과 시』, 문학사상사, 2016.

윤종석, 「베이징은 어떤 시민을 원하는가?-외래인구 사회관리와 2017년 '저단인
　　　구' 퇴거 사건」, 『사회와 역사』, 한국사회사학회 116권, 2017.

이명찬, 「윤동주 시에 나타난 '방'의 상징」, 『국어국문학』137, 국어국문학회,
　　　2004.

이상, 『이상 전집2 - 시·수필·서간』, 김종년 엮음, 가람기획, 2004.

이선민, 『독도 120년』, 사회평론, 2020.

이수정·박찬국, 『하이데거, 그의 생애와 사상』, 서울대학교출판부, 1999.

이현재, 「지워진 여성의 몸: 코라와 물질 개념을 중심으로」, 『한국고전여성문학연
　　　구』21호, 한국고전여성문학회, 2012.

임성모, 「근대 일본의 만주 인식 - 제국의식의 정치·문화적 자장 -」, 『북방사논총』
　　　12, 2011.

장현욱 등, 「로컬푸드에 대한 소비자 인식 조사연구」, 농업경영정책연구
　　　40(2), 2013.

전경갑, 『욕망의 통제와 탈주-스피노자에서 들뢰즈까지』, 한길사, 1999.

전병권, 「서울시 단독주택지의 변화와 주거건축유형의 적용에 관한 연구」, 홍익대
　　　박사논문, 2004.

정병욱, 「잊지 못할 윤동주 형」, 『바람을 부비고 서있는 말들』, 집문당, 1980.

정재란, 김태희, 배혜진, 「로컬푸드와 친환경식품에 대한 인식과 소비행태에 대한
　　　연구」, 『한국조리학회지』23(2), 2017, 104~116.

정채진 외, 『코로나 투자전쟁』, 페이지2북스, 2020.

조광제, 『현대철학의 광장』, 동녘, 2017.

천구이디, 우춘타오, 『중국 농민 르포 (中國農民調査)』, 박영철 옮김, 길, 2014.

허남혁, 「글로벌 푸드, 내셔널 푸드, 로컬 푸드」, 『대한지리학회 학술대회논문집』,
　　　2006, 47~9.

허남혁, 「21세기 신토불이, 로컬푸드」, 경향잡지 1671, 2007, 20~3

현대송 편, 『한국과 일본의 역사 인식』, 나남, 2008.

홍경완, 김지영, 김양숙, 「로컬푸드의 개념적 이해 연구」. 대한경영학회지 22(3), 2009, 1629~1649.

황희숙, 「DMZ, 어떻게 말할 것인가 – 생태 운동을 위한 담론 전략」, 대진대 DMZ 연구원, 『DMZ 연구』 제2집, 2011, 1~30.

Abbey, E., (1968), 『태양이 머무는 곳, 아치스』, 황의방 옮김, 두레, 2003.

Agamben, G., 『도래하는 공동체』, 이경진 옮김, 꾸리에, 2013.

Agamben, G., 『호모 사케르』, 박진우 옮김, 새물결, 2008.

Althusser, L., 『아미엥에서의 주장』, 김동수 옮김, 솔, 1991.

Aristotle (1970), *Physica*, in R. McKeon ed., *The Basic Works of Aristotle*, New York: Random House.

Attali, J., 『마르크스 평전(*Karl Marx ou l'esprit du monde*)』, 이효숙 옮김, 예담, 2006.

Bateman, R., (2000), 『산처럼 생각하기』, 김연수 옮김, 자유로운상상, 2005.

Beck-Gernsheim, E., (1998), 『가족 이후에 무엇이 오는가?』 박은주 옮김, 새물결, 2005.

Benjamin, W., 『언어 일반과 인간의 언어에 대하여, 번역자의 과제 외』, 최성만 옮김, 도서출판 길, 2008.

Berry, W., (1990), 『나에게 컴퓨터는 필요 없다』, 정승진 옮김, 양문, 2002.

Blanchot, M., 『문학의 공간』, 이달승 옮김, 그린비, 2010.

Brooks, R., (2002), 『로봇 만들기(*Flesh and Machines*)』, 박우석 옮김, 바다출판사, 2005.

Callicott, J. B., (1999), "Holistic Environmental Ethics and the Problem of Ecofascism" in *Beyond the Land Ethic*, SUNY.

Carson, R. L., (1962), 『침묵의 봄』, 김은령 옮김, 에코리브르, 2002.

Cohen, M., (2018), 『음식에 대한 거의 모든 생각』, 안진이 옮김, 부키, 2020.

Colinvaux, P., (1978), 『왜 크고 사나운 동물은 희귀한가』, 김홍옥 옮김, 에코리
브르, 2018.

Commoner, B., (1971), 『원은 닫혀야 한다』, 송상용 옮김, 전파과학사, 1980.

Cresswell, T., 『장소』, 심승희 옮김, 시그마프레스, 2012.

Darwin, C., (1859), 『종의 기원』, 소현수 옮김, 종로서적, 1985.

Deleuze, G., (1972), *L'Anti-Oedipe*, Les Éditions de Minuit. /국역본, 『안티
오이디푸스』, 김재인 옮김, 민음사, 2014.

Deleuze, G., (1980), *Mille Plateaux: Captitalisme et Schizophrénie*, Les Édi-
tions de Minuit. /국역본, 『천개의 고원』, 김재인 옮김, 새물결, 2001.

Deleuze, G., (1988), *Le Pli: Leibniz et le Baroque*, Les Éditions de Minuit.
/국역본, 『주름, 라이프니츠와 바로크』, 이찬웅 옮김, 문학과지성사, 2004.

Doring, J., Tristan, T., 『공간적 전회』, 이기숙 옮김, 심산, 2015.

Edelman, G., (1992), 『신경과학과 마음의 세계(*Bright Air, Brilliant Fire: On
the matter of the Mind*)』, 황희숙 옮김, 범양사, 2006.

Foucault, M., (1966), *Les mots et les choses, une archéologie des sciences hu-
maines*, Gallimard.

Foucault, M., (2009), *Le corps utopique suivi de Les hétérotopies*, Nouvelles
Éditions Lignes, /국역본. 『헤테로토피아(*Les Hétérotopies*)』, 이상길 옮
김, 문학과지성사, 2014.

Gabor, A., 『자본주의 철학자들(*The Capitalist Philosophers*)』, 심현식 옮김, 황
금가지, 2006.

Harris, D. A., Giuffre P., (2015), 『여성 셰프 분투기』, 김하현 옮김, 현실문화,
2017.

Halweil. B., 『로컬푸드』, 김종덕, 허남혁, 구준모 옮김, 시울, 2006.

Heidegger, M., *Sein und Zeit*, Max Niemeyer Verlag, Tübingen, 1972. / 원저 초판은 1927년.

Heidegger, M., 『마르틴 하이데거, 존재와 시간』, 이기상 옮김, 까치, 1998.

Heidegger, M., 『예술작품의 근원』, 오병남·민형원 공역, 예전사, 1996.

Herder, J. G., 『언어의 기원에 대하여』, 조경식 옮김, 한길사, 2003.

Hong KW., Kim JY., Kim YS., (2009) "The conceptualization of the local food, a Korean case", *Daehan J bus* 22(3), 1629~1649.

Husserl, E., (1952): Edmund Husserl, *Ideen zu einer reines Phänomenologie und phänomenologischen Philosophie*. Zweites Buch, hrg. von Marly Biemel, Martinus Nijhoff.

Husserl, E., (1963): Edmund Husserl, *Catesianische Meditationen und pariser Vorträge*, hrg. von S. Strasser, Martinus Nijhoff.

Irigaray, L., (1993), "Place, Interval: A Reading of Aristotle, Physics IV," in *An Ethics of Sexual Difference*, trans. C. Burke and G. Gill, Ithaca: Cornell University Press, 49.

Irigaray, L., 『나, 너, 우리: 차이의 문화를 위하여』, 박정오 옮김, 동문선, 1998.

Irigaray, L., 「새로운 상징 질서를 찾아서」, 『근원적 열정』, 박정오 옮김, 동문선, 2001.

Irigaray, L., 『하나이지 않은 성』, 이은민 옮김, 동문선, 2000.

Jacobs, J., (1961), 『미국 대도시의 죽음과 삶』, 유강은 옮김, 그린비, 2010.

Jang HW., Lee MS., You SY., (2013), "A study of consumer perception of local food", *Korea J Agricult Manag Policy* 40(2), 248~269.

Lang, T., Heasman, M., (2006), 『식품전쟁』, 박종곤 역, 아리, 2007.

LeDoux, J., 『느끼는 뇌』, 최준식 옮김, 학지사, 2006.

Leopold, A., (1949), 『모래 군의 열두 달』, 송명규 옮김, 도서출판 따님, 2000.

Lorbiecki, M., (1996), 『야생의 푸른 불꽃』, 작은 우주 옮김, 달팽이, 2004.

Malpas, J., 『장소와 경험: 철학적 지형학』, 김지혜 옮김, 에코리브르, 2014.

Mander, J., (1978), 『텔레비젼을 버려라』, 최창섭 옮김, 우물이있는집, 2002.

Marsh, G. P., (1864), 『인간과 자연』, 홍금수 옮김, 한길사, 2008.

Marx, K., 『경제학-철학 수고(*Ökonomisch-philosophische Manuskripte aus dem Jahre 1844*)』, 강유원 옮김, 이론과실천, 2006.

Marx, K., 『자본 I-2(*Das Kapital. Kritik der politischen Ökonomie I~2*)』, 강신준 옮김, 도서출판 길, 2008.

Massey, D., (1994), 『공간, 장소, 젠더』, 정현주 옮김, 서울대출판문화원, 2015.

Maturana, H., Varela, F., 『앎의 나무』, 최호영 옮김, 갈무리, 2007.

McDowell, L., (1999), 『젠더, 정체성, 장소』, 여성과 공간 연구회, 한울아카데미, 2010.

McIntosh, R. P., (1985), 『생태학의 배경- 개념과 이론』, 김지홍 옮김, 아르케, 1999.

Merchant, C., (1980), 『자연의 죽음』, 전규찬, 전우경, 이윤숙 옮김, 미토, 2005.

Merleau-Ponty, M., (1942), *La Structure du Comportment*, Presses Universitaires de France.

Merleau-Ponty, M., (1945), *Phénoménologie de la Perception*, Librairie Gallimard.

Mingarelli, E., (2015), 「Chora and Identity: Whitehead's Re-Appropriation of Plato's Receptacle」 by Eleonora Mingarelli, in *Process Studies*. 44, No.1, Spring/Summer.

Morrison, T., (1987), 『빌러비드』, 최인자 옮김, 문학동네, 2014.

Muir, J., (1911), 『나의 첫 여름: 요세미티에서 보낸 1869년 여름의 기록』, 김원

중, 이영현 옮김, 사이언스북스, 2008.

Naess, A., (1985), "The Deep Ecological Movement" in Sessions, G. (ed.) (1995), *Deep Ecology for the 21st Century*.

Nietzsche, F., 『차라투스트라는 이렇게 말했다』, 최승자 옮김, 청하, 1997.

Perez, C. C., (2019), 『보이지 않는 여자들』, 황가한 옮김, 웅진지식하우스, 2020.

Platon, 『티마이오스』, 김유석 옮김, 아카넷. 2019.

Platon, 『플라톤의 티마이오스(*TIMAIOΣ*)』, 박종현·김영균 역주, 서광사, 2000.

Polanyi, K. P., 『거대한 전환(*The Great Transformation*)』, 홍기빈 옮김, 도서출판 길, 2009.

Pollan, M., (2008), 『마이클 폴란의 행복한 밥상』, 조윤정 옮김, 다른세상, 2012.

Pollan, M., (2013), 『요리를 욕망하다』, 김헌정 옮김, 에코리브르, 2014.

Putnam, R. D., (2000), 『나 홀로 볼링』, 정승현 옮김, 페이퍼로드, 2009.

Puwar, N., (2004), 『공간 침입자』, 김미덕 옮김, 현실문화, 2017.

Rancière, J., 『감성의 분할, 미학과 정치(*Le Partage du Sensible: esthétique et politique*)』, 오윤성 옮김, 도서출판b, 2008.

Relp, E., 『장소와 장소상실』, 김덕현·김현주·심승희 옮김, 논형, 2005.

Rose, G., (1993), 『페미니즘과 지리학』, 정현주 옮김, 한길사, 2011.

Rousseau, J., 『언어의 기원에 관한 시론』, 주경복·고봉만 옮김, 책세상, 2019.

Sa DC., (2011) "The legislation on the stability of supply and reform of circulation structure on agricultural products", *Law Res Inst Hongik Univ* 12(2), 1~27.

Saint-Exupéry, A. de, (1939), 『인간의 대지』, 이정은 옮김, 이음문고, 2018.

Saussure, F., 『일반언어학 강의』, 최승언 옮김, 민음사, 1995.

Schenker, J., (2020), 『코로나 이후의 세계』, 박성현 옮김, 미디어숲, 2020.

Schroer, M., (2006), 『공간, 장소, 경계』, 정인모, 배정희 옮김, 에코리브르, 2020.

Schulz, C. N., (1985), 『거주의 개념』, 이재훈 옮김, 태림문화사, 1991.

Schumacher, E. F. (1973), 『작은 것이 아름답다』, 김진욱 옮김, 범우사, 1986.

Sessions, G.,(ed.) (1995), *Deep Ecology for the 21st Century*. Shambhala
    Publications, Inc.

Singer, P., Mason. J., (2007), 『죽음의 밥상』, 함규진 역, 산책자, 2008.

Slater, L., (2004), 『스키너의 심리상자 열기』, 조증열 옮김, 에코의 서재, 2005.

Smith, A., 『국부론(*An Inquiry Into The Nature and Causes of The Wealth of
    Nations*)』, 김수행 옮김, 비봉출판사, 2007.

Snyder, G., (1990), 『야성의 삶』, 이상화 옮김, 동쪽나라, 2000.

Spinoza, B., (1667), 『에티카(*Die Ethik*)』, 강영계 옮김, 서광사, 1990.

Steel, C., (2008), 『음식, 도시의 운명을 가르다』, 이애리 옮김, 예지, 2010.

Steiguer, J. E. de, (2006), 『현대 환경사상의 기원』, 박길용 옮김, 성균관대학교
    출판부, 2008.

Steinbeck, J., (1939), 『분노의 포도』, 김승욱 옮김, 민음사, 2008.

Thoreau, H. D., (1854), 『월든』, 강승영 옮김, 이레, 1993.

Trout, J., Ries, A., (2000)(20th Anniversary ed.), 『포지셔닝』, 안진환 옮김, 을
    유문화사, 2006.

Trout, J., Rivkin, S., (1996), 『포지셔닝 불변의 법칙』, 현용진, 이기헌 옮김, 이
    상, 2012.

Tuan, Y.-F., 『공간과 장소』, 윤영호·김미선 옮김, 사이, 2020.

Tuan, Y.-F., 『토포필리아』, 이옥진 옮김, 에코리브르, 2011.

Varela, F., Evan, T., Eleanor, R., 『몸의 인지과학』, 석봉래 옮김, 김영사, 2013.

Weisman, A., (2007), 『인간 없는 세상』, 이한중 옮김, 랜덤하우스, 2020.

Wittgenstein, L., 『철학적 탐구』, 이영철 옮김, 서광사, 1994.

Woolf, V., (1929), 『자기만의 방』, 이미애 옮김, 도서출판 예문, 1990.

Wrangham, R., (2009), 『요리 본능』, 조현욱 옮김, 사이언스북스, 2011.

Wuketits, F. M., (1998), 『자연의 재앙, 인간』, 박종대 옮김, 시아출판사, 2004.

Yoon B. S., (2009), "Strategies and the tasks of the local food movement", *J Rural Soc* 19(2), 93~121.

경향신문 (2008.7.14.), '아시아 중시' 후쿠다 정권도 '독도' 갈등.

경향신문 (2019.11.30.), 독도 강치 씨를 말린 일본의 학살극… 다케시마의 증거? 반문명적 범죄다.

경향신문 (2020.3.24.), 이번엔 "독도가 일본 영토 아닌 적 없다"는 일본 교과서.

경향신문 (2013.1.7.), 일본 사상가 가라타니 고진.

국립국회도서관 디지털컬렉션 (https://dl.ndl.go.jp/).

내각관방 영토·주권 대책 기획조정실 홈페이지 (https://www.cas.go.jp/jp/ryodo/index.html/).

데이터베이스 『세계와 일본』 홈페이지 (http://worldjpn.grips.ac.jp/indexPC.html/).

문부과학성 홈페이지 (https://www.mext.go.jp/).

서울신문 (2020.3.25.), 日 교과서 14종 '독도영유권' 주장… 강치 잡는 사진도 넣어 왜곡.

세론조사-내각부 홈페이지 (https://survey.gov-online.go.jp/index.html).

시마네현 Web 다케시마문제연구소 홈페이지 (https://www.pref.shimane.lg.jp/admin/pref/takeshima/web-takeshima/).

아시아역사자료센터 홈페이지 (https://www.jacar.go.jp/index.html).

외무성 홈페이지 (https://www.mofa.go.jp/mofaj/).

한겨레 (2020.3.25.), "독도, 한번도 타국 영토인 적 없어"… 일본 중학 교과서 또

'개악'.

한국일보 (2020.4.2.), 日 정부, 교과서 검정제도 통해 '독도 왜곡' … '한국의 불법 점거' 프레임 계속 활용한다.

CBS, 〈시사자키 정관용입니다〉, 시사자키 특별기획 7부작 – 코로나19, 신인류 시대

2020. 4. 6. "해답은 생태 백신" – 이화여대 최재천 석좌교수

2020. 5. 11. "진정한 21세기는 3달 전 시작됐다" – 카이스트 김대식 교수

2020. 5. 21. "포스트 코로나 시대, 도시와 집이 이렇게 변한다" – 홍대 유현준 교수

dongA.com (2020.3.25.), "독도 타국 땅인 적 없어" … 日 중학교과서 또 도발.

[찾아보기]